三门峡历史文化研究

侯俊杰 著

文物出版社

图书在版编目（CIP）数据

三门峡历史文化研究／侯俊杰著．—北京：文物
出版社，2022.10

ISBN 978 – 7 – 5010 – 6614 – 8

Ⅰ.①三… Ⅱ.①侯… Ⅲ.①文化史 – 研究 – 三门峡
Ⅳ.①K296.13

中国版本图书馆 CIP 数据核字（2021）第 052052 号

三门峡历史文化研究

著　　者：侯俊杰

责任编辑：李　睿
封面设计：王文娴
责任印制：王　芳

出版发行：文物出版社
社　　址：北京市东城区东直门内北小街 2 号楼
邮　　编：100007
网　　址：http：//www. wenwu. com
经　　销：新华书店
印　　刷：宝蕾元仁浩（天津）印刷有限公司
开　　本：710mm×1000mm　1/16
印　　张：18.75
版　　次：2022 年 10 月第 1 版
印　　次：2022 年 10 月第 1 次印刷
书　　号：ISBN 978 – 7 – 5010 – 6614 – 8
定　　价：88.00 元

目　录

第四编　人物篇

序　言

关于文化的特性，不同的角度，有不同的分法。对于三门峡的历史文化来说，如果我们框架在自旧石器以来的时空范围内考量，主要有以下几个特点：历史久、类型多、地域性明显、生命力强等等。

历史久。国际知名考古学家、前美国考古学会会长罗伯特·凯利将人类诞生以来的文明起步分为五次开始。如果按照这种分法，三门峡的文化历史从渑池的上河曙猿说起，在4500万年前，人类还处于类人猿时期，也就是说人还不称作"人"的时候，渑池北部南村盆地的曙猿群落就开始频繁活动于此。自此以后，它们从四肢着地爬行，到直立行走，上肢逐渐演变成了我们今天称谓的"手"。此后，"人"慢慢变成了人，就开始以石头和棍棒为材料，启动了他们的第一次开始——技术的开始。之后，人类经过了第二次开始的语言和文字符号的诞生和使用、第三次开始的农业革命、第四次开始的国家诞生、第五次开始的走向全球化。每一次开始，三门峡都留下有他们的足迹。从100多万年到1万年以前的旧石器时代，从渑池到陕州，从灵宝到卢氏，都有很多旧石器遗址，记载了蛮荒时期人类活动的事实。进入1万年以后的新石器时代，以仰韶文化庙底沟类型文化为代表的时期，我们从众多的同时期文化遗址和集中连片的聚落遗址可以窥探出当时的部落氏族之间一定存在着语言、文化的交流，从众多的器物上刻画的我们今天还不认识的符号中，也可想象当时有一种只有先民们才认识的"文字"。当然，这个时期，我们还可从人们食用的粟、黍、稻等各种粮食品种和柿、枣、山楂、桃、杏等各种水果，猪、牛、羊、鸡、狗等各种肉食，芥菜、白菜、莲子等各种蔬菜，以及宏大且技艺讲究的建筑、繁华且艺术斑斓的彩色陶器、先进且实用的生产工具等等，都可以看出，这个时期农业文明已见雏形。再从灵宝铸鼎塬地区众多而又等级明显的聚落群结构，连同上面所说的生业文明等等因素和庙底沟文化的广泛传播影响中，还可以看出如考古学家所说的"最早的中国"从这里走来。光阴如梭，沧海桑田，当我们今天的人们正在走向全球化、创建人类命运共同体的融合交流中，三门峡人也正在摩拳擦掌，谋划着如何融入这次人类文明的第五次开始，使这块风水宝地和200多万人跻身这场洪流巨阵，齐步走向远方。

类型多。三门峡的文化类型，概括起来主要有以下几种：一是以仰韶村、庙底沟、铸鼎塬新石器文化为代表的文明起源文化。二是以崤函古道、函谷关为代表的关隘交通文化。三是以老子、达摩为代表的道家、禅宗文化。四是以中流砥柱、三门峡大坝为代表的黄河文化。五是以地坑院为代表的黄土文化。六是以小秦岭、崤山为代表的山水文化。七是以黄河船工号子、澄泥砚、剪纸、地方戏曲、捶草印花等为代表的非物质文化遗产文化。八是以天鹅湖和天鹅为主的黄河湿地文化。九是以虢姓起源和姚崇研究为代表的宗亲文化。这些文化类型，既有人文的，也有自然的；既有远古的，也有当代的。我们所说的三门峡文化的丰富多样性，由此可见一斑。

地域性明显。这个特点要从三门峡的地理和环境来考量。在地球上的北纬30度与40度之间，在公元前5000年左右，形成了一条横跨欧、亚与北非连接的文化轴线。世界上的四大古老文明：中华古文明、印度古文明、巴比伦古文明、埃及古文明，都在这条轴线上。就中华古文明来说，处于这个时段的农耕文明诞生时期，从东向西就诞生了大汶口文化、仰韶文化、马家窑文化等远古文化。到春秋战国时期，从孔子、老子的诞生，到诸侯纷争，百家争鸣，又成熟了中华文化的轴心时代。三门峡的位置就在这条轴线上。再从地理分界线上看，东西方向上，三门峡位于我国从黄土高原向华北平原过渡的地形缓冲地区；南北方向上，三门峡位于我国秦岭—淮河一线的南北分界线上，是我国南北气候过渡区，也是南北针叶植物和阔叶植物混合的植被过渡区。这里，高山、浅山、丘陵、高塬、平原、滩地、盆地、河流并存；这里，地貌多样、黄土深厚，土壤肥沃，气候适宜、四季分明，是以粟黍为主的农业文明诞生的主要地区之一，最适合人类生存繁衍。以上这些条件，就决定了在这里诞生的文化不仅具有多样性，也具有很强的地域性特点。

生命力强。地理和环境气候决定人类的生存，人类的生存和繁衍决定文化的产生和延续。我们说中华文明5000多年绵延不断，成为世界文化发展史上的奇迹。这个5000年连绵不断的主根系就在以三门峡为圆心的豫西、晋南和秦东为中心的传统中原地区。以上所列举的三门峡地区的几种类型文化，从它们诞生的那天起，历经几千年昌盛不衰，变化的只是随着时代的变迁，文化所表达的内容不同，方式不断创新，对社会的功能作用与时俱进，但其基本的文化样式没有变化。比如，关隘交通文化，从仰韶文化时期的筚路蓝缕，到历史时期的崤函古道；从新中国成立初期的蒸汽火车和煤气汽车，到现在的高速公路和高铁飞速。一个个险道关隘变成了文物古迹，一条条沟壑山梁变成了通衢大道。但是，其基本的文化样式没有变化，三门峡作为我国中原地区东西方交通咽喉和枢纽的地位并没有改变。再比如，黄土文化。在黄土地上，远古时期先民们脸朝黄土背朝天，以粟黍为主食的食物结构，在今天的三门峡已经变成粮、蔬、果、肉、菌结合，甚至南北、中西合璧的餐饮盛宴。在黄土地下，地坑院里，从过去的进村不见人，但闻人语声；见树不见村，只见炊烟起的传统民居里，已经走进了熙熙攘攘，抄着南腔北调、甚至"老外"口音的游客。社会在发展，人类在进步，文化也在发生着创造性转化和创新性发展，三门峡丰厚的地方文化在新时代里，也焕发着青春，老树新芽，依然保持着旺盛的生命力。

近几年来，三门峡的不少学人立足于三门峡的文化资源，对三门峡的文化进行了很有成效的研究，也出版了不少介绍性的专著，有的成果在国内外已经产生了较大影响。比如，关于仰韶文化的研究、虢国文化的研究、黄土文化的研究等等，都已见成效。关于姚崇及姚姓文化的研究，不仅成果丰富，而且引起国内不少姚姓文化研究者的重视和关注；关于虢姓文化的研究已经影响到海外郭姓人士，并承办了多次海内外郭姓宗亲回三门峡的祭祖恳亲活动。有些传统文化的研究，不仅在理论上有所突破，在实践上也初见成效。比如，关于地坑院、剪纸、澄泥砚的研究，除了取得一些理论成果外，以这些文化资源为载体的文化旅游产品开发已经取得很好的经济效益和社会效益，成为三门峡的旅游文化名片。如此等等，都是值得肯定和赞扬的。

我在三门峡工作的 30 多年里，一直在文化、文物系统。期间除了正常应付和完成自己的本职工作以外，不断思考着三门峡的文化。从它的渊源发生，到它的源流变化；从它的表现形式，到它对三门峡的政治、经济、社会的影响；从它扎根于这块沃土的传统，到它对域外的影响。思考的结果，偶有所得，便提笔变成文字。开始只是一些介绍性的文章，慢慢地变成了一些研究性的只鳞片爪。说是研究，不敢妄谈，只是一些基于这些文化资源的深度思考。思考着三门峡地区为什么会有这么独特的文化现象？为什么它们会千古流传至今而长盛不衰？今天的人们应该怎样对待这些文化资源？应该怎样利用这些文化资源为当代的社会进步推陈出新、激励出新的生命力量？

　　退休以后，我应邀辗转于山西和河南两省，尽自己专业的微薄之力，继续做一些文化遗产的展示和传播工作。但是，无论在哪里，我对三门峡文化的思考一直没有间断。这本集子里收入的文章，就是这些思考的收获。这些文章，多数都在国内有关报刊上发表过。也有一部分或者是自己认为写得不好，或者是当初就不准备发表，只是写写而已。但它们都是关于上边我说的对三门峡文化几个方面内容的思考。

　　记得有人说过："会深度思考的人会花 20% 的时间来阅读，花80% 的时间用于思考。"本集子的文章是我阅读的结果，也是我的思考所得。如果说由于自己孤陋寡闻，阅读有限，那么从本集子里的文章可以看出端倪；如果说由于自己思之不深，虑之不精，希望它们是激励我今后更加努力的开端；如果说三门峡丰富的文化是一片望不尽的海洋，这些文章只是滴入大海的一个雨滴；如果说三门峡厚重的文化是一座高山，它们只是山脚下堆石积土的一粒尘土。文薄义浅，一孔之见，管见所及，略陈刍荛，寄希望于各位学人指教，也希望于所有关心三门峡文化的同仁们有更多更深入的研究成果问世！

是为序。

侯俊杰

2020 年 5 月 29 日于渑池

第一编　学习篇

文化遗产的保护和传承是人民的事业

——读曹兵武的《文物与文化》

在中国的文化遗产事业发展史上，20世纪初发生了两件大事：一个是1905年由著名实业家、教育家张謇创办的南通博物苑诞生，这是由中国人自己独立创办的第一座公共博物馆。一个是1921年由中国和瑞典考古学家联合在河南省西部的渑池县发现发掘了仰韶文化遗址，这是在中国境内进行的第一次田野考古。这两件大事，标志着我国博物馆和考古事业的肇始，也敲开了中国人民——尤其是中国知识界追求民族与文化复兴百年梦想的大门。

光阴荏苒，时光如梭。经过了百年的风雨沧桑和兴衰变迁，我国的博物馆和考古事业已经发生了翻天覆地的变化。博物馆事业经历了从数量增长、门类增多向质量提升和广义博物馆概念的华丽转身；考古事业也在经历着从行业考古向公众考古和成果利用的功能拓展。如今，这两个门类不仅自身已经成了整个文化遗产事业的基本骨架和行业支柱，也成为引领文化遗产事业更自觉地参与新时期我国社会主义文化建设的生力军。与此同时，特别是20世纪80年代以来，整个文化遗产事业迎来了发展壮大的黄金时代，它的触角像一株破土的新芽，充满了生命的活力，其领域快速拓展，深度不断延伸。社会转型，环境变化，观念更新，实践发展，文化遗产事业紧紧地契合着时代和社会发展的脉搏，踏着前进的步伐，筚路蓝缕，风雨兼程，在希望和困难中前行，取得了一个又一个突破，进入了一个全新的发展时期。年轻的学者曹兵武同志踏着文化遗产事业前行的脚步，密切关注着这种变化，注视着前进的方向，以他敏锐的目光和灵锐的嗅觉、扎实的专业功底、探索和思考着有关文化遗产的发展动态和理论变化，出版了一系列有关文化遗产理论研究的著作。他的新作《文物与文化》，便是其中具有表性的一部。

从这本书章节的安排上，我们就可以看出作者的心路历程：文化遗产新视角、文化遗产价值论、文化遗产保护论、市场经济中的文化遗产、文化遗产传播论。在思维逻辑上，作者沿着我国文化遗产概念的发展脉络，从古玩、古董、文物、文化遗产的概念变化，切合着从狩猎经济、采集经济到农业文明诞生、到工业文明时代、到信息和数据化时代的社会发展，得出了"一个科学的概念，一种科学的理念，一套科学的理论，比一系列由文化遗产工作者自己开展的具体的保护与拯救行动，更能推动遗产保护事业的健康发展"的结论。开宗明义，提出了文化遗产理论建设的重要性。同时，也得出了"文化遗产是全社会的共同财富，人民群众是文化遗产的创造者和真正主人，文化遗产的保护和传承同样是人民的事业"的真知灼见。文化遗产的价值本质在哪里？作者从文化遗产与经济、环境、社会的关系变化中，发现文化遗产理论无论是在中国的演变还是在国外的进退，这一切转变，似乎都万变不离其宗，其价值的真谛永远都离不开社会，都是与人的进化、繁衍、需求和文明诉求紧密相连。尽管文化遗产不能提供给人类任何直接需求，但是它可以改变人，"拥有它时可能没有感觉，失去它时却又万万不能。它们像我们生存的水和空气一样，不能被忽略。"在关于怎样保护文化遗产的实践探索中，作者列举了有关文化遗产的政府保护和民间保护、国外流失珍贵文物的回归、当年帝国主义的掠夺性破坏和当代城市化进程中的建设性破坏、大遗址保护与人民生活的关系、文化遗产保护的体制机制建设和管理改革等很多刚刚发生在我们身边的事例，他为文物的破坏和流失而扼腕叹息，为文物得到保护和合理利用而点赞欢呼。可以看出，作者在进行这一系列理论探索的同时，也充满着对文化遗产事业的喜怒哀乐和满腔热情。当然，在当今社会快速发展的脚步中，任何与社会发展有关的行业在寻找和建立自己的理论和实践体系过程时，都不可能脱离这种现实。同样，我们在探讨文化遗产的理论建设和实践过程、试图构建一种与时代和社会发展同步的理论时，谁都不可能忽视这个事实。作者在涉及文化遗产保护传承与市场经济社会的关系有关问题时，不羞于谈钱，不回避事实，面对社会上出现的旅游开发、门票涨价、文物拍卖等热点问题，作者从文物的历史、科学、艺术三大价值入手，分析了在这些现象存在和被社会热捧的背景下，出现这些问题，既有社会舆论导向和对文物价值的误读等问题，也有我们关于文化遗产的价值忽略、理论缺失、管理缺位等问题，他敏锐地指出我们在实际工作中是不是过多地强调了文化遗产的唯一性和不可逆转（再生）性，忽略或者是遗忘了它的跨代性和人民性？鉴于以上对几个问题的思考，作者在该书的最后一部分，从自己的本职工作出发，大声疾呼：要加强对文化遗产保护和传承的一切工作，包括文物工作的方针、理论、政策、实践活动和正反两方面的事例要加强舆论引导和宣传，要让文化遗产这个被称为躲在"象牙塔"中的、部门的、专业的事业，不被别人和社会误解，不再是一种"被一些人视为社会发展的绊脚石"，让它变成一种社会发展必不可少的、能促进社会进步的、与广大民众休戚与共的阳光事业。

综上可见，我们给《文物与文化》这本书理出这样一条思路：它厘清了文化遗产发展的概念，找到了文化遗产的本质价值和文化遗产保护和传承的目标，看到了在当前形势下存在的困难和发展的希望，给作者自己和读者提出了努力的方向。正如郑欣淼先生在《序言》和作者在《后记》中呼吁的那样"就中国的文化遗产事业来说，当务之急是在全社会普遍关注与参与中尽快构筑具有中国特色的文化遗产理论体系。"

从曹兵武同志前几年出版的《考古与文化》《考古与文化续编》到现在的《文物与文化》等几部著作来看，他始终关注和热心于研究探索的是关于文化遗产事业的理论建设问题，无论是关于考古的，还是关于文物的，他试图将它们与文化的概念和体系结合在一起，这绝不仅仅是小概念与大概念之间联系的逻辑关系，更是一种小体系与大社会的结合和关联问题；也不仅仅是在大文化的概念之下，为文物和文化遗产事业找到了自己的归宿和落脚点，更是作者试图在探索一条利用文化（文化遗产）对人的生存价值和社会发展的推动和融合力量，在建设社会主义文化强国的大战略背景下，唤起千万民众保护和传承文化遗产的民族自觉，把当前轰轰烈烈开展的文化遗产事业真正变成一项人民的事业。我想，这才是一切有关文化遗产保护、传承理论建设和实践活动最终的归宿和前进的起点。

以上是我读了《文物与文化》一书后的体会和感想，愿与读过该书的读者朋友们分享。

注：本文所用引语均出自《文物与文化》一书。

原刊《中国文物报》2015 年 11 月 3 日 6 版

万千碎片织云锦

——读许顺湛先生的新作《豫晋陕史前聚落研究》

探寻中华文明的源头，就是要将中国夏代之前 1000 年历史的年代框架建立起来，和之后的 4000 年历史链接，筑起中华民族 5000 年文明的大厦，让她巍然屹立在世界民族之林。要解决这个课题，绕不开的是五帝问题。从世界上各文明古国的历史研究来看，也都是以弄清王朝的更迭和建立年代框架为目标的。没有这个框架，历史的巨人就无法站立起来。就中华文明历史来看，五帝问题不确定，5000 年文明史就无从说起。

关于五帝，目前，我国学术界比较公认的还是司马迁在《史记·五帝本纪》中记载的黄帝、颛顼、帝喾、尧、舜。但是，在此前提下，目前还有很多问题正在争论中。比如：五帝是传说时代，还是历史时代？五帝各是一个具体的个人，还是一个族团或族团领袖世袭的名称？如果是前者，他们的年寿是多少？如果是后者，他们各传袭了多少代？起始年代如何断定？还有，以上这些问题，作为文明的载体，用什么语义的方式、体例、概念来进行表述？如此等等，如果解决不了，或是解决不好，不仅学术界不能传出一个比较一致的声音，给公众和社会一个明白、通俗、可接受的表述方式和概念，中国 5000

年的文明史也站不起来。或者说，即使起来了，如果根基不牢，也难以站稳。

要解开以上诸谜，我们面对的主要材料，一是记录不多，且纷繁复杂；众口不一，又令人眼花缭乱的历史典籍。二是散布在中华大地上经过调查，但又不详尽；经过发掘，但公布资料或多或少，或略或详的考古报告。如何从这些材料中，理出一条脉络，找到一种方法，朝着一个方向，去伪存真，去粗留精。既大胆假设，又小心求证；既高屋建瓴，又见微知著，从而得出自己的结论，是每一位学者的责任和使命，也是他们终生的理想和追求。

今年六月，在参加"纪念庙底沟文化发现60周年暨首届仰韶彩陶文化研讨会"期间，著名考古学家许顺湛先生托朋友送我一本他的新作《豫晋陕史前聚落研究》。拜读完这部洋洋87万多字的大作，感佩之余，禁不住想为先生和他的大作说几句话。

早在20世纪60年代，许顺湛先生就提出了"仰韶文化父系说"的观点。尽管当时有很多不同的声音，他毅然"单枪匹马①"，用大量的证据和事实说话，继续着他的研究。在1986年召开的纪念仰韶文化发现65周年大会上，他以此为题，陈述了他的这个观点。笔者有幸聆听了他的发言，敬佩他的勇气和执着。令人意外的是，这次会上，他的发言，竟成了"会议发言内容的主流②"。之后，许先生依然以史前文化为主，继续进行他的研究，提出了"五帝时代是中国文明的初级阶段"、"黄帝时代是中国文明的源头③"等观点，先后出版了《中原远古文化》《黄河文明的曙光》《许顺湛考古论集》《五帝时代研究》《豫晋陕史前聚落遗址研究》等专著。在这些著作里，许先生一方面以睿智的目光捕捉着这些年以来田野考古发掘获得的新材料、新信息，就连 2012 年陕西神木石峁城发掘的最新资料，他也欣喜地纳入他最新的著作中，进行研究。一方面细心地关注着国内外关于中华文明起源的最新研究成果，拿来比较、采用。与此同时，他对自己的研究方法、观点不断进行深化、细化、完善和创新，以便使自己的研究结果尽可能站在学科的最前沿。

方向决定目标，方法决定成果。因为成果不仅存在于资料中，同样也存在于方法中。考古事实证明，豫、晋、陕三省交界的黄河中游金三角地区，不仅是仰韶文化发现和命名地，也是仰韶文化庙底沟类型为代表的仰韶中期新石器文化发育最强盛，同一时期聚落遗址分布最多、最密集、影响范围最大的地区。而这个地区，庙底沟文化的考古年代和传说的黄帝文化年代正好相对应。许先生在《豫晋陕史前聚落遗址研究》一书中，以豫、晋、陕大中原地区史前聚落遗址为材料，依据这三个省已经出版的文物地图集，从旧石器时期聚落遗址开始，经仰韶文化时期，到龙山文化时期。粗略统计一下，共列出了9000 多处遗址，大到几百万平方米，小到几千平方米。他以现在的行政区划为主，参照地理、地貌，按聚落群分布的地域、多少、大小、环境和考古文化内涵，以聚落群为单位，用聚落考古的方法，将遗址分为四个等级：50 万平方米以上的聚落群称为特级聚落，49—30 万平方米的聚落群称为一级聚落，29—10 万平方米的聚落群称为二级聚落，9 万平方米以下的聚落群称为三级聚落。同时，对已经发掘过的重要遗址所包含的文化信息进行解剖分析，分类分区，片缀块连，条分缕析，再对照大量的有关五帝文化的历史记载进行梳理，谨慎地确认它们的文化内涵和类型，最后再验证自己提出的一些假设。

在这部著作中，许先生运用自己独创的方法，不仅再次论证了他过去得出的一些结论，而且大胆地列出了关于五帝的年代框架：黄帝（十世），约 1500 年，约公元前 4420 年—公元前 2900 年，对应仰韶文化中、晚期；颛顼（九世），约 350 年，约公元前 2900 年—公元前 2550 年，对应龙山文化早期；帝喾（十世，包括尧），约 400 年，约公元前 2550 年—公元前 2150 年，对应龙山文化中、晚期；帝舜（一世），约 50 年，约公元前 2150 年—公元前 2100 年，下接夏代始年。此外，他又对应这些年代，检索了大量的考古资料，总结出各个时期的文明发展成果，对自己提出的问题，一一进行论证说明。这些观点，有的已经被学术界认可，比如：关于五帝是一个历史时代而不是传说时代的观点，苏秉琦先生主编的《中国远古时代》一书已经得到确认，并被称为"可信的远古通史"。有的观点，许先生只是阐明自己的观点，比如：关于史前文明发展阶段问题，有苏秉琦先生的古文化、古城、古国说，石兴邦先生的史前、原史、文明说，严文明先生的准备时期、走向文明，初期文明、成熟文明说，魏京武先生的孕育期、形成期、发展期说，等等。这些说法，尽管用辞的语境和体例不同，但都是为了给中国的史前文明模式一个明确的定义概念。许先生对以上诸说进行比较以后，"认为中国古代文明的阶段区分为邦国文明、王国文明和帝国文明三个阶段较为合适④。"至于自己的观点是否能站住脚，他自己也十分谦虚地承认，"在现阶段，拉出一个五帝年代框架，只是大体相当，无法严要求"。"在今后工作中，可能会出现变数，也在预料之中。""这样做的用意，主要是想给人们以宏观上的大体概念"。"如果要确认五帝文化，那是一个更加深入的、难度更大的新课题⑤。"

将分类法用于考古学，将五帝年代纳入中国通史，应该说，都是一种学术界通用的方法。但是，将分类法以聚落群遗址形式对应考古年代文化进行分类，将年代断代定位在千年、百年的框架里来思考问题，概念性地思考和表述中国史前的历史和文化事实，不能不说是许顺湛的一个创新。这位被誉为"河南考古元老"、年近90岁的耄耋老人，在自己60多年的学术生涯中，以自己的顽强和执着，锲而不舍地为探索中国文明的源头，苦苦寻觅，孜孜追求，得出了属于他自己的一个个令人震惊的结论，至今他依然保持着旺盛的精力和敏锐的目光，在自己的研究道路上勇往向前。这不由得使我想起了河南考古界称许顺湛先生是一位"用碎片还原历史"的形象比喻。读着他的书，我们仿佛看见，这位慈祥睿智的老人，坐在他的书桌旁，一会儿微笑着和你交谈，一会儿又陷入深思中，拿起他那支永不停歇的笔，从浩瀚的历史大海里，捡起一片片已经被岁月撕裂的碎片，织连起中华民族5000年文明光辉灿烂的漫天云锦。

注：文中①、②、③、④、⑤均为作者原著语。

原刊《中国文物报》2013 年 12 月 13 日

第二编　论述篇

成果与贡献

——三门峡考古七十年

　　新中国成立70周年，是中国考古事业蓬勃发展的70年，也是中国考古学科建立和发展的70年。70年来，中国考古事业从小到大，从弱到强，在成果积累、学科建设、学术体系建设、中国历史话语体系基础奠定等方面都取得了举世瞩目的成就，对增强文化自信和中华文化凝聚力发挥了重要作用。在这些辉煌成就中，三门峡的考古事业也是硕果累累，不仅在三门峡自己的历史文化体系建设和考古事业发展中功不可没，而且也为中国的考古事业做出了不可或缺的贡献。

一、1951年，仰韶村的第二次发掘，纠正了安特生当年的错误

　　1921年10月27日至12月1日，瑞典的安特生和中国的袁复礼等中外考古学家对我市渑池县仰韶村遗址的第一次发掘，不仅发现和命名了著名的仰韶文化，揭开了中国田野考古的第一页，而且宣告了中国没有史前文化的断言已经成为过去，连接了中国历史时期与史前时期的链条，使探寻中华民族5000年文明史成为可能。但是，由于当时

的客观条件限制，特别是由于安特生本人采取的发掘方法的错误，得出了仰韶村遗址只有一种仰韶文化遗存的结论。这个错误，不仅导致了他自己认为仰韶文化来源于西方，并继续向西方寻找仰韶文化源头的行动，而且误导了中国考古学界30多年。1951年的这次发掘，由我国著名考古学家夏鼐、安志敏等在仰韶村进行，由于采取了比当年安特生等更科学的方法，通过发掘，证明了仰韶村遗址不仅存在着仰韶文化，还包含有龙山文化遗存。

二、1956—1957年，两次发掘，震惊了中国和世界

（一）上村岭虢国墓地发掘，填补了我国两周之际考古学的空白

从1955年起，中国社会科学院和中华人民共和国文化部联合组成的黄河水库考古队为配合万里黄河上的第一个大型水利工程——三门峡大坝的建设，由夏鼐、安志敏带领，在三门峡进行考古调查时，因为三门峡湖滨火车站的建设，发现了上村岭虢国墓地（南区）。1956年冬，他们在上村岭发掘了1座大墓，出土的两件青铜戈上都有"虢太子元徒戈"铭文，证明与文献中记载的虢国可能有一定关系。1957年，接着对该墓地周围的大规模发掘，共发掘了234座墓、3座车马坑和1个马坑，共出土文物9179件。这些重要发现，不仅填补了我国两周之际考古学的空白，而且从此拉开了虢国历史文化考古和研究的序幕。这次考古发掘的考古报告于1959年10月，以《上村岭虢国墓地》为名，由科学出版社出版，编号为黄河水库考古报告之三、考古学专刊丁种第十号，是中华人民共和国成立以后我国最早出版的考古报告之一。

这次考古发现还有两个重要成果：一是考古队在发现和发掘上村岭虢国墓地的同时，还调查发现了位于三门峡市中心的李家窑遗址，他们初步认为这里可能就是虢国的上阳城都城遗址所在。二是为我市在 20 世纪 80 年代初建立的车马坑陈列馆奠定了物质基础，成为我国较早建成并开放的遗址博物馆之一。

（二）庙底沟遗址的第一次发掘，找到了中国之前的"中国"

这次发掘，也是由于万里黄河第一坝——三门峡大坝的建设，也是由中国社会科学院和中华人民共和国文化部联合组成的黄河水库考古队完成，也是在夏鼐、安志敏的带领下进行的，安志敏担任领队。

对庙底沟遗址的调查，始于 1953 年秋季。发掘开始于 1956 年 9 月 30 日，结束于 1957 年 7 月 25 日。前后共开探方 280 个，发掘面积 4480 平方米，共发现仰韶文化灰坑 168 个、房基 2 座，龙山文化灰坑 26 个、房基 1 座、窑址 1 座、墓葬 156 座。这次发掘的第一个收获是命名了仰韶文化庙底沟类型。通过后期在以黄河流域为主的考古调查和发掘，证明庙底沟类型文化在距今 6000 至 5300 年之间，曾传播到我国北至内蒙古、南到长江流域、西达甘陇地区、东越山东西部，是我国史前文化传播范围最广、发展最辉煌的时期，也是中国农业文明的奠基时期，出现了中华民族的第一次文化大融合。以花瓣纹、弧线圆点纹为主的彩陶艺术是中国史前艺术的第一次浪潮，被考古学家誉为中国之前的"中国"。第二个收获是解决了仰韶和龙山文化的性质及其分期线索，以及龙山文化和仰韶文化之间的承袭关系。开了"河南龙山文化"的先声。解决了这个问题，等于阐明了中国古代文明的起源问题，证明了我们的祖先从远古时代起，经过仰韶、龙山，直到商周等历史时期，在黄河流域不断地发展而创造了高度的文明，说明中国的古代文明是连续发展的，其意义重大且不断引起世界的关注。这次发掘的考古报告以《庙底沟与三里桥》为名由中国科学出版社于1959 年出版，编号为丁种第九号、黄河水库考古报告之二。该书出版之后，即引起国际学术界的关注。也是新中国成立以后，我国最早出版的几本考古报告之一，更在20 世纪80 年代，由美国宾夕法尼亚大学翻译成英文，还邀请了美籍华裔著名考古学家张光直先生作序，被张先生誉为"中国新石器时代考古学的一个重要里程碑"。这本报告是被美国考古学家翻译的第二部中国考古报告（第一部为《城子崖》）。2011 年10 月，在纪念庙底沟遗址发掘和中国社会科学院考古所建所60 周年之际，在三门峡召开了"纪念庙底沟遗址发掘60 周年"学术研讨会，之后又出版了《庙底沟与三里桥》中英文双语版，向国内外读者发行。

三、1980—1981 年，仰韶村遗址的第三次发掘，弄清了该遗址两种文化的承接关系

1980 年10 月—1981 年6 月，为解决仰韶村遗址上寺沟村民的住房问题，经国家文物局批准，由河南省考古研究所主持，对仰韶村遗址进行了第三次发掘。这次发掘，不仅再次证明了该遗址存在着仰韶和龙山两种史前文化，确认了仰韶文化遗址是一种仰韶文化和龙山文化的混合型文化遗址，并且弄清了这两种文化的地层叠压关系。它们的发展序列是：仰韶中期—仰韶晚期—河南龙山文化早期—河南龙山文化晚期。至此，对于仰韶文化遗址的内涵终于得出了准确结论，画上了一个圆满的句号。

四、1990—1999 年，虢国墓地第二次发掘的两项成果连续被评为全国十大考古新发现

这次发掘，由河南省考古研究所主持，可分为三个阶段。第一阶段，1990 年 3 月至 1991 年 5 月。共清理了包括 M2001（虢季）、M2009（虢仲）、M2006（孟姞）、M2007（被盗）、M2008（被盗）、M2010（大夫墓）6 座大墓和一个车马坑。第二阶段，1991 年 9 月至 1992 年 12 月。共清理了 M2011（太子墓）、M2012（梁姬墓）、M2013（丑姜墓）等墓葬和一、二、三号车马坑。第三阶段，1998 年 11 月至 1999 年 3 月。这次发掘是为了配合虢国博物馆建设而进行的。共清理了 9 座墓葬，其中有 5 座被盗一空，4 座被盗残墓和两座被盗后的残车马坑。合起来，虢国墓地的第二次发掘共发掘墓葬 18 座、车马坑 4 座、马坑 2 座。1999 年 12 月，由中国文物出版社出版了《三门峡虢国墓（第一卷上、下）》。

通过发掘，证明了虢国墓地北区是虢国国君兆域区，连同第一次发掘的南区一起，还证明虢国墓地是一处从国君到一般庶民埋葬在一起的邦国公墓。墓地埋葬有序、等级分明，是我国两周时期聚族而葬的典型例子。这次发掘，前后共出土文物近 3 万件（套）。其中的青铜器不少都有铭文，是对墓地和虢国性质、年代、军事、科技和文化发展水平的最有力佐证。尤其是出土的人工冶铁文物，将我国的人工冶铁史向前推进了近 200 年。出土的玉器，类别多、类型全，制作工艺高超，是我国两周时期玉器制作技术的高峰。这次发掘以后，1991 年 1 月 7 日，在三门峡市召开的"虢国墓地重大考古新发现新闻发布

会"轰动全国，将虢国墓地和三门峡宣传到国内外。这次发掘的18座大墓中的M2001，被评为1990年度全国十大考古新发现之一；M2009被评为1991年度全国十大考古新发现之一。

这次发掘的另一个收获是，为虢国博物馆的建设打下了基础，提供了展出文物和遗址的内容保证。

五、1999—2013 年，灵宝铸鼎塬西坡遗址的 8 次发掘，为中华文明探源工程提供了证据

从1999年到2013年，西坡遗址共进行了8次发掘和1次勘探，是由中国社会科学院考古所、河南省考古研究所、三门峡市文物工作队、灵宝市文管所联合进行的。通过勘探和发掘，证明这是灵宝铸鼎塬地区的一处十分典型的仰韶文化庙底沟类型遗址。该遗址面积约40万平方米，南北有壕沟、东西有河流，是一处封闭性的史前聚落遗址。这次发掘，共发现有房基、墓葬、壕沟、作坊、蓄水池、公共活动广场等重要遗迹。其中的公共活动广场，位于遗址居住区中央，四周被大小不等的房基环绕，房基的门口都朝向广场。研究证明，这种格局是当时的一种公共活动场所。最大的房基F105，占地面积达516平方米，房基前后经过9道工序处理，设计严谨，气势宏大，技术精湛，绝非一般民用建筑，是我国目前已发现的史前时期最大的房基，为中国建筑史上的创举。发掘出土的蓄水池遗迹，可能是当时经人工加工并长期使用的水利设施，是仰韶时期人们的用水设施的直接物证。通过对发掘的22座墓葬中的墓葬规模、人骨鉴定、食性分析、填泥植物印痕和土样分析，为我们提供了认识这个时期社会复杂化的许多重要

信息。专家们依据灵宝西坡墓地的墓葬埋葬形制、大小，随葬品多少、"价值"高低，得出当时社会存在一种"重贵不重富"的特点，总结西坡墓地反映出来的"生死有变、重贵轻富、井然有序、朴实执中"的中原模式，对中原地区后来的文明化进程产生了深远的影响。也正是由于西坡墓地的重要发现，该遗址被列为我国中华文明探源工程选定的典型遗址之一，为这一工程提供了很多关于史前文明起源和发展的实物证据。

除了以上列出的一些重要考古成果外，三门峡还有 1982 年的灵宝北阳平遗址发掘、1993 至 1994 年的向阳村北宋陕州漏泽园的发掘、1997 年至 1998 年的南交口遗址发掘、2001 年的李家窑上阳城遗址发掘，2002 年的庙底沟遗址第二次发掘等。

综上所述，可以看出，从新中国建立至今的 70 年间，三门峡的考古事业不仅为弄清我市的历史文化发展脉络填补了一个又一个空白，为三门峡悠久而厚重的历史文化增加了证据，为我市的文化和旅游业发展奠定了基础，也为全国 70 年来的考古事业发展做出了很大贡献，有不少填补了中国考古学史的空白，有的为我国重大学科研究提供了依据，在我国的考古学史上都有重要影响。这种成就和地位在全国同类城市中是不多见的。

正因为如此，三门峡被我国考古界誉为中国考古学的圣地。

原刊于 2019 年 9 月 7 日《三门峡日报》A6 版

庙底沟文化

——中华农耕文明起源的发动机

把庙底沟文化纳入中华文明探源工程这个重大课题框架里，来思考和理解发现它的意义和价值，对于拓展、延伸中华民族 5000 年文明起源和发展研究的课题，是时隔 60 年后我们应该担负的责任，也赋予了庙底沟文化更深、更新的科学命题和时代使命，具有很强的现实和历史意义。

那么，庙底沟文化发现的价值的精髓在哪里？对于它的研究和探讨，于我们当代社会的生活有什么启迪？本文就庙底沟文化对中国农业文明和中华文明起源的价值和推动作用，谈一点自己肤浅的看法，以企教于学界专家和同行。

农业的发展是文明形成的基础和主要标志之一。我们知道，在世界四大古文明（古埃及文明、古印度文明、巴比伦古文明、中华古文明）中，唯有中华文明不仅独立起源，而且永无断代、延续至今，成为世界古文明形成、延续、发展的一个奇迹。而这个奇迹，其渊源就发生在以庙底沟文化为代表的中原地区。其中的奥秘，就在于这个文明的产生是与农业文明的产生和发展是息息相关的。以农业文明为根基的庙底沟文化发挥了承前启后、继往开来的生命力发动作用。

马克思从社会存在入手，"发现了人类历史的发展规律，即历来为繁芜丛杂的意识形态所掩盖着的一个简单事实：人们首先必须吃、喝、住、穿，然后才能从事政治、艺术、宗教等等；所以，直接的物质的生活资料的生产，从一个民族或一个时代的一定的经济发展阶段，便构成基础。人们的国家设施、法的观点、艺术以至宗教观念，就是从这个基础发展起来的。因而，也必须由这个基础来解释，而不是像过去那样做得相反①。"按照马克思指出的这个"基础"，我们在探索庙底沟人当时的政治、科学、艺术、宗教等各种意识形态的原始状态时，应该首先关注和梳理出庙底沟人的吃、住、穿、用等各种生活、生产资料，也即是农业文明发展的各种元素的脉络来。

庙底沟人的食谱。粮食类：考古资料证明，当时种植的粮食作物主要有粟和黍，在豫中、豫西、晋南和关中地区，如大河村、南交口、泉护村、西坡等庙底沟类型文化遗址中还出土有水稻和高粱的标本。肉食类：主要有猪、牛、羊、鸡和狗，这些，从姜寨遗址发现的圈栏遗迹，证明已经属于家养牲畜（禽）。此外，在同类遗址中，还发现有鱼、蛙、鹿、兔、獐、熊、硕猕猴、竹鼠、象猪等野生动物，证明当时的庙底沟人一方面从家养畜禽中获取肉食，一方面继续延续着狩猎、捕捞从野生动物中获得肉食的前人传统。蔬菜类主要有芥菜、白菜、莲子等。水果类已经发现的有核桃、酸枣、枣、山楂、桃、杏、柿、菱角等。这些，有的是家庭种植的，有的可能是采摘野生的②。从此可以看出，当时的庙底沟人，不仅吃粮食、吃肉，还吃水果和蔬菜。

庙底沟人的居住。分七个层次来说：一是房子面积增大。从前仰韶时期的一般只有5—7平方米、最大的也只有11平方米，到此时的一般为40—50平方米，大的达100—200平方米；二是房子分布的变化。从前仰韶时期的分布稀疏、排列不规整，到此时的分布较稠密、排列比较规整。三是房子结构发生了变化。从前仰韶时期的形状多为圆形半地穴的单间，发展到此时的有圆形、方形、长方形单间、双间、套间，和既有半地穴、地穴式，又有平地起建等多种方式。四是居住聚落面积扩大。从早期的几千、几万平方米，发展到此时的几十万、甚至近百万平方米。五是大型宫殿式建筑的出现。甘肃大地湾的F901遗址面积为420平方米，灵宝西坡的F105遗址面积为516平方米③。这类建筑，除了居住功能外，很可能还兼有聚会、宗教活动等功能。六是建筑的技术含量增加。前仰韶时期建造房子有下挖地穴、处理地面、立柱、做泥墙、做房顶等5、6道工序，而此时已经详细到下挖地穴、处理地基、夯筑墙壁、设立室内柱础石、修整居住面和墙面、挖四廊柱洞及门道柱洞、立柱、搭房顶与门棚等近10道复杂工序（以灵宝西坡发现的几座大房子为例）④。七是聚落居住组织的多层次化。从灵宝西坡和陕西姜寨遗址钻探和发掘得出的聚落住房布局来看，这类聚落居址不仅功能多、分工明确，而且居民的居住组织也自小而大、自下而上，可分为四个层次⑤。以上可知，庙底沟人不仅已经过上了稳定的定居生活，而且居住条件也已经大大改善。

庙底沟人的生产工具。在前仰韶文化时期，农业生产使用的工具是以石器为主，但是以打制石器为主，磨制石器虽然已经出现，但是仅限于磨制出工具的刃部，且仍比较粗糙。从类别上看，以铲、刀、镰为主的石制工具，主要是用来翻土和收割，说明此时的农业生产方式仍属于刀耕农业阶段，经济模式还是以渔猎经济为主。到了仰韶文化前期，虽然各类石、骨、陶等生产工具种类增多，制作水平提高，但是仍以渔猎经济为主的工具占主流。半坡和北首岭等同类遗址出土的渔猎工具是以农耕为主的石质斧、铲、锄、刀等类工具的 1.94 倍。而到了庙底沟文化时期庙底沟、王家嘴等遗址中，见到的用于农业生产的石质的斧、铲、刀等，则是同时期渔猎工具的 1.19 倍。特别是用于收割的石质和陶质的刀、用于翻土的石铲、木耒等，不仅数量较前一时期大大增加，而且铲的形制如桃形和舌形，制作偏薄光整，大的残长已达 30 厘米。这些，足以说明到庙底沟文化时期农业的生产方式已"基本进入锄耕农业的耕作方式"了⑥。近年来，有的学者依据姜寨遗址中出土的石锄和圆弧刃尖头铲等器物，认为在这个时期，甚至已经出现了犁耕农业的雏形⑦。

庙底沟人的水利设施。水利是农业的命脉。到目前为止，我们在有关庙底沟类型的文化遗址中，虽然还没有发现用水来浇灌农作物的遗迹和遗物，但是，从庙底沟类型遗址主要分布在黄河中下游的黄河及其渭河、汾河、洛河三大支流和一些小型支流两岸台地位置来看，庙底沟人选择居住的首要条件是与水分不开的。这类台地对庙底沟人与水的关系来说：用，则就近取之；避，则可防洪免灾。另外，在庙底沟遗址东、西两面都有壕沟相环。据发掘者认定，"这些壕沟在当时不仅具有防御性质，而且依据地势还具有防洪排水的功能⑧。"特别是在灵宝西坡遗址发现的经过硬化致密等防水处理的 3 个蓄水池，其蓄水量初步估算分别可以蓄水 130、150 和 300 立方米⑨。这些遗迹表明，庙底沟人对水的认识和利用已经达到趋利避害、为我所用的水平。

庙底沟人的衣着。由于年代久远和丝、麻织品保存困难等原因，到目前为止，我们从考古资料上还无法了解庙底沟人当时的衣着和穿戴。但是，通过一些考古信息我们可以间接地了解一些。一是在灵宝西坡遗址 M27 盖板上发现了经纬细密的麻布印痕⑩，在山西西阴遗址中出土了半个茧壳，可知当时至少已经有了使用麻、丝类织品的事实，至于从半个蚕茧是否可以得出当时已经有丝织品被人们穿用，还不能妄下论断。二是从庙底沟文化类型遗址发现大量的陶纺轮、骨针等用于纺织、缝纫有关的工具，和从女性墓葬中出土的与纺（编）织、缝纫有关的随葬品较多的事实，可以判断，当时庙底沟人中的女性主要从事纺、编织等劳动，且有一定的生产规模。以此为据，我们是否可以说，当时的庙底沟人已经穿、戴以丝、麻织品为主要原料的衣物了呢？

制陶业反映出来的农业文明信息。陶器是庙底沟文化时期的最大产品。尤其是其中的彩陶，更是仰韶文化，当然也是庙底沟文化的代表性器物。尽管大多数研究者把制陶业分类在加工业范畴，但是，在大农业文明背景下的制陶业仍然藏不住它所反映出来的众多农业文明发展的信息来。首先，从器类上说，出土的大量陶器，一类直接与当时的农业生产有关，如陶刀、陶轮和等遗物；一类则是用于庙底沟人的农耕生活，如陶钵、陶罐、陶碗等。庙底沟时代的陶器制作，无论类别上、功能上，还是制作工艺上都较前一个时期发生了质和量的巨大变化，与当时农业生产的发展和庙底沟人农耕生活的需要是息息相关的。其二，就彩陶本身来说，庙底沟人在半坡人"寓人于鱼"反映渔猎经济的陶器制作技术的基础上，结合自己农业文明的发展水平，大量使用以花叶、花瓣纹为主的植物花纹作为陶器的装饰内容。如果说，鱼纹是半坡人的图腾徽号，那么，花卉纹无疑就是庙底沟人的族徽和图腾标识。他们把生产、生活中常见的植物花纹施于陶器的表面，不仅只是一种美丽的装饰，更是对农业文明的崇拜。至于在手法上，从写实走向抽象的艺术化，也正如闫村遗址出土的"鹳鱼石斧图"一样，反映出庙底沟人对农业文明崇拜的各种信息，更加抽象和艺术化到了新的审美水平。这正如苏秉琦先生所说的那段著名的论断："庙底沟类型遗存的分布中心在华山附近，这和传说华族发生及其最初形成阶段的活动和分布情形相像。所以，仰韶文化的庙底沟类型可能就是形成华族核心的人们的遗存；庙底沟类型的主要特征之一的花卉图腾彩陶，可能就是华族的名的由来，华山则可能就是华族所居住之地而得名。这种花卉图案彩陶，是土生土长的，在一切原始文化中是独一无二的，华族及其文化也无疑是土生土长的⑪。"

通过以上的梳理，我们可以看出，庙底沟时期的农业，在经过了前仰韶——磁山、裴李岗、老官台、贾湖等时期文化的孕育和发展，经过了仰韶文化前期——半坡文化、大地湾文化等时期的成长和发展，庙底沟时期的农业文明已经基本发育成熟，对资源的开发和利用已经趋于自觉，生产力的发展已经具有一定水平，农业文明的基本要素已经基本齐备，能够满足当时人们生产、生活的需要，正如马克思说的那样："人是有生命力的存在物，人一旦开始生产自己生命所需要的生活资料，就把自己与动物区别开来⑫。"

正是因为庙底沟文化时期农业文明的快速发展，不仅使其成为世界四大农业起源（西亚、中美洲、中国的长江流域和黄河流域）中心中生命力最强的地区之一，也促使了我国史前文明和社会进入了全面稳定的发展时期：一是人与土地的关系。我们知道，在庙底沟文化东到岱岳、南临汉水、西至甘陇、北及河套燕山地区的影响范围内，正是我国黄河中下游地区的黄土覆盖范围。这种黄土：土层深厚，一般在 100 米左右，最厚处可达 200 多米；土质疏松，土壤机理间隙大，易于当时的生产工具耕作和吸收养分；营养丰富，在经过风和水的搬运后，吸收了大量的氮、磷、钾等各种农作物需要的养分，成为满足农业生产条件的物质基础。从这个意义上讲，庙底沟文化时期，人们对黄土文化的认识和利用，不仅成为庙底沟人繁衍、生存、发展的基本条件，也成为繁衍其他文明元素的物质土壤。二是人口自身的关系。首先，是农业的发展，保证了人口的定居，使人摆脱了之前以渔猎、游牧为主的流动生活。而定居，又反过来促进了农业的开发和发展。其次，是满足了人口繁衍、生长过程中肌体所需营养成分的需求，使得人的体能更加强健，繁生数量快速增长。这就为人的劳动、迁移、交流和文化传播奠定了基础。三是人与"天"（自然）的关系。农业的发展，在靠天吃饭的条件下，离不开对自然条件的依赖。在庙底沟文化覆盖范围内，正是我国南北气候、植被、温湿度过渡地带。庙底沟人在生产、生活实践中不断地认识、掌握和利用了这些自然条件，在种植、养殖、手工业（工具生产）等方面，在前人的发展基础上，发现和挖掘出与自己生存、发展息息相关的自然力量，为我所用，养我生存，助我发展。在利用自然、改造自然，改善自身生存条件方面，探索出的实践和理论，直到今天仍然是一条颠扑不破的真理。四是人与人的关系。由于庙底沟人在生产、生活实践中，不断适应、稳定与天、地的关系，在促使自身数量增加、体质增强的同时，生存在一定空间上的人和人之间，自然会发生各种"矛盾"和碰撞。庙底沟文化从它的核心发源地开始，以它深厚的根基和充满活力的影响力，不可避免地会向周边地区传播蔓延。这正如张忠培先生说的那样："任何一种考古学文化都是杂种文化，杂种文化都是文化杂交的产物，文化演进则是在文化杂交中实现文化'传承、吸收、融合、创新'的结果，'传承、吸收、融合、创新'是文化演进的规律⑬。"庙底沟文化之所以影响和传播范围这么广泛，就是因为它在与其他文化杂交时自身所具备的强大的生命力所在。也正是由于它的传播、交流、杂交和融合，才促成了当时以中原地区为核心的中华文明多元一体的第一次大一统格局的形成。五是人与社会的关系。庙底沟文化，以农业文明为基础的坚实基础，促进了当时社会各种文明元素的生长和发展。从当时出现的彩陶制作和陶塑艺术，可以看出庙底沟人对具象之外的抽象艺术的追求；从聚落群体、个体大小分布和同一聚落内居住分布的层次差异，可以知道它们是一种适应当时社会组织结构和等级区分的社会产物；从西坡和姜寨遗址发掘出的大小不等的墓葬、房基、随葬品的多少和等级差别、特别是特大型房子的居住之外的聚会或宗教功能，可以折射出当时社会的分化、分工，已经具备了文明社会雏形时期的形态；从生产工具的进化水平，可以见证农业发展水平从刀耕农业的式微、到锄耕农业的成熟、到犁耕农业的发轫。正是生产力水平的创新和提高，才促使了社会上层建筑的建立和相对稳定。

总之，是庙底沟人用自己的勤劳和智慧，汲取和利用了来自大自然的各种资源力量，进行加工、改造、创新、提升，不仅创造了比较成熟的农业文明，为它之后的龙山文化的更大发展积蓄了潜力，为当时各种文明元素的成长、成熟，起到了发动和推进作用，成为中华民族 5000 年文明肇始的源头。

注：①引自杨共乐《历史学之管理价值》，见《新华文摘》2011 年第二期。

②中国社科院考古所、河南省考古所《灵宝西坡墓地》，河南省

考古所《三门峡南交口》，上海人民出版社，2010 年版；巩启明《仰韶文化》，文物出版社，2002 年版。

③⑤⑥苏秉琦主编，张忠培、严文明撰《中国远古时代》，上海人民出版社，2010 年版。

④魏兴涛引自灵宝文化局编《黄帝铸鼎原论文集》。

⑦许顺湛《五帝时代研究》，中州古籍出版社，2005 年版。

⑧樊温泉《庙底沟遗址：六十年的发现与研究》，《中国文物报》2013 年 5 月 10 日 12 版。

⑨⑩中国社科院考古所、河南省考古所《灵宝西坡墓地》，文物出版社，2010 年版。

⑪苏秉琦《关于仰韶文化的若干问题》，《考古学报》1965 年第一期。

⑫引自张奎良《关于马克思人的本质问题的再思考》，《新华文摘》2012 年第二期。

⑬张忠培《文物的有效保护与考古学研究任重道远》，《中国文物报》2013 年 5 月 3 日 5 版。

庙底沟国家考古遗址公园的建设构想

近日，为做好庙底沟国家考古遗址公园建设规划，河南省三门峡市文物部门邀请了李伯谦、陈星灿、赵辉、王仁湘等国内著名新石器时期考古专家、河南省考古学会名誉会长张大卫、文物局局长陈爱兰、副局长孙英民和三门峡地方的有关领导，以及规划编制方面的有关人员，就遗址公园的规划和建设进行了研讨。会上，与会专家和领导提出了许多操作性强、可持续发展的真知灼见和中肯建议。关于庙底沟国家考古遗址公园建设从理论建树到实践操作达成了共识，明确了方向，统一了思路，制定出了工作路线图。这种专家、领导、项目单位和设计单位相结合实施考古公园建设工程的面对面工作方式，不仅收到了很好的研讨效果，而且为下一步的工作奠定了很好的业务指导和实际操作基础。笔者由于多年从事庙底沟遗址的保护、关注考古遗址公园的建设，看到研讨会取得这样的效果，十分高兴，并深受启发，欣喜地展望一下这个项目的前景，以咨教于方家。

一、准确的价值定位是前提

2009 年 12 月，国家文物局制定的《国家考古遗址公园管理办法

（试行）》，将国家考古遗址公园定义为"是指以重要的考古遗址及其背景环境为主体，具有科研、教育、游憩等功能，在考古遗址保护和展示方面具有全国性的示范意义的特定公共空间"。这个定义，规定了建设国家考古遗址公园的考古学条件限制：不仅要是重要的考古遗址，而且其保护和展示价值要有全国性示范意义。

那么，庙底沟遗址本身的价值及其全国性影响有哪些呢？

作为仰韶文化发展的一种最为典型的庙底沟类型文化，如果说仰韶文化的发现开创了中国史前史研究，证明中华文明在夏代以前还有一个漫长的发生和发展过程，是中国史前文明的肇始。那么，庙底沟文化的发现，则是将仰韶文化和其后的龙山文化连接起来，证明中华文明史前史是一个连续不断的系统文明，是仰韶文化发展在其中、后期达到了一个顶峰。早在1959年出版的《庙底沟与三里桥》考古报告中，主持发掘的我国著名新石器考古专家安志敏先生就提出：庙底沟的发现"解决了由仰韶文化向龙山文化的过渡，等于阐明了中国古代文明的起源问题。我们的祖先从远古时代经过仰韶、龙山、直到殷周，在黄河流域不断地发展而创造了高度的文化，那么，这次的发掘对证明中国古代文化的连续性方面，是有重大意义的。"（中国科学院考古研究所编著：《庙底沟与三里桥》，科学出版社，1959年第一版）。随着之后对庙底沟文化研究的不断深入，我国不少考古专家都越来越认识到它的重要价值和重要意义。他们从最初农业文明基础的奠定、生产力发展、彩陶艺术发展、生业发展等方面都给予了很高的评价。著名考古学家苏秉琦先生称："距今6000年到四五千年间中华大地如满天星斗的诸文明火花，这里是升起最早也最光亮的地带，所以，它也是中国文化总根系中一个最重要的直根系。"他在《关于仰韶文化的若干问题》一文中说："庙底沟文化类型遗存的分布中心在华山附近。这正和传说的华族发生及其最初形成阶段的活动和分布情形相像。所以，仰韶文化的庙底沟类型可能就是形成华族核心的人们的遗存；庙底沟类型的主要特征之一的花卉图案彩陶可能就是华族得名的由来，华山则是可能由于华族最初所居之地而得名；这种花卉图案彩陶是土生土长的，在一切原始文化是独一无二的，华族及其文化也无疑是土生土长的。"（苏秉琦：《中国文明起源新探》，人民出版社，2013 年第 1 版）著名美籍华裔考古学家张光直先生称庙底沟类型所在的时代，是"中国早期文化圈开始形成的时代"，"它们便是最初的中国"。（中国社会科学院考古所编著：《庙底沟与三里桥》，2011 年 10 月中英文双语版《序言》）国家夏商周断代工程首席专家、北京大学博士生导师李伯谦先生在这次研讨会上说："庙底沟是仰韶文化的一个重要阶段，表现在它对外扩张和影响方面，可以说是东方文明研究中古国阶段的典型代表。"社科院考古所副所长、我国新石器时期考古著名学者陈星灿先生称："在公元前 3500 年前后的庙底沟时代，中国相互作用圈里面的几个文化，都已经走上了社会分化的道路。""庙底沟时代，见证了早期中国文明的第一缕曙光。"（陈星灿：《庙底沟：早期中国文明的第一缕曙光》，2013 年 6 月 27 日在"彩陶中国——纪念庙底沟遗址发现 60 周年暨首届中国史前彩陶学术研讨会"上的发言）

　　诸如以上说法，还有很多很多，我们在这里不再一一列举，把庙底沟文化定义为华夏文明之根，中华文明之源，就足可以见出庙底沟遗址的价值意义和重要性。

二、深入的研究是保证

庙底沟遗址发现以后，虽然先后经过 1956 年和 2002 年两次较大规模的发掘，前后发掘面积共有 28000 多平方米。但这两次发掘都是为了配合当时的大型工程建设而进行的。发掘以后，其土地大都被工程建设占用。目前看来，对于这个遗址，仍还有很多问题没有解决：一是遗址的整体功能结构没有探明。二是两次发掘以后遗址留下的准确面积还不清楚。三是已经发现的墓葬区、窑址区分布不清楚，壕沟的走向也不确定。在这次研讨会上，陈星灿先生和曾经主持第二次发掘的樊温泉先生等都根据以上情况，提出建议"我们应该用现代的眼光，再摸清一下地下的情况，规划时在考古方面制定一个翔实的方案"。"下一步工作的重点，是进一步确定庙底沟遗址的范围，功能分布，把考古工作做好，为庙底沟遗址考古公园规划、建设提供可靠的资料支撑。"针对以上这些问题，在规划建设考古遗址公园时，要对整个遗址再进行科学详细的考古调查，弄清遗址的准确面积，查清遗址的功能布局，制定出长期的考古发掘计划。这些工作，首先是为制定以后的保护和展示规划奠定基础，为确定保护重点定出范围和目标。其次，在公园建设和建成开放以后，考古工作能够长期有序进行，一边为继续研究提供考古资料，一边将考古现场向公众开放，收到研究和公众教育的双重目的。其三，为地表展示提供依据，无论是模拟展示、复原展示、还是植被展示，都可以做到准确定位，有的放矢。这些，既是考古研究和遗址保护的需要，也是考古公园建设的需要。

三、高水平的展示是关键

关于庙底沟国家考古遗址公园的展示问题，著名彩陶研究专家王仁湘先生提出了"五度一独"的设想：所谓一"独"，是指独一无二，就是其建设和展示要有唯一性，要突出庙底沟遗址公园的独特个性。"五度"，第一是高度。"应该是一个准国家的形态，是文化分工的奠基时代，文化已经实现了一个模式。"第二是广度。文物和博物馆的展示，都应该涵盖一个时代。第三是精度。"就是要强调庙底沟元素在设计中的体现。"第四是深度。"定位成一个考古遗址公园，就应该满足专业学者、专业人员学习研究的基本需求。"第五是准度。"设计出来的遗址公园，要能够准确表达出本地的特色。"李伯谦先生建议"要把发掘过程对外展示、开放，让公众了解文物是怎样发掘的。"陈爱兰局长则要求把公园"建成一座群众享受、学者研究的文化遗址公园。"综合会上各位的意见，庙底沟遗址公园的展示，应该包括以下几个方面：1. 博物馆（室内）的文物展示。作为一个具有代表性的早期国家的形态，当时的庙底沟文化的影响范围，东到河南省东部，南到汉水流域，西到甘青地区，北至长城内外，涵盖了中国北方的大部分地区。文物的陈列就应该以早期国家雏形为概念，对影响区域的路线、范围，农业文明、手工业和生业文明的发展水平和分工情况，以及庙底沟文化在中华文明探源工程中的地位和作用、特别是被誉为"东方艺术传统的奠基时代"（王仁湘：《中国史前的艺术浪潮》）的彩陶艺术及其在辐射中的演变过程，当然要作为核心陈列展示出来。2. 文化公园展示（室外）。一是考古研究成果展示。可以将考古或模拟考古现场向公众开放，让公众享受参与性参观和体验。二是对重要的考古遗址进行复原或模拟，让公众亲临现场进行亲近性参观。三是建筑符号展示。选取庙底沟文化有代表性的彩陶花纹符号，在路面、墙面、栏杆、休憩设施等建筑物的设计内容或形式上体现出来。四是植被型展示。以本地或庙底沟时期植物为主，在花园、草坪等植被展示中，以庙底沟文化元素为主题的符号进行表现。同时，要禁止非本地甚至非庙底沟时期类植物进入园区。五是文明成果展示。比如制陶、制石、制玉、雕塑艺术以及庙底沟时期出现的生业品种如粮食作物、果品、驯养殖业品种等，都可以以复制、复原的手法展示出来。如此等等，采取多种手法，用现代技术将当时的各种庙底沟文化元素活灵活现、生动真实地在公园内进行表现，让观众在不知不觉、潜移默化中受到熏陶、感染和教育。

四、多功能利用是生命

正如国家文物局在《国家考古遗址公园管理办法（试行）》中给出的定义那样，国家考古遗址公园，除了具有科研、教育功能以外，它最能与当代人民生活接轨、最能更多接受公众的是休憩功能。这也是作为考古类文化遗址公园建设的初衷和目的所在。庙底沟遗址所在地，随着三门峡城市的发展和扩大，已经从原来的处于城市边缘地带到了城市的中心部位。因此，考古公园的规划设计，要充分考虑到三门峡城市和周边公众休闲娱乐的需求，建设一些供公众游园休憩需要的设施、设备等，以满足当代社会各类人群休闲娱乐的公共需求。比如可供老年人健身锻炼的休闲健身步道、可供少年儿童娱乐游玩的游乐设施、适用于所有公众的公园绿地等。只有这样，庙底沟考古公园才尽可能多地吸引更多公众进入园区，才能更具有生命力，其活力才能长期释放，公园的建设才会既具有历史意义又具有现代价值。

五、背景环境也是内容

应该说，庙底沟遗址自从发现发掘以来，其保护的级别不断提升，从市级、省级、到国家级，对加强它的保护起到了很重要的法律保障。由于多年来地方政府一直对其采取了较强且有效的保护，从而保证了遗址本身的地貌和植被基本未遭到大的破坏。但是，由于城市发展速度的加快，其周围建起了一些高楼大厦，两边的庙底沟和火烧阳沟面貌也有一些变化。在这次研讨会上，北京大学文博学院原院长、博士生导师赵辉先生等专家和孙英民副局长等领导都强调，要高度重视遗址周边生态环境的保护和治理。因此，这次在考古遗址公园的规划和建设中，一是要对这两条沟进行环境的保护和整治，还原它们的本来面貌。二是要在遗址边沿栽种高大的乔木，将四周的现代建筑物进行遮挡。三是要尽可能保留和恢复遗址上原有的古树、小庙、沟两边的窑洞等具有记忆性的历史遗存。四是园内所有建筑、设施，如：保护展示棚、标识、标志等，尽可能做到体量低矮、色彩低调、形式简约、与园区环境协调相生，隐身而处，像徐光冀先生说的那样达到"有似无"的最高境界。

六、结语

我国著名考古学家严文明先生曾经把中国史前文化统一与多样共

存的关系比喻为"重瓣花朵",中原地区是"花心"。而这个花心,就是指以庙底沟文化所代表的豫西、晋南、关中为核心的中原地区。在这次研讨会上,参加会议的三门峡市委市政府领导都表态"保护和利用好庙底沟遗址,是我们传承历史、延续城市文脉、进一步挖掘文化潜力",推进"华之根、夏之源文化品牌建设的重要举措,让三门峡文化建设在中华文化传承中放射出更加灿烂的光辉。"这次会议"让我们进一步明确了庙底沟遗址公园建设的目标和定位:它应当是文化研究的基地,是史前文明集中和展示的基地,是华夏文明传播的基地,是文化休闲的基地。"我们有信心展望,有与会专家的真知灼见为庙底沟考古遗址公园规划的美丽蓝图,有各级领导重视和支持的决心,这次研讨会取得的成果一定会让庙底沟文化这朵美丽的中国史前文明之花更加绚丽,庙底沟考古遗址公园一定会建成我国国家考古遗址公园大家庭中的拔萃之作。

原刊《中国文物报》2016 年 5 月 13 日 6 版

《庙底沟与三里桥》

——中国新石器考古学的一座里程碑

　　《庙底沟与三里桥》，是 20 世纪 50 年代中央黄河水库考古工作队为配合三门峡水库工程，在当时的陕县南关和其对面涧河北岸的三里桥村进行考古发掘后出版的一本考古报告，中文版本的第一版出版于1959 年 9 月。由于这两处遗址在中国新石器时代考古学上的重要地位，这部报告的第一版出版后引起了国内外学术界的广泛关注，早已售罄。1980 年开始，美国宾夕法尼亚大学的人类学教授波西尔和美国自然博物馆的瓦特·费尔赛维思博士，在征得了当年发掘和考古报告编写的主持人——著名考古专家安志敏先生同意后，合作翻译了《庙底沟与三里桥》一书，并联系了出版社，准备出版中英文双语版，并约请美国国家科学院院士、美国哈佛大学人类学博士、著名美籍华裔考古学家张光直先生写了序言。但是，由于各种原因，当时没有出版。直到 2011 年，为筹备仰韶文化发现 90 周年纪念活动，中国社会科学院考古研究所在得到我省渑池县人民政府的部分经费资助后，这本书的中英文双语版才得以出版。出版时，仍采用了张光直先生在 1980 年为该书写的序言，并由张先生的学生、中国社会科学院考古研究所副所长、我国著名新石器时代考古专家陈星灿博士译成了中文。

看到这本双语版的《庙底沟与三里桥》，读了张光直先生的序言和陈先生写的出版后记，作为一个庙底沟与三里桥文化发源地的三门峡人，不禁使我们想到了很多，也有很多话要诉说给三门峡人。

张光直先生在序言中称："《庙底沟与三里桥》，是中国新石器时代考古学的一个重要的里程碑"。陈先生在后记中称："《庙底沟与三里桥》是第二部被美国考古学家翻译的中国考古报告，至今还经常被人引用，其在中国考古学史上的价值毋庸赘述"（第一部是《城子崖》）。那么，这部考古报告，为什么会有这么重要的价值呢？

考古报告的价值所在，是由其考古成果的价值所决定的，20世纪的1921年，在中国的河南仰韶发现了著名的仰韶文化。1928年，又在中国山东的龙山发现了著名的龙山文化。这两种新石器时代文化，当时的学术界认为，一个由西向东发展，一个由东向西发展，在河南地区相遇。而在三门峡的庙底沟遗址发现的一期文化，属于仰韶晚期的文化；二期文化，则兼有仰韶和龙山两种文化的特征。在三里桥遗址发现的一期文化属于仰韶晚期的文化；二期文化，则属于典型的龙山文化。这两个重要发现，对于之前所谓的仰韶文化在西、龙山文化在东的二元对立说，起到了颠覆作用，反而有力地证明了在河南地区，这是两种时间上相连续，是"经历了自身内在发展和变化的历史时期中国文明的前身"（张光直语）。而庙底沟二期文化，正是它们二者之间的过渡期和分界线！这一重大成果，如一石激起千层浪，引起了国内外学术界的轰动和重视。当时，我国一些著名的新石器考古专家学者如张光直、安志敏、石兴邦、许顺湛都撰文指出，中国的史前文化不仅是土生土长的，而且是连续发展的。这一结论，终于使似乎分割的、以大中原地区为主的中华文明起源与发展的链条，得到了有机的链接。

以此为肇始，国内外考古界经过60多年的考古发掘和研究，在中华文明起源的腹心地区——豫西、晋南和关中的大中原地区发现了众多庙底沟类型的文化，从而使上述结论不仅成为公认的事实，而且，庙底沟文化，这种以农业革命为动力的史前文化，如星星之火，其影响范围北达长城脚下，南抵江汉平原，东到海岱地区，西至甘陇，几乎传遍了大半个中国。这种文化在宗教、礼仪、建筑、手工业、艺术、文字等诸多元素方面，已达到了文明发展的鼎盛时期，且延续不断，传承至今，成为中华文明起源的核心文化。其传承的强势动力，在中国和世界都是绝无仅有的。我国著名考古学家苏秉奇先生称她是中华之"花"中的"花心"，著名考古学家刘庆柱先生称以三门峡为中心的大中原地区为中国之"中"。正因为如此，庙底沟也成了一个享誉海内外的名字，《庙底沟与三里桥》一书的英文版"无疑将有助于把它置于世界考古经典之列"（张光直语）。

庙底沟，是三门峡的，更是中国的，也是世界的。

原刊《三门峡日报》2012年3月2日A3版

助力"三次创业"的崤函文化精神

——写在《文化三门峡》系列丛书付梓之即

习近平总书记在党的十九大报告中指出:"深入挖掘中华优秀传统文化蕴含的思想观点,人文精神,道德规范,结合时代要求继承创新,让中华文化展现出永久魅力和时代风采。"由市委市政决定编撰出版的《文化三门峡》系列丛书,经过近三年的艰辛工作,最近就要出版,与读者见面了。值此,学习习近平总书记的这段讲话,领会和践行三门峡文化在新时代的创新实践,对我们结合三门峡实际,学习和贯彻十九大精神,推动三门峡优秀传统文化的创造性转化和创新性发展,更具有深刻的历史意义和深远的时代价值。

崤函文化,既是三门峡地区原生的地域文化,更是中华文明孳生的源头文化。三门峡市的学人们从历史的长河和广袤田野里撷取出遗珠遗痕,从浩繁的文化典籍中检索了碎琼乱玉,从文化的源头上、发展上、演变上,用丰沛的史料和雅健的笔触,为读者提供了认识崤函文化,明晰崤函文化的亲密接触。八卷本《文化三门峡》系列丛书以宽阔的文化视野,深刻的历史思考,呈现给读者全方位、多角度的崤函文化。全书内容丰赡,文华绚烂,史传口传兼收,传信传疑并析,角度新颖独特,学术研究与文化普及熔铸一炉,是对崤函文化的一次系统性整理、创见性开掘和探幽性总结。

这八卷书虽然谈不上卷帙浩繁，倒也堂堂皇皇，洋洋大观：拂去历史烟尘追溯三门峡市蝶化的《陕州文化》；"道法自然"现代化阐说的《老子文化》；透析当代三门峡精神基因的《红色文化》；乡野沃土滋养的底色纯朴的《民间文化》；被誉为早期中国"华夏之花"的《仰韶文化》；揭示佛教密码的《禅宗文化》；历史陈迹与艺术创造精美融合的《虢国文化》。这八卷书，带领读者走进了崤函文化的隧洞，感知的不是艰涩和空洞，而是找到了崤函文化的根源，抚摸了崤函文化的发展变迁，丰盈了读者的心灵，拓宽了人们的文化胸襟，开阔了读者的文化视野。崤函文化终于从藏之名山的《史记》《春秋》走向了新时代的广袤天地，走向人民中间。崤函文化地域特色鲜明、突出、奇崛，大大增加了它的研究价值、传播价值、转化价值，八卷书的付梓，是三门峡乘新时代春风消减"文化赤字"的一次有益探索。

品格又显新关怀

《文化三门峡》走出了旧时代士大夫式的闭门书斋的研究方式，以开放的新姿走向受众——人民群众。主撰者，不论是大学教授、文化学者、方志专家，都没有把崤函文化的研究、开掘视为学者专利。他们深知，文化一旦成为书斋秘笈和学究"私宝"，便割断了传播途径，造成文化的窒息和沉寂。

当编审者们确定了"学术研究成果专业术语与普及文化的通俗表达要为读者着想"这一文化关怀之后，全套书的体例、语言、描绘便统一了起来，大大拉近了人民群众与传统文化"高雅"、"难以企及"

的距离，崤函文化便有了健壮的文化品格：一切以人民为中心。文化终于回到创造崤函文化本体的"群氓"之中，一般群众可以和文化亲密接触，如亲家珍，如沐春风，胸臆间自然会热流涌动。人民是历史的创造者，同时也是中华文明、华夏文化的创造者，更是崤函文化的创造者、繁衍者、播撒者，理所当然的文化大餐享用者。《文化三门峡》在"文化的归属"这一本质性命题上递上了合格的答卷。

民间文化、民俗文化是崤函文化最丰盈的基因库，因原生于民间而更具有乡野的生动性、鲜明性、原创性，是崤函文化最具活力的一翼。编者四野采风，铸鼎塬、函谷关、崤函古道、古村部落都留下了深深的脚印。譬如铸鼎塬，遗址的考古发掘对应了黄帝时代，但中华文化探源工程的考古学家因缺乏"二重证据"，更因严谨的学术态度不妄下结论。乡野耆宿便不同了，他们的文化观念没有桎梏，谈起黄帝铸鼎升天、嫘祖植桑养蚕、仓颉造字、夸父化山等等，无不言之滔滔，绘影绘声，如数家珍。民间文化的浸润，使八卷书色彩各异，鲜活生动。人民群众原创了民间文化，是文化多维度创作的当然作者，崤函文化把民间文化原汁原味地保留了下来。书斋文化的成果因出自专门家、权威和高端学者，当然是文化研究的主力；但是，"高端"的专业术语表达，与文化普及和推广还不能等量齐观，特别需要民间文化的浸润和滋养。经过编撰者的辛勤努力，充分地汲取了民间文化的营养，崤函文化达到了一个更高更新雅俗共赏的崭新境界。

转化再现新风貌

奇幻多彩的崤函文化具有7000多年的历史，独特的风貌是文化形态不断转化的过程，体现了崤函儿女不懈的精神追求。《文化三门峡》成书本身就是崤函文化的一次精当转化。从一页页书稿上，读者感知体认到了崤函文化的温度，感知体认到了中华传统文化的魅力，尤其是对中华文明的源头文化到社会主义文化的系统梳理，对新时代社会主义核心价值观的构建形成了根源性认知，达到了凝神聚魂的功效。

仰韶村，是仰韶文化这一文化符号的发轫之地。坐落在该村的仰韶文化博物馆，不是原址上原始聚落的被动保护，而是把6000年前的彩陶文化转化为文化的宣传普及的佳苑；从仰韶文化的惊世发现，到百年来的研究发掘成果，从几代仰韶文化研究者如夏鼐、袁复礼等巨擘大师的仰韶雪泥鸿爪，到全中国仰韶文化星罗棋布的概览，让人民群众近距离观察、体认、摩挲、感知仰韶文化的精髓要义。近期虢国博物馆也对这华夏知名的遗址博物馆展览进行了调整和充实，史实与文化并重，艺术与礼制并存，声、光、电现代科技助力。仰韶村和虢国博物馆这种主动的转化，达到了两个目标：让"冷文化"热起来，让"死文化"活起来。它们的新作为，打破了地域文化研究的狭隘化陋习。个别地域文化学者，为推崇本地文化，往往视野狭窄，文饰本地，敝帚自珍，藐视周边文化，唯我独尊，唯我独古，唯我独美；这种研究态度，实在是对文化的逼仄，妨碍了文化的大众化、普及化，是对文化研究宗旨的背离。

崤函文化的创造性转化还体现在文化高地建设上：以仰韶村和仰韶文化博物馆、庙底沟遗址、铸鼎塬遗址为支撑的仰韶文化高地；以函谷关、上清宫和老子著述《道德经》遗址为支撑的道德文化高地；以虢国博物馆和虢国文化为支撑的郭姓根亲文化高地；以陕塬地坑院村落为支撑的民居民俗文化高地；以黄河湿地、天鹅湖、陕州故城为支撑的生态文化高地；以渑池八路军兵站、刘少奇故居和卢氏红军长征旧战场为支撑的红色文化高地。文化高地建设已经展开，仰韶村、庙底沟国家考古遗址公园呼之欲出。它们将成为具备时代高度的三门峡文明高地、崤函儿女的精神高地。一个城市的综合实力最终要靠创新能力和创造能力来决定，崤函文化的绵延性、创造性、创新性将为三门峡发力"三次创业"、打造"五彩三门峡"提供更基本、更深沉、更持久的智力支撑。在新时代发展大潮汹涌澎湃之时，崤函文化不再是束之高阁、脱离时代的苍白面目，不再是置身事外的冷眼旁观者，它将会以更大的热情和难以遏止的创造性发展力度，强化人们的世界观、价值观、人生观、国家观、民族观、城市观的塑造和引领作用，展现出永久的魅力和时代风采。

创新重塑新英姿

没有文化的架构，在文化的沙漠上建设现代化的、先进的、发达的城市是难以想象的。崤函文化立足当下，前瞻"两个一百年"的宏图大业，在新时代前所未有的大变迁、大革新、大发展、大进步中倡导时代新风；新时代也必将孵化、催生出新文化，给传统文化以崭新的再生、激活、嬗变、创新的生命活力。崤函文化以高昂的姿态投身"五彩三门峡"建设，它大大提升了三门峡人的文化自信，文化自觉已成为崤函儿女共同的文化行为。

"五彩三门峡"是三门峡市的发展战略；"黄白黑红绿"，是产业调整的宏观巨构，也对崤函文化创新擘画了新的天地。尤其是"绿"，更反映了新时代崤函文化在城市发展中的定位。换句话说，崤函文化的创新发展已成为三门峡的发展战略，这一战略，为崤函文化赋予了新使命、新境界。"绿"，是生态文化，是人文情怀，是诗情画意，是文化形态。人民群众对既往的掠夺性开采，破坏性开发所走过的弯路不满意，顺乎民心的"绿"战略更因文化的参与必将为发展持续久远提供精神力量，崤函文化给崤函儿女的文化自觉以巨大的感召。"绿水青山就是金山银山"，既是经济文明，也是文化褉褓。费孝通先生认为："文化自觉是指生活在一定文化中的对其文化有'自知之明'，即明白它的来历，形成过程，所具有的特色和发展趋势。"黄河湿地、天鹅湖、高山森林、深谷碧流、白天鹅……从远古走到今天，在社会主义新时代，更应该天高气爽，山绿水碧，林深花艳，河清谷幽、百鸟翔集、人寿物阜，这就是"绿"的意蕴：生态文化。

面对大调整、大创业、大发展，崤函文化的传承者们高蹈舞步：摄影家驻栖周公岛，文学家湿地建诗社，戏剧家演绎新召公，小说家浓墨新形象，音乐家谱写新韶乐，书画家泼墨新山水……与号称"诗歌之途"、"人文之途"的崤函古道上蹀躞往来的行旅者隔代酬唱、崭新传承。这些"家"们义无反顾地承担了新时代赋予崤函文化的新使命：创造性转化和创新性发展。文化自觉必然走向文化自信，还有下一步：文化自豪，崤函文化是有担当的文化。

崤函文化之所以生生不息，勃勃不已，是因为数千年来它经受了各种文化的冲撞搏击的考验，经历了生发、演进、对撞、交融、兼容、复苏、再生的斑斓过程。从作为华夏之"花"的母体文化庙底沟文化的对外辐射蔓延，到黄帝氏族战胜炎帝蚩尤的大破袭，从与河洛文化的交融，到与秦晋文化的互鉴，从历朝历代的异族入侵挟带的外族文化注入，到古代丝绸之路上异域文明的碰撞，从近代侵略者的野蛮摧残，到社会主义文化对封建文化的革命，崤函文化的发展既曲折又浩荡，它以博大的胸怀既坚守自我又吸纳有益文化为我所用，它是自我特色十分鲜明的、奇崛的、坚韧的、恒远的文化。

中国特色社会主义进入新时代，崤函文化仍然面临着自身发展和外来文化冲击的双重考验。改革开放已经40年了，这一历史进程必将在更高的层级继续演进，外来文化如企业文化、科技文明、宗教文化、人文传统等必然伴随开放的过程对崤函文化形成新一轮冲撞。但是，文化不是植物，是不能转基因的，崤函文化将再次证明，在浪潮奔涌的新时代，必然会以旺盛的生命力，展现出新面貌、新气象、新风采。（说明：本文与庞述生先生合写，作者系《三门峡文化》系列丛书审稿人）

三次转身　三门峡城市化向哪里去

三门峡这座城市是从哪里来的？今后的发展将走向何处？我们从三门峡城市的起源开始梳理出一条思路，展望和设想一下它的未来。

一、城市的由来

什么叫城市？我们把这两个字拆开来看。所谓"城"，从"土"，从"戎"，就是古代用土围起来以防御为主的一种建筑设施。"土"，指的是古代多用夯土筑起来的城墙，"戎"则泛指军事。"市"，本义是指一种贸易场所。由此可见，城市的原始作用主要是军事防御和市场交易。这既是城市的功能起源，也是城市的本来性质。随着人类社会的发展和城市价值的演变，城市的功能和性质也不断发生着变化。古今中外，概莫能外。在中国，从史前社会的仰韶文化晚期开始，就诞生了城市的雏形。经过5000多年的历史变迁，城市的功能作用和文化性格也随着时代的变化而改变。我们梳理一下三门峡城市变化的历史，不仅可以看出这个古老而年轻的城市既有着和中国城市发展史共同的脚步，也有着自己发展变化的不同节奏。

二、三门峡城市化的历程

（一）从史前到明清时期——以防御和交通为主的古代军事型城市特性

在2002—2003年对庙底沟遗址进行第二次发掘时，考古工作者在遗址的西部，发现了3条壕沟，其口部最宽处达12米，深5—8米，共清理长度100多米。从壕沟从东南向西北渐次增深的趋势看，发掘者"由此推断除了防御外界的侵袭外，防洪排水也是当时壕沟的一大功能"。到了两周时期，在市区发现的西周早期古焦国和晚期至春秋时期的古虢国城墙遗址，除了在地面上用夯土筑造的城墙以外，在城墙外围，还发现有兼具排水和防御功能的壕沟。壕沟外边还发现了东西走向的古道路遗迹。这个时期，与庙底沟时期不同的是，城墙由地下挖沟变成了在地上筑墙。自西汉元鼎四年（公元前113年）置弘农郡开始，到北魏孝文帝太和十一年（487年）置陕州以后，陕州之名一直沿用。与此同时，在汉、唐、明、清时期，古陕州城一直都修筑有高高的城墙，不同的是城墙由过去的夯土变成了内筑夯土、外包砌砖。在城墙外边还挖修了护城河。直到20世纪60年代，古陕州城按三门峡大坝原来设计的蓄水高度属于淹没区，古城墙才不得不拆除。至今我们还可以看到拆除了外边的砌砖以后留下的汉代和明代城墙遗址。

沧海桑田，岁月更替。陕州城从庙底沟晚期起源一直到20世纪60年代废弃，在5000多年的历史长河中，其主要功能一直是以军事防御和交通为主要功能。

（二）从新中国建立到区划调整——以工程服务和工业为主的"政治型城市化"

随着三门峡大坝工程的开工，国务院批准设立三门峡市。至此，古陕州已成为历史，三门峡市开始了它脱胎换骨的历史蜕变，以它崭新的面貌开始了新时代城市化的征程。期间，无论它是省辖市还是县级市，其早期就是以围绕三门峡水利枢纽工程建设，在不断巩固完善自身功能的同时，一切都服务、服从于工程建设。随着大坝建设的不断推进，包括原航天部一二四厂、中原量仪厂、会兴棉纺厂、河南第二纺织器材厂等一大批工业企业的相继建立，三门峡又成为豫西地区一座新型的工业城市。这个时期，无论是服务大坝建设还是工业生产，它的共同特征就是一切服从于国家利益和意识形态需要，以国家的行政手段和计划经济手段为主要管理模式。在这个时期，三门峡的发展，不是出于城市的天性，而是按照国家的行政指令由上级决定"干什么不干什么"，是被政治主导下的城市化。但无可置疑的是，正是这些有悖于城市天性的政治管理手段，不仅在当时条件下，为三门峡城市化奠定了前提和基本框架，也为这个城市以后的发展和城市化奠定了基础。这一点，我们今天看来，是当时条件下的唯一选择，不能求全责备，更不能否定。这种状况，不是三门峡特有的，也是当时全国不少城市都走过的必经之路。直到1986年区划调整之前，三门峡的城市性质、格局、城市化模式，都没有发生质性的变化。值得一提的是，原来古陕州及其以前城市具有的军事防御功能，消失殆尽，成为昨日黄花，而其作为豫西地区新兴的工业城市和中原地区东西方交通枢纽的地位则一直沿袭了下来。

（三）从区划调整到今天——以"市场"为核心的"经济型城市化"

在走过了"打基础"、"求生存"的城市化前期路程，1986年区划调整以后，改革开放的东风吹遍全国，国家提出了"转变经济发展方式"的发展战略，乘借改革开放的强劲东风，三门峡进入了以市场为"核心"的"经济性城市化"进程。这是新中国建立以后国家选择的第二次城市化模式。这个时期，三门峡与全国发展的步伐一样，以GDP为中心，以"市场经济"和"人口城市化"这两个引擎为动力，以"发展才是硬道理"为理念，以城市扩张和人口增加为主要内容，城市化进程快速发展。这个时期，城市的市场天性得到了极大地张扬。工商业亲密结合，发生了最大的变化。在"中心城市"、"城市群"、"做大"、"做强"的全国城市化浪潮中，空间和人口这两个城市化的基本点，都得到了极大地扩张。这30多年来，三门峡的发展步伐空前加快，城市空间和人口成倍增加，城市规模和功能基本完善。但是，也不可否认，同全国城市化过程中出现的问题一样，在快速城市化的同时，也带来了资源消耗过量、环境污染加重、生态环境危机、公共资源短缺、房价高企、交通容量增大等一系列现代城市病。为了遏制一些城市盲目扩张、摊煎饼式的粗放性城市化，国家就土地、环保、污水治理、生态治理等方面出台了一系列严厉的限制措施，划定了土地、生态保护红线。面对这些矛盾和问题，不少城市都在探索各自的发展模式。近几年一度出现的"生态环保城市"、"森林城市"、"宜居城市"、"智慧城市"、"海绵城市"等城市化新概念，就是这股浪潮的产物。

那么，三门峡在经历了上述的军事、政治、经济型城市化过程的三次变身之后，今后的城市化道路怎么走？看来，我们不得不考虑今后的三门峡该怎么变身了？

三、最后的转身——文化是三门峡城市化的最终归宿

三门峡的城市化，经历了从史前到明清时期漫长历史时期的以军事防御和交通枢纽为主的古代城市构建，到 20 世纪 50 年代至区划调整时期以工程服务和工业为主"政治型城市化"的基础奠定，到从改革开放至今天以"市场"为核心的"经济型城市化"的快速发展，潮涌浪翻，涤浊扬清，脱去了旧城市褪色的衣衫，给我们留下了一份珍贵的文化遗产：文化底蕴越挖掘越丰厚，交通枢纽越来越畅通，改革发展的精神越来越充满生机和活力，城市的性格越来越鲜明。今天的三门峡，城市框架基本构成，人口规模基本成型，城市基本功能基本完善，经济实力越来越强，城市面貌越来越漂亮，人们生活越来越幸福。今后的城市化，走什么样的道路？选择什么样的发展模式？已经成为这个古老而又年轻的城市不得不面临的思考。

从全国城市化的发展道路来看，在走过"政治型城市化"和"经济型城市化"过程以后，已经具备了和世界强国竞争的资格，进入了和当今世界城市化同步的发展阶段。但是，也都面临着发展空间越来越小、人口规模趋于饱和、资源供给逐渐匮乏、公共资源供给不足等共性问题。城市的发展面临质量升级、方式转变、阶段转型的关键时期。我国的城市政策开始注重以人为本、城市经济发展开始服务于人的价值和文化需求，文化型城市化开始发端。大型城市如此，中小型城市也是如此，不同的只是规模有大小，方式有不同，特点有区别的选择而已。从三门峡的城市化过程和当前面临的问题来看，我们也只

有顺应全国城市化发展的共同趋势，选择文化型城市化的发展道路。

党的十八大提出了经济建设、政治建设、文化建设、社会建设、生态文明建设五位一体的总体布局，着眼于全面建成小康社会、实现社会主义现代化和中华民族伟大复兴中国梦想，标志着我国社会主义现代化建设进入了新的历史阶段，体现了我们党对于中国特色社会主义的认识达到了新境界。党的十八届五中全会通过的《中共中央关于制定国民经济和社会发展第十三个五年计划的建议》中明确提出："坚定文化自信，增强文化自觉，加快文化改革发展"。文化建设，已经成为顺应时代发展潮流，增强改革创新意识，激发全民族文化活力的重要力量，成为当今时代建设有中国特色社会主义强国的重要内容之一。

从三门峡的情况来看，选择文化型城市化道路，至少有以下几方面的优势。

自然资源独特：黄河文化和黄土文化。这里有区别于其他同类地区的优势和特点：黄河河段，位于整个流域的中游向下游过渡地区，丘陵、山地并存，峡谷地貌丰富，库区地势平缓，自然景观多样，古今人文景观独具，是理想的黄河旅游景观资源待开发区。黄土地貌，由于处于黄土高原末端，其地貌特征较中上游地区又是一种类别。有广袤平坦的高塬、众多的自然冲沟和河滩湿地地貌，不仅适合各种农林业作物生长，而且还孕育了丰富的自然生物群。这些资源，我们如果用一些标新立异的文化概念输入，就会将其激活，唤醒其旅游价值，是很好的休憩文化创意资源。

人文资源丰厚：三门峡的新石器文化（如仰韶、庙底沟、铸鼎塬等新石器文化遗址）、两周文化（古焦国、虢国、老子文化等）、关隘与古战场文化（函谷关、崤函古道、秦晋崤函之战古战场等）、宗教文化（鸿庆寺、空相寺、安国寺、宝轮寺等）、当代工业遗产文化（三门峡大坝、湖滨老车站、十一工程局原办公楼等），这些文化遗产，如果将其整合、激活，赋予与当代社会贴近的文化消费元素，也是三门峡一笔丰厚的文化财富。

地方民间传统文化独特：三门峡位于秦晋豫三省交界处，卢氏地区又是长江流域和黄河流域的分界线，其语言、风俗、生活习惯、农作方式、民居建筑、民间工艺、戏曲、歌舞等，都非常具有地方特色。正如人们常说的"地方的就是民族的"那样，如果我们将其挖掘、整理，再经过高水平的创作团队将其提升、创新、精炼加工，用当代人喜欢的文化艺术样式展演出来，这些资源又是一笔别人拿不走的宝藏。

农林业资源丰富：由于处于我国南北地理、气候、植被的过渡区，三门峡地区是一个适合各种农林业植物生长的地区，无论是粮食作物，还是林果产品，在这里不仅生长好，而且产品品质好，有很好的市场优势。如果我们在重视和发展农林产品产量和质量的同时，将其从生产工艺、生产方式，到产品包装和消费，用文化的创意和概念输入进去，比如：农业收种、果品采摘、地方风味小吃等，就将是一种很好的文化创意。

如此等等，还可以举出一些。

当今世界的城市化已经进入了文化型城市化时代，功能型城市化和文化型城市化结合同构是城市发展的一条必由之路。这种趋势是世界经济、社会发展的必然，也是城市发展的共同选择。党的十八届五中全会规划的十三五国民经济发展规划，提出了绿色发展的战略构想，以科技化、信息化、数据化和互联网＋为特征的时代发展理念，更需要用文化的思想和概念去统领和引导，这是因为文化型城市化不仅具有文化、生态、环保、低碳的本质价值，还具有投资少、见效快、受众多、寿命长的独特优势。

在第三次城市化高潮到来之际，学术界有不少专家学者批评在第二次的经济型城市化过程中，我国曾经出现了很多城市盲目扩张，滥拆，乱建，造成了千城一面的灾难性城市化，以至于很多城市失去了记忆，失去了本性，失去了特色。如果我们三门峡按照以上所说的地方性、特色性来实施城市化进程，不仅会提升三门峡的城市品位，提高三门峡城市的文化档次，极大地丰富城乡居民的物质和精神生活，也自然能够打造出我们不同于别的城市的文化特色，化古朽为新奇，变土俗为通俗，变地方性为世界性，增加我们城市的传承性、识别性，延伸和增长这座古老而又年轻城市的文化记忆能力，为三门峡的城市发展找到新的出路和发展方向。

三门峡全域旅游　发展战略之景点建设攻略

所谓攻略，即指人在予取予求的情况下如何自处的一种策略。泛言之，也即是一个地区在发展上予攻予胜的谋略。本文攻略三门峡大旅游战略规划实施之景点建设，只是个人浅薄之见，见仁见智，一己之见也。

党的十八大发出"为全面建设小康社会而奋斗"的号召，提出了全面推进政治、经济、文化、社会、生态五位一体的中国特色社会主义建设总体布局。文化，已经成为支撑我国社会发展的五大支柱之一。作为大文化范畴的旅游业，毫无疑问，是其重要内容之一。

国务院《关于支持河南省加快建设中原经济区的指导意见》，对河南定位为"华夏历史文明传承创新区"。今年3月，文化部、国家文物局、河南省人民政府就共同推进"华夏历史文明传承创新区"建设达成合作协议，明确了建设目标：到2015年，初步形成基础框架，文化产业增加值占GDP比重达到3%以上；到2020年，取得明显成效，成为全国重要的区域性文化中心，文化产业增加值占GDP比重达到5%以上。

三门峡借中原经济区建设的东风，确定了全域旅游的发展战略，提出了"以黄河景观为主线，黄河文化为内涵，文化山水为品牌，发展旅游接续产业"的旅游业发展构想。

与此同时，我国正在实施的国家重点课题攻关项目"中华文明探源工程"，经过近几年的努力，已成果累累，正蓄势待发。三门峡也是其中的重点地区之一。

从中央到地方，从省里到市里，东风劲吹，风正帆扬；从大政方针到战略决策，从外部大环境到局部战略构想，里应外合，天时、地利、人和。三门峡全域旅游发展战略实施，迎来了一个千载难逢的好机遇！

从要素角度看，在吃、住、行、游、购、娱旅游业六大要素中，以游为主要内容的景点建设是重中之重，是诸元素中的内核，是全域旅游战略实施的核心内容。谁都知道，一个地方，要发展旅游业，如果没有品位高、影响大、品牌响、功能全、服务好的景点，要想做大旅游业，只能是空谈而已。

应该说，三门峡的旅游业从 20 世纪 80 年代初起步的近 30 年来，已经发展到了相当规模：景点建设数量增多，品位提高；功能要素日益完善，机制能量越来越强；队伍规模逐渐强大，素质越来越高；服务水平不断提高，越来越好；经济和社会效益越来越高，正逐渐在我市全面建设中显现出来，整个旅游业已经初步形成了蓬勃发展之势。但是，与全国、全省和周边地区相比，在景点建设方面，我市的旅游业如果用大旅游的发展要求来考量，仍然存在布局分散、规模较小、重点不突出、品牌不响、影响不大、低水平运作和非全天候收益等诸多不足之处。如果究其原因，有以下几个问题值得思考：布局分散，投资和精力形不成合力，看似山花烂漫，但外地游客难折一枝；人文景点，有的文化定位不准，形不成规模和核心看点；自然景点，有的选点一般，优势不突出，着眼低、俗、浅、薄，建成后平淡雷同；个别景点舍本求末，舍真造假，捡了芝麻，丢了西瓜；规划论证不严谨，不科学，拍板随意，乱点鸳鸯，出力没讨好。如此等等，致使我们有些景点，对外界宣传形不成重点、看点优势，吸引力不强。难以使全市旅游业六大要素形成综合效益，我市提出的旅游目的地建设构想也难以实现。

由此可见，三门峡大旅游发展战略的实施，重在景点建设。而景点建设的重点，应该在坚持自然和人文景点并重的前提下，以后者为主要抓手。这是因为，我市的人文历史资源在国外、国内都具有十分独特的战略优势。以黄河文化、黄土文化、新石器文化、两周文化、宗教文化、交通战争关隘文化等为代表的历史人文资源，在古今中外的历史发展进程中都占据重要的地位。挖掘、研究、整合这批难得的资源，精心打造、磨炼出一批能代表我市历史文化优势的、独一无二的、在国内外叫得响、拿得出的人文景点，是我市现在和今后全域旅游战略实施的主要攻略。

攻略之一：探源文化。我国正在实施的"中华文明探源工程"，起止年代为公元前3500—公元前1500年。这个时期的起点，正在仰韶文化的中晚期。断代定位，正好与河南省的"华夏历史文明传承创新区"相契合。三门峡的文明探源历史文化资源十分丰富，被誉为我国的考古"圣地"和"中国之中"。这一点，国内无人、无地可比。其一，仰韶文化发现并命名地——渑池仰韶村遗址上的仰韶文化博物馆已经建起了出土文物展馆，下一步，要在进行科学勘探的基础上，将复原已经发掘过的遗址、近百年发掘史、出土文物三位一体展示出来。同时，征集黄河流域仰韶文化涵盖9个省（区）代表性遗址出土的文物标本充实现有展览，把该馆建成一个具有全国性质的仰韶文化展示、研究和纪念性中心。其二，在仰韶文化2000多年的起止中，发现并命名于三门峡市区南郊庙底沟的庙底沟文化，是史前中国大地上第一次出现大范围文化面貌相对统一的华夏文化演进的关键性发展阶段，其影响力波及大半个中国，也是"中华文明探源工程"断代的上限接点。该遗址经过三次较大规模的发掘，其文化面貌基本清楚，名气不仅越来越大，而且，其地位也越来越重要。应该结合当前国家文物局正在全国推行的考古文化公园建设工程，将该遗址建成一个具有生态性、文化性、纪念性、寻根性的史前考古遗址公园。其三，灵宝黄帝铸鼎塬53处遗址中，有80%遗址为庙底沟类型，它们不仅与"中华文明探源工程"的断代时间相一致，而且与传说的黄帝文化相吻合，也是全国已发现同类遗址中数量最多、规模最大、规格最全、类型最典型的聚落遗址群，已经被国家该课题组列为重点取样遗址。自1999年以来，经过中国社会科学院考古所等单位进行了8次发掘，每次都有重要发现，国内外震惊，具有很强的热点、看点效应。包括西坡遗址博物馆在内的大遗址保护和展示项目正在规划立项报批中。当前，应该以博物馆建设为切入点，先开工西坡遗址史前博物馆，保护并展示包括中国距今5000多年前最大的房基群落在内的各种具有史前农业、手工业、建筑、祭祀、丧葬等功能的各种遗址，再与其周围的53处遗址群连成一片，连同已经建成的黄帝陵景区，形成室内室外、地下地上、点面结合、生态和文化面貌完整统一的展示中华文明起源的特大型聚落遗址公园。

如上所示的仰韶、庙底沟、铸鼎塬三者，同一时期，同一渊源，各有特色，相得益彰，相互补充，且同属我市。如果能够按照规划，分步实施，在 3 到 5 年内建成开放，连成一体，东西贯通，将成为我国独一无二的考古、研究、探源、寻根、传承和旅游文化热线。无疑，也必将大大提升我市在我国中华文明探源和我省华夏文明传承创新区中的地位。

攻略之二：黄河文化。过境我市的黄河，自渑池南村小浪底库尾到灵宝风陵渡，长达 200 多公里的河道两侧，具有丰富的山、谷、峡、滩、坝、湖和仓、古渡、烽火台、栈道等自然和人文景观。更有已经初步建成的渑池南村风景区、三门峡大坝风景区、虢国博物馆风景区、陕州古城湿地公园风景区、函谷关风景区等。这些丰富的自然和人文资源，也是我市独具的旅游资源。当前，对于已经建成的几个景区要区别对待，因地而宜，逐一打造提升。南村景区要增加景观内容和文化含量，加强绿化，完善基础设施，提高档次；大坝景区要挖掘坝、岛（张公岛）、石（砥柱石）、滩、谷、岸的文化内涵，保护开发坝区和湖滨车站等水利工业遗产，叫响中流砥柱和黄河第一坝品牌。同时整治环境，绿化岸山，让游客体验从"黄河之水天上来"到"黄河之水手中来"的人间奇观和两岸自然人文景观；虢国博物馆景区也要和黄河景观结合起来，馆内要按照当年李克强同志视察时提出的"扩大规模，提高品位"的指示，尽快开工二期工程，建成国家一级博物馆，连同黄河景观一起形成以虢国文化为主、以黄河景观为辅的自然和人文景区；陕州古城湿地公园景区主要是进一步挖掘陕州古城文化和召公、上官婉儿家族等名人文化资源，加强湿地和古城保护，提高文化品位；函谷关景区要挖掘、研究、整合已经发现的古道、古城、古关文化资源，打造名副其实的名关、名人（老子）、名著（《道德经》）三位一体的品牌景区。对黄河两岸还没有开发建设的其他自然和人文景点，要加强保护和研究，待时机成熟，结合山水景点建设，科学合理地加以利用，逐步建成贯穿我市的黄河走廊旅游通道。

攻略之三：黄土文化。三门峡地区位于黄土高原东南边缘末端，是我国东西部二、三级阶地的交接区。这里的黄土地貌典型，丰富多样。中华民族号称是黄土的儿女，黄土孕育了我国早期的农业文明，养育了我们的祖先，传承着子子孙孙香火不断。纵观中华文明探源工程中，在豫西、晋南和秦中地区的几处史前人类活动的遗址，都与黄土结缘。有国内专家呼吁、建议在三门峡选择一处地貌特征典型的地区，建一个黄土生态博物馆，连同这里特有的地坑院民居一起，形成一个集山、梁、峁、塬、沟、丘、民居、生业为一体的黄土地区景观群，使人们在此能够直面并领略到中华文明寄赖黄河、扎根黄土、发芽成长的茂盛根系，感受中华文明5000年生生不息的地脉人缘。

攻略之四：山水文化。自然景观的精髓是人文。三门峡还位于我国南北地理、气候、植被过渡区，山、峰、峡、谷、河、塬等各类地貌齐全，植被丰富。近几年来，各地有选择地建成了一批山水景点。卢氏的豫西大峡谷、双龙湾，灵宝的亚武山、娘娘山、汉山，陕县的甘山，渑池的仰韶大峡谷、红石峡等。不用质疑，这些山水景点，从选址到建设，都有一定的独特之处，建成以后也都有一定的游客光顾。但是，正如前文所说，都存在景点规模小、可看内容少、景观单调、文化含量低、功能不全、各自为战等不足之处，难以形成规模和影响力优势。今后，要进行科学、合理的规划和整合，进行权威的选址和论证，集中财力和精力打造出具有我市山水优势的大规模、高品位、多功能景区。

以上诸略，只是对三门峡大旅游发展战略的补充和拾遗。无论是已经建成的还是新建的景区、景点，都需要思考、研究、论证，都有诸如如何科学利用优势和资源、合理使用力量、提升品位和扩大规模等问题。重要的是，我们要抓住机遇，借势而动，借题发挥，瞄准要点，优中选优，同中求奇求新，异中求高求势，科学利用，可持续发展，精益求精，倾力打造出三门峡旅游的特色和优势来，营造三门峡旅游的强势氛围，真正把三门峡的全域旅游做大、做强。

原刊《三门峡日报》2012 年 12 月 8 日 A3 版

打造早期中国的文明走廊

在中原华夏文明传承创新区建设中，三门峡怎样定位？怎么发展？这不仅关系到三门峡文化发展的方向，也关系到三门峡在这个区域内的文化战略地位，更关系到河南省华夏文明传承创新区建设战略的时空源头和在全国、全省的传统文化地位的权重。

正如中共河南省委、河南省人民政府关于印发《华夏文明传承创新区建设方案》的通知所指出的那样："河南是中华民族和华夏文明的重要发源地，历史悠久、文化灿烂，孕育形成了兼容并蓄、刚柔相济、革故鼎新、生生不息的中原文化"。三门峡作为河南省的一部分，既位于豫、晋、陕三省交界的传统大中原核心区域，又处于豫晋陕三省的交接地带，在浩瀚深厚、博大精深的中原文化中具有不可替代的资源优势和发展潜力。

从资源和优势来看，三门峡地区的传统历史文化主要有六大优势：一是以仰韶、庙底沟、铸鼎塬为代表的中华文明探源文化。二是以函谷关、崤函古道为代表的关隘交通文化。三是以中流砥柱、万里黄河第一坝为代表的黄河文化。四是以达摩禅宗、老子《道德经》为代表的释、道宗教文化。五是以虢国墓地、虢国上阳城为代表的虢国文化。六是以地坑院、仰韶彩陶、澄泥砚制作为代表的黄土文化。这六大优势与河南省其他地区相比，不仅没有重复内容，而且独享资源，优势明显，潜力深厚。就是从全国来看，也是独有的。仅以仰韶、庙底沟、铸鼎塬为代表的新石器文化资源优势来看，这三处文化遗址，既在全国新石器文化考古学文化中有着独特的地位和深远的影响，也在中华文明探源工程项目中占有重要位置，就是在整个华夏文明传承创新区域内的战略定位的"全球华人根亲文化圣地"中，也是处于首要位置和首选地区。如果以这条线路为主体，将其中的崤函古道贯穿起来，引入当代文化产业和文明传承的新概念，打造一条早期中国的文明走廊，不仅在河南，就是在全国范围来说，也是一条具有深远历史意义和现实影响的文化走廊。

一、战略地位——在中原古文明区中，处于中心位置的三门峡地区是中原文明发源和传承的轴心地带

从地理概念上来看，在豫西、晋南、秦东这个黄河三角区域里，三门峡的地理位置正好处于三省交界地区。如果以三门峡为圆心，向东 250 公里左右到河南郑州，向北 250 公里左右到山西临汾，向西 250 公里左右到陕西西安，而这个区域也是仰韶文化分布的核心地区。据统计，在这个区域内，豫西地区有仰韶文化遗址 476 处，占河南全省 685 处仰韶文化遗址的 65%，多数分布在平顶山、洛阳和三门峡地区；晋南地区有仰韶文化遗址 484 处，占全省同类遗址 716 处的 67.56%，且多数分布在运城和临汾地区；陕西的关中地区有仰韶文化遗址 1200 多处，占全省 2040 处的 60%，多数也分布在渭南、西安和铜川地区。以河南为例，三门峡地区共有仰韶文化遗址 153 处（陕州及市区 34

处、灵宝71处、渑池27处、卢氏21处），占全省的15.4%，占豫西地区的32.1%。从这数字和分布情况可以看出，在这个三角区内，仰韶文化遗址分布不仅密集，而且越是靠近三门峡地区其遗址数量就越多、遗址的规模越大、规格越高。

正在进行的中华文明探源工程，将中华文明的史前文明源头定在距今5500年—3500年之间。这个年限的时限源头正好是仰韶文化的庙底沟类型年代。三门峡地区如此众多的仰韶文化遗址，其中的庙底沟类型文化占80%左右。也正因为如此，仰韶村、庙底沟、铸鼎塬西坡三大遗址，不仅都是全国重点文物保护单位，被列为全国首批重点保护规划的100处大遗址之中，也被列为中华文明探源工程的重要遗址之列。

（一）仰韶村遗址——中国考古学史上的"圣地"

中国社会科学院学部委员、中国社会科学院考古所原所长、我国著名考古学家刘庆柱先生在2010年为《三门峡地区考古集成》一书写的序言中说："翻开中国考古学史，我们可以看到，中国考古学的序幕从这里拉开，其标志是中国第一个考古学文化——'仰韶文化'的命名地就在三门峡渑池仰韶村，中国新石器时代考古也是从这里起步，三门峡地区堪称中国考古学史上的'圣地'"。

1921年，瑞典地质学家安特生在三门峡渑池县仰韶村发现了我国第一处新石器文化遗址，确立了中国新石器时代的存在。1923年，他将仰韶村史前遗存确定为早期中国人的文化，出版了他的考古报告《中华远古之文化》，将这里的文化遗存命名为"仰韶文化"向世界公布。这个具有开创性的发现和命名，就像一声春雷，敲响了中国史前文明的大门，证明了中华民族是从自己的黄土地上衍生、繁殖、发展、走到了今天，中国的历史要从我们自己的史前先民史拉开序幕。安特生在仰韶村的发掘，也是中国田野考古的开山之举。从此，中国的考古事业从起步一天天走向成熟，近百年的历程，我国的考古事业融入世界考古的洪流之中，一代代考古学家筚路蓝缕，苦苦寻觅，取得了一个个举世公认的成果。这些意义，今天看来，还不仅如此。如果我们把仰韶文化的发现和命名，与当前正在开展的"中华文明探源工程"和"华夏文明传承创新区建设"工程结合来看，它意义就更加深远和重要。正是有了仰韶文化这个几乎存在于中国北方地区近半个中国的国土面积、并且已经发展成了一种基本成熟的文明样式，我们中华民族才可以从这里去寻找文明的源头。

继 1921 年仰韶文化发现之后，三门峡的新石器时代考古发现一个接着一个，一浪高过一浪。20 世纪 50 年代初，我国著名考古学家，原中国社会科学院考古所所长夏鼐先生又主持了对渑池仰韶村的第二次发掘。1956 年 9 月至 1957 年 3 月，中央黄河水库考古工作队，为了配合三门峡大坝工程建设，由我国著名新石器考古专家安志敏先生带队，又在市区的庙底沟和三里桥遗址进行了大面积、大规模、长时间的考古发掘，又取得了举世瞩目的惊人发现。从 1999 年开始至今，中国社会科学院考古所和河南省考古研究所与三门峡、灵宝的考古工作者联合，又在灵宝的铸鼎塬遗址群进行了大规模、大范围的考古调查，并对其中的北阳平遗址和西坡遗址进行了发掘。特别是对西坡遗址进行了跨度长达 15 年连续发掘。这个发掘是为了配合"中华文明探源工程"研究而进行的有目的的专题发掘，也取得了十分惊人的成果（后面将专题讨论）。

三门峡地区不仅处于新石器时期的仰韶文化核心地区，自西周时期开始，到汉代、隋唐时期，一直位于长安和洛阳东西"两京"之间，无论这些王朝的都城在长安还是在洛阳，这里都是京畿重地。因此，三门峡地区的许多考古发现，在中国考古学史上都产生了重要影响。诸如三门峡虢国上阳城和虢国墓地、三门峡秦代墓、黄河古栈道、隋唐时期的东都离宫、宋代陕州的漏泽园，等等。可以说，中国近100年的考古历史，都在三门峡地区有代表性的发现和成果反映。这些与三门峡有关的考古学累累硕果，是三门峡的一笔十分宝贵的文化财富，是三门峡的骄傲，也是三门峡的宝贵文化资源。

由此看来，我们说三门峡地区是中国考古学史上的"圣地"，是一个当之无愧的荣誉。

（二）庙底沟文化——中国新石器时代考古学的一个重要里程碑

1921年仰韶文化发现之后，1928年春我国考古工作者又在山东章丘的龙山镇发现了一种新石器时期文化，这种文化后来被命名为"龙山文化"。龙山文化是一种晚于仰韶文化的新石器时代晚期文化。由于仰韶文化发现以后，安特生认为它是一种从西亚地区传入中国的外来文化，而仰韶文化遗址既发现有彩陶，也有山东龙山文化出土的黑陶。加上当时考古发现的材料很少，就有人认为：仰韶文化是由西向东发展的，龙山文化是由东向西发展的，两者似乎在河南相遇了。直到后来，在三门峡市郊的庙底沟遗址被发掘以后，早期的遗存属于仰韶文化，晚期的是一种兼有仰韶文化和龙山文化特征的文化，发掘者把它命名为庙底沟二期文化，是一种从仰韶文化向龙山文化过渡的文化遗存。也就是说，它是一种代表了连续发展的新石器时代文化的一个新阶段，始于仰韶，终于龙山。至此，河南不再被认为是一个起源于东、一个起源于西的两种文化交接相遇之地，相反，它担当起了史前文明发源地的角色，这个史前文明显然是经历了自身内在的发展延续和变化的中国文明。

问题的意义和价值还不仅如此。庙底沟文化发现和命名以后，随着考古工作和研究的不断深入、扩展，在中国的河南、山西、陕西、甘肃、内蒙古、河北、山东、湖北等多个北方地区，都相继发现了与庙底沟一期文化相同或具有明显相同特征的文化现象。证明它的影响东到沿海，西到甘青，南及长江南北，北入河套和长城内外，是一种迄今为止我们所知道的中国大地分布与影响范围最大的一种史前考古文化。正如刘庆柱先生所说："在多元一体、'满天星斗'的中华文明中，以三门峡庙底沟遗址命名的仰韶文化庙底沟类型是'满天星斗'中最耀眼的'恒星'，它与其他同时期古老中国大地上的其他考古学文化相比较，不是'半斤八两'关系，它是华夏文化的'母体文化'或曰'主体文化'，其考古学文化的社会历史'权重'，在中华文明中占有极为重要的学术地位。之所以这样说，因为中华文明是从仰韶文化庙底沟类型发展出来了。……三门峡地区位于这一考古学文化的中心地带，……最早的'中国'应该说就是从三门峡地区走出的。"也正是由于这个重要意义，著名美籍华人考古学家张光直先生在给新版的中英文对照版《庙底沟与三里桥》一书写的序言中，称这部考古报告"是中国新石器时代考古学的一个重要里程碑"。

（三）铸鼎塬——庞大而等级极高的聚落遗址群是早期的国家雏形

三门峡灵宝市的铸鼎塬聚落群，按照地域环境来说，实际上包括今灵宝市东、西、北大部和今陕州区西部地区，也就是地理学上的陕灵盆地。从遗址面积来看，河南全省的仰韶文化聚落遗址，面积在50

万平方米及其以上的特大型聚落遗址一共有 12 处，其中焦作 2 处、平顶山 1 处、洛阳 3 处，而三门峡就有 6 处（其中灵宝 5 处），都集中在以铸鼎塬为中心的陕灵盆地里。经过多年来的文物调查，这个聚落群共有仰韶文化聚落遗址 102 处，最大的近 100 万平方米，小的也有几千平方米。不但如此，这个庞大的聚落遗址群，从文化内涵来看，大多属于仰韶文化庙底沟类型。在这样一个遗址数量多，分布区域集中，大中小又成阶梯结构的金字塔型组合形式，文化面貌基本一致，不能不使我们设想它们当时属于一个大型的部落族团，有着可能统一的信仰、礼制和习俗，是一个统一的社会组织，其绝对年代和史书上记载的黄帝时代又正好能够对应。巧合的是，这一地区，有很多与黄帝有关的传说、故事、地名。铸鼎塬的名字就与文献记载有关。《史记·封禅书》中说："黄帝作宝鼎三，象天地人"。"黄帝采首山铜，铸鼎于荆山下"。从考古发掘情况来看，从 20 世纪 80 年代开始，考古工作者先后对北阳平遗址（面积为 95 万平方米）和西坡遗址（面积为 40 万平方米）进行了考古调查和钻探发掘。1998 年和 1999 年，由中国社会科学院考古所、河南省考古所与三门峡和灵宝的文物部门一起，进行了两次调查，在铸鼎塬周围就发现了 31 处仰韶和龙山文化遗址，其中有 19 处属于仰韶文化庙底沟类型。之后，从 1999 年 10 月至今，又先后对西坡遗址连续进行了 8 次发掘。发现了一批墓葬、聚落壕沟、蓄水池、房基等重要遗迹，还出土了很多玉钺等珍贵玉器。特别是发现了 F102、F104、F105、F106 四座大型房基，其中的 F105 面积竟达 516 平方米，室内面积 204 平方米，保存完好，规模宏大，做工考究，火膛齐全，夯筑垫土深厚，四周还有回廊。从目前来看，这是一座庙底沟文化时期全国已经发现的同时期遗址中最大的房址。不少专家都认为它很可能是一座具有公共功能性质的大房子。证明在这一时期，已经出现了高级权贵式的贵族领袖，已经有很高的社会组织形式。

从以上情况可以看出，铸鼎塬聚落遗址，规模庞大，密集度高，等级区别清楚，贵族身份明确，出土文物等级高，具有酋邦国家一级的高级社会组织机构，很可能就是早期国家的雏形。证明在这个地区文明发展程度已经很高，很成熟了，国家的早期样式已经出现了。正如我省著名考古学家许顺湛先生所说："这样一个庞大的人群，必须有一个邦国政权才能管理。提到这个邦国不能不联想到黄帝"（许顺湛《豫晋陕史前聚落研究》，中州古籍出版社，2012 年 12 月版）。

总之，从以上对庙底沟、仰韶、铸鼎塬等遗址发现、发掘和研究情况来看，在三门峡地区，新石器晚期文化资源在河南、在整个中原地区、在全国，都具有独一无二的优势。最早的发现和命名地、同时期文化发展最成熟最有影响力、最大范围最高级别的聚落遗址群，都出现在这一地区，绝不是一种偶然现象。从某年种意义上说，这个地区在中华文明起源和发展过程中起到了中心和轴心作用。无论对于中国文明起源的探索和追寻，还是对于华夏民族的溯源寻祖，特别是对于今天的人们来说，对于提高中华民族同根同源的凝聚作用都具有深远的历史意义和重要的现实意义。

二、战略任务——在中原华夏文明传承创新区建设中，三门峡应该有所作为

资源优势并不等于功能优势，潜在的力量需要激活创新。通过上面的列举和分析，我们可以看到，三门峡地区的新石器时代文化资源，

无论从数量、质量上说，还是从分量、权重上说，在河南地区，在整个中原地区，在全国，不仅独一无二，而且潜力无穷。在当前正在进行的中华文明探源工程中，在国务院确定的河南华夏文明传承创新区建设中，三门峡应该有所作为。

2000 年以来，三门峡围绕以上三大遗址，已经做了大量的保护和开发利用工作，已经取得了可喜的成果。

就现状来看，三门峡的仰韶村遗址、庙底沟遗址和铸鼎塬遗址群，经过近 100 年的考古发掘、研究和开发利用历程，基本情况如下：仰韶村的发掘，如前所说，确立了中国史前有新石器文化的大背景，确立了它在中国田野考古历史上的地位，确定了"仰韶文化"的命名，成为第一批全国重点文物保护单位。该遗址再经以后的夏鼐先生主持的发掘和河南省考古所的发掘，文化内涵已经清楚。2001 年，在纪念仰韶文化发现 90 周年之际，又建成了仰韶文化博物馆。目前，博物馆已经对外开放。庙底沟遗址，经过了两次较大面积的发掘，文化内涵也已基本清楚，出土文物数量较大，研究成果丰富。目前，即将开工建设考古文化公园。铸鼎塬遗址群的铸鼎塬本体考古调查已经结束，其中的西坡遗址被列为中华文明探源工程重点遗址后，进行了多次发掘和钻探，各个功能区的发掘面貌基本清楚，出土文物不仅数量大，且类别丰富，考古工作还将继续进行。目前，三个经典性遗址保护情况完好，保护规划已经制定，并先后得到国家文物局的批复同意。针对以上情况，对下一步保护、开发、研究和展示利用，依照规划，提出一些建议和设想。

仰韶村遗址，当前和今后的主要工作有五：一是遗址展示。由于该遗址的主要价值是在中国考古史上具有首创地位，有纪念意义和圣地参拜价值。要对遗址进行全面的钻探调查，找出从安特生到夏鼐等三次发掘点的位置，将几个具有纪念和研究价值的发掘点进行复原展示。同时，找出各个功能区（比如居住区、墓葬区）的分布位置，适当进行发掘，在保护完好的前提下，进行标本式的复原展示。二是按照已经批准的博物馆陈列大纲，向全国其他地区征集有关仰韶文化的典型遗址出土文物或标本，对现有陈列展览进行改陈提升，以弥补现在展览复制品过多和覆盖面太小、代表性不强等不足。把遗址展览和室内展览结合起来，真正建成一个具有纪念意义和代表性强的仰韶文化博物馆。三是搬迁遗址区内现有村民，拆除所有现代建筑物，对拆迁区进行园林绿化或农作物种植覆盖。四是加强遗址环境和生态保护。现在遗址周边的工业性建筑尽管不在遗址保护区和建设控制地带，但是都在观众的视野范围内，视觉的原真性受到很大感染，视觉反差较大。要逐步对有影响的建筑物进行拆除、控制或遮挡，还观众一个真实、原真、生态、优美的遗址存在和参观环境。五是进行产业开发。以博物馆和遗址展示为核心内容，开发与此有关的文化产业，建成仰韶文化产业园。

庙底沟遗址，原来处于三门峡城市边沿，周边的原始性田园风光基本完好。这几年随着三门峡城市范围的扩大，该遗址现在已经被城市包围。要按照保护规划，建设考古文化公园，进行遗址功能性转化。把原来的以田野原真性保护功能为主转移到具有城市居民休闲和满足外来观众参观功能上来，开工建设庙底沟考古遗址公园。（1）做好遗址东、西、北三面的边沟保护，可采用规划允许的工程或绿化措施进行保护，确保遗址不再受到雨水冲刷和人为挖掘破坏。（2）规划修建游园道路，路面用固化土质或自然石质材料，只能做成人行步道，严禁车辆进入。（3）在人行步道两侧或其他适当位置竖作雕塑小景，以庙底沟出土文物或与庙底沟文化有关的出土雕塑器物为素材，直观展示庙底沟文化时期的有关文明符号。（4）建设一个体量不要太大的彩陶文化博物馆，向全国同类型的庙底沟文化代表性遗址征集出土的文物，以庙底沟彩陶纹饰器物为主进行陈列。同时，以图版或文字形式介绍全国庙底沟文化分布和传播情况，以及庙底沟文化对中华文明起源、延伸和传承脉络。（5）做好遗址本体的绿化和植被覆盖，可以适当保留村民以原始种植或耕作方式进行的农作用地，开放以后，可以让村民继续在遗址区里劳作。（6）有选择地引进文化产业，以适应当前形势下城市消费需求。

铸鼎塬聚落遗址群。前面说过，这是一个庞大的聚落遗址群落。到目前为止，对整个遗址群的调查发掘只进行了一小部分，其全部面貌还需要继续做工作。但是，就目前已经发掘和调查情况来看，这里很可能埋藏着巨大的仰韶文化庙底沟文化的秘密宝藏。今后的工作主要做好以下几点：一是对整个遗址群再进行比较详细的钻探和试掘，以便对整个遗址的基本情况进一步了解，弄清遗址群各个遗址、各个聚落之间的关系，为今后有目的的发掘和研究奠定基础。二是建设西坡史前遗址博物馆。这个遗址前后已经进行了8次发掘和一次详细钻探，遗址内各个功能区的文化内涵已经清楚。已经发掘的部分，出土了很多极有价值的遗迹，应该进行保护性展示，将其中的特大房基、蓄水池、壕沟、墓葬和出土文物展示出来，让更多观众了解这个遗址的文化价值。三是做好西坡遗址的环境和生态保护。在建设博物馆时，尽可能少破坏或不破坏遗址的植被和环境面貌。可以考虑，建设一个原生态性的、田园风光式的自然生态型史前遗址博物馆。四是做好包括西坡遗址在内的遗址群整体保护规划，将遗址群内的乡镇、村庄建设和道路、用电、用水、通讯等基础设施建设纳入规划进行改造或重建。避免以后对遗址进行发掘或建设展示设施时再造成二次破坏和人力、物力浪费。五是做好遗址群内各个遗址的个体保护，防止自然和人为行为对遗址再造成新的破坏。六是对聚落遗址群内的与黄帝文化有关的地名、村镇名进行详细的调查研究。比如，当地称为轩辕台的高地、古代采铜和冶铜遗址等，以便为今后将考古学文化和民间传说文化结合起来进行研究。

三、结论和目标——打造早期中国的文明走廊

中原文明是中华文明的核心发源地，中华民族5000年文明史在这里繁衍、传承、创新，是我们中华民族文化代代相传的根基，建设华夏文明传承创新区既是我们传承中华民族文化的一件十分有价值和意义的重大决策，也是河南省的一件大事和历史责任。三门峡位于中原文明起源的中心地区，不仅过去为中华文明的传承和创新做出过历史性贡献，在未来的华夏文明传承和创新中也应该做出新的贡献。今后的工作目标：

一是将仰韶村、庙底沟、铸鼎塬三大新石器遗址捆绑起来申报世界文化遗产。

二是如上所述，建设仰韶村考古遗址公园、庙底沟考古文化公园、铸鼎塬西坡史前遗址公园。

按照以上思路，在河南华夏文明传承创新区建设中，以仰韶村遗

址、庙底沟遗址、铸鼎塬聚落遗址群的文化内涵和资源优势为源头，继续做好保护、研究和开发利用工作，激活华夏文明传承创新的源头活水，规划和建设三大史前文化园区，并将三地用旅游专线连接起来，把三门峡地区打造成一个中华文明起源探秘、考古学文化肇始发展的朝拜圣地，一个中华民族寻根溯源、继往开来的传统文化教育基地，一条探寻中华文明起源的文化走廊。在河南形成文明起源文化看三门峡，夏、周、汉、唐文化看洛阳，商代文化看郑州、安阳，宋文化看开封的华夏文明 5000 年连续不断的旅游观光热线，逐步推向全国，推向世界。

发挥优势打造叫得响的三门峡文化产品

市委第七次党代会提出了"进一步实施文化强市战略，打造特色人文景点，规划包装一批叫得响的三门峡文化产品"的文化发展目标。这个目标，从三门峡文化资源的优势出发，立足三门峡的地域文化实际，着眼全国城市化发展的新特点、新形势，提出了三门峡转型发展、适应社会发展新常态的战略构想，不仅符合满足全市人民日益增长的文化需求的实际，也符合三门峡城市发展的方向。

应该说，三门峡这个城市从地缘和资源来说，拥有很多自然资源和交通优势，这些优势在过去的城市发展中已经得到了比较充分的利用，为我市过去的经济社会发展起到了基础性的关键作用。

从全国城市化发展的道路来看，在走过了20世纪50年代以后的"政治型城市化"和80年代以后的"经济型城市化"过程以后，已经具备了和世界强国竞争的资格，进入了和当今世界城市化同步的发展阶段。但是，也都面临着发展空间越来越小、人口规模趋于饱和、资源供给逐渐匮乏、公共资源供给不足等共性问题。城市的发展进入了质量升级、方式转变、阶段转型的关键时期。我国的城市发展正在开始注重以人为本、开始服务于人的价值和文化需求、向"文化型城市化"转变。大型城市如此，中小型城市也是如此，不同的只是规模有大小，方式有不同，特点有区别的选择而已。从三门峡的城市化过程和当前面临的问题来看，我们也只有顺应全国城市化发展的共同趋势，选择文化型城市化的发展道路。

实行文化型城市化的转型，必须立足于个性化城市建设的实际，从城市的文化资源优势出发，确定文化发展战略，定位文化发展方向，以创立城市文化特色为目标，以创建文化产品为载体，才能实现城市功能的真正转型。

几年前，笔者曾经梳理过三门峡文化资源的六大优势：一是以仰韶文化为代表的中华文明探源文化。二是以崤函古道为代表的关隘交通文化。三是以中流砥柱为代表的黄河文化。四是以老子为代表的宗教文化。五是以虢国墓地为代表的虢国文化。六是以地坑院为代表的黄土文化。当然，除此之外，我市还有很多特色比较鲜明的文化资源。比如，以卢氏为代表的山水文化和红色文化，以陕（州）灵（宝）盆地为代表农业生态文化，等等。经过多年来的工作，利用以上优势，三门峡已经探索出了一条文化产品打造的开发道路，生产出一批在国内外较有名气的文化产品，并且取得了十分明显的社会和经济效益，为宣传三门峡、塑造三门峡的城市品牌做出了突出贡献。

但是，也不可否认，到目前为止，三门峡的文化产品生产也存在着一些问题：一是在品牌数量增加的同时，对质量提升有所忽视，或者说重视不够，存在着品位较低、质量亟须提升问题。二是同类型景点布局分散，单打独斗，形不成规模效益。三是一些景点功能比较传统，缺乏创新，缺乏适合当代人消费需求的功能元素。四是有的景点个头小、内涵浅薄，功能缺失，吸引不了更多观众。五是个别景点存在着规划不科学、不规范、管理不到位，有拆旧建新、拆真建假等违法现象。六是不少文化产品只重视硬件建设，不重视或忽视软件配套建设和服务质量提升。七是只重视景点本身建设，忽视了对景点存在环境的保护，致使一些景点生存环境得不到优化，失去了生存空间，如此等等。这些问题如果不引起重视，不及时进行整改修复，势必会造成这些文化产品不仅产生不了高效的、长久的经济和社会效益，甚至会造成这些景点的短命消失，给后人带来资源的浪费和消失、环境的破坏和修复成本高等后患。

实现市委七次党代会提出的打造叫得响的三门峡文化产品的目标，必须认真贯彻党的十八大对推进中国特色社会主义事业做出经济建设、政治建设、文化建设、社会建设、生态文明建设"五位一体"的总体布局，必须坚持十八届五中全会强调的"创新、协调、绿色、开放、共享"五大发展理念，按照这次党代会提出的"必须坚持高度的文化自觉和文化自信，促进文化繁荣，增强全市人民的自豪感、荣誉感和归属感"的文化发展理念，在确保文化资源和生存环境不被破坏的前提下，立足优势，科学规划，精心做好顶层设计，扎实做好低层实施，充分利用好我市的人文和智库资源，引进国内外先进的文化产品建设理念，以发展的眼光，以精准的标准，以"立说立行、立竿见影"的狠劲，"闯关夺隘、破釜沉舟"的拼劲，"绵绵用力、久久为功"的韧劲，科学谋划，慎重决策，统筹安排，分项实施，打造出一批具有三门峡特色的文化产品。

总的来说，未来三门峡的文化产品创造着重要抓好以下几个重点：①以仰韶村、庙底沟、西坡三大遗址为重点，打造中华文明探源起源时期的"早期中国"文明长廊。②以虢国博物馆为主，树立大虢国概念，扩建能展示包括两周之际历史上的五个虢国、虢国墓地和都城在内的虢国博物院。③丰富文化内涵，创新展示手段，展示包括函谷关、雁翎关、历代著名战例、南北崤函古道在内的丝绸之路上唯一一处古道文化。④以秦函谷关为主体，提升文化内涵，展示包括宝轮寺、空相寺、鸿庆寺、安国寺在内的宗教文化。⑤以地坑院为主体，创新文化理念，建设好地坑院、火烧阳沟黄土生态文化走廊博物馆。⑥以中流砥柱为核心，打造包括万里黄河第一坝、黄河公园、古陕州城遗址、黄河湿地公园在内的沿黄河文化走廊。

原刊《三门峡日报》2017年1月5日3版

让我们记住三门峡城市的"乡愁"

——关于三门峡城市文脉的续谱记忆

2013 年 12 月，中央城镇化工作会议首次提出："城市建设水平是城市生命力所在。城镇建设，要实事求是确定城市定位，科学规划和务实行动，避免走弯路；要依托现有山水脉络等独特风光，让城市融入大自然，让居民望得见山、看得见水、记得住乡愁。"2015 年 12 月，中央再次召开城市工作会议，又指出，"要保护弘扬中华优秀传统文化，延续城市历史文脉，保护好前人留下的文化遗产。"由此可见，中央在我国城市发展进入新的发展时期，越来越重视城市文脉的延续和文化的传承。

三门峡城市的文脉究竟有多长？我们这个城市年龄有多大？今天三门峡人的祖先可追溯到何年何月？这些问题，是每一个三门峡人都不能忘记的城市族谱和历史记忆。

提到这些，不少三门峡人大概都会说"三门峡是随着万里黄河第一坝而诞生的一座新兴城市"。这种说法，应该说不错，但是却不完全对。因为，您把三门峡的城市年龄说得太小了！

不错，说三门峡当然离不开黄河。但是，您知道吗？在没有黄河之前，我们的祖先就开始在这片土地上生活，开枝散叶，繁衍生息了。据我国著名环境考古学家周昆叔先生考证，早在黄河形成的一百多万年之前，从今三门峡到陕西宝鸡之间，是一个古湖。这个古湖东西长近 400 公里，平均宽度 10 多公里，面积达 4000 多平方公里，是一个不与外界相通的内陆湖。在那个时期，在这个大湖的周边，就已经有人类活动的足迹。20 世纪 60 年代初期，考古学家在这个大湖北部边缘的今芮城县西部发现和发掘了距今 180 万年的西侯度旧石器时代遗址，出土的石核、石片、刮削器、砍斫器、尖状器都是当时人类使用过的生产或生活工具；出土的鸵鸟、三门马、披毛犀等动物化石，证明了这里当时是一种草原森林型气候。大约一百万年左右，湖水开始下泄，冲开了三门峡山谷，古湖逐渐消失，现代意义上的黄河才正式形成。在今三门峡通往大坝公路内侧的崖壁上，我们仍可以看到上边河卵石、泥沙的堆积层，说明它们曾经是当时古湖或黄河河道逐渐下切形成的各个时期的遗留物。黄河形成以后，两岸出现了众多的黄土塬冲沟，多条黄河支流注入黄河，塬上的人类才逐水而居，慢慢向水边靠近。在今灵宝盆地、陕州和湖滨盆地都发现有很多距今 10 万年以前旧石器时期人类活动留下的遗迹。1963 年，中国科学院古脊椎动物与古人类研究所的考古专家在今湖滨区的上村沟（过去称水沟）、会兴沟冲沟的地层里发现了很多距今 12.8—70 万年以前人类祖先使用过的石核、石片、砍砸器、尖状器。这些都证明，当时三门峡周边古人类的活动已经开始了。

日运星移，沧海桑田。当历史的脚步走到了距今 7000—5000 年的新石器仰韶文化时期，由于气候变化适宜，人类繁衍加快，生产力不断进步，三门峡地区人类活动加剧，人口逐渐增加，社会不断进步。在距今 5000 年左右的庙底沟文化时期，三门峡出现了庙底沟、南交口、人马寨等这个时期的大型聚落居址。庙底沟人在农业、手工业、彩陶和雕塑艺术、房屋建筑等方面都创造了现在也可以称之为世界奇迹的文明成果。在这里，不仅亮起了华夏文明的第一缕曙光，而且肇始了三门峡城市的历史。庙底沟遗址第二次发掘时发现的大型壕沟，发掘者认为它除了具有排水功能以外，主要是聚落居民用来进行安全防御的工程设施。这种向地下开沟的壕沟，到后来就演变成了在地上高高修筑的城墙。

3000 多年前的公元前 1046 年左右，西周王朝灭了商王朝以后，开始大量分封诸侯。他们先是封焦国于今三门峡。后来由于形势的变化，早期封在今宝鸡一代的虢国又东迁至今三门峡。虢国灭了焦国，在三门峡存在了至少 200 多年，直到后来被晋国灭掉。这期间，焦国、虢国都为三门峡留下了今天还可以看到的古城址、古墓葬等遗迹，以及大量出土的精美文物。这时的城市防御设施既有壕沟，又有夯土城墙。除了城市发展对其功能建设的需要以外，当然也是由于春秋战国时期，诸侯争霸、战火频仍的现实，对城市建设提出了更高的要求。

2000 多年前，西汉元鼎 4 年（公元前 113 年），汉王朝沿袭秦制，实行郡县制，设弘农郡，制陕县；到北魏太和十一年（487 年），陕县改制陕州。之后历经唐、宋、元、明、清，直到 20 世纪 60 年代初，由于修建三门峡大坝，陕州古城拆除。只留下了外城的汉代古城墙、内城的唐代宝轮寺塔、明代的石牌坊、古城墙、北城门等遗迹，向今天的人们讲述着它们曾经辉煌的过去。这期间的 2000 多年里，陕州城或州或县，城市面积或大或小，城市作为从中原到关中地区的枢纽地位不变，陕州古城"四面云山三面水，一城烟树半城田"的优美环境不变，变化的是古陕州变成了今三门峡，这时的三门峡才真正和黄河结缘。这座古老而又年轻的城市从古老的城墙中走出来，走向更加广阔的田野，走到更加美丽、现代化的今天。如今的三门峡，群山环绕，黄河拥抱，烟树袅袅，"乡愁"依旧，车水马龙，霓虹闪烁。陇海铁路、郑西高铁、连霍高速、310国道四横通过；209国道、侯十高速、蒙西铁路（在建）三纵穿境。工业转型升级，高新、绿色、生态、环保产业正在替代过去由于过于依赖资源而兴建的高污染、高排放产业；农业升级，已经从过去单纯的粮食生产转向粮、林、果、菜、菌多元化经营。文化产业厚积薄发，旅游产业生机勃勃。人们安居乐业，社会和谐安详。三门峡真正成为一座名副其实的黄河明珠，且随着改革开放脚步的加快，三门峡这座城市正在走向充满希望的未来。

　　中央城市工作会议以后，有新华社记者撰写文章，称这次会议对城市建设来说，是一次为城市续"文脉"、提"气质"的会议。著名文化学者冯骥才先生这样说："城市和人一样，也有完整的生命历史，从其诞生至今，与自然环境和人文环境相互融合。一代代人创造了它之后纷纷离去，却将它转化为一条条老街道，一座座名胜古迹，还有手艺、历史人物等等，全都默默地记忆在它巨大的肌体里。"我们梳理出三门峡这座城市的历史文脉，数点出它曾经一步步走过的脚印，就是要唤醒每一个三门峡人树立延续这座城市历史文脉的文化自觉，记住仰韶村、庙底沟、虢国上阳城、虢国墓地、陕州古城、宝轮寺塔、中流砥柱、三门峡大坝等等这一串串曾经是我们祖先智慧和劳动结晶的宝贵遗产。就是让每一个三门峡人懂得：记住他们，就是没有忘记我们的祖先；记住它们，就是为了让我们的后人记住我们自己。就要像习近平总书记2014年2月在北京市考察工作时指示的那样："历史文化是城市的灵魂，要像爱惜自己的生命一样保护好城市文化遗产。"

原刊《三门峡日报》2016年4月29日A3版，有删改

虢石父与烽火戏诸侯

　　烽火戏诸侯的故事发生在虢国虢石父时期，出自司马迁的《史记·周本纪》。说的是周宣王之后，他的儿子宫湦继位，是为周幽王，在位 11 年。周幽王正式即位以后，任用虢石父等奸佞之臣为卿士，荒废朝政，贪图享乐，整天沉溺于声色犬马之中。幽王二年，关中地区发生了大地震，出现了岐山崩塌，洛水、河水干涸的情况。当地的地方官向幽王报告的时候，幽王却说：山崩地震不是一件很平常事情吗？你们地方官去处理就行了！根本没有想到受灾群众的生死存亡。由于古代科技不发达，人们对于自然界的异常现象无法解释，只能推断是神鬼所为。周室的发祥地岐山地震，当时的人们就认为可能是神鬼欲对周朝不利。太史伯阳父觉得事关重大，就进行占卜，得知十年内周朝必将灭亡，于是就联合赵叔带向周幽王进谏，提醒他周朝有灭亡的征兆，请周幽王赈灾安民。然而，周幽王不放在心上，也没有去安抚灾民。赵叔带再次言辞激烈地劝谏周幽王，没想到被免去官职，逐出了镐京。赵叔带的好友、褒国大夫褒珦也是贤良之人，急忙入朝求见幽王，劝谏幽王远离小人，否则国家可能就保不住了。幽王听后怒从中来，把褒珦打入了监狱。从此后，再也没有人敢于劝谏了，周朝的政治日趋黑暗。

褒珦入狱后，褒族人千方百计想要把褒珦救出来。他们听说周幽王好美色，就下令广征天下美女入宫，借此机会为周幽王寻访美女。终于有一天，褒珦的儿子褒洪德在褒城内找到一位如花似玉的姒姓女子，就花重金买下来，起名为褒姒，教其唱歌、跳舞以及礼仪，献于幽王。幽王就将褒姒留在宫中，坐则叠股，立则并肩，食则同器，饮则同杯，形影不离，竟连续十多日不理朝政。

由于褒姒很少笑，幽王为了讨她欢心，让身边的大臣献计，谁能让美人一笑赏黄金千两。有人就建议燃起烽火让诸侯国的人带领军队来救驾，昏庸的幽王觉得好玩就采用了。原来，周王朝为了防备犬戎的进攻，骊山（在今陕西临潼东南）一带造了二十多座烽火台，每隔几里地就建一座烽火台。如果犬戎打过来，把守第一道关的兵士就把烽火烧起来，第二道关上的兵士见到烟火，也把烽火烧起来。这样一个接一个烧着烽火，附近的诸侯见到了，就会发兵来救。果然，当看到急匆匆前来救驾的诸侯国大队人马来到骊山脚下，却被告知是一个玩笑时，各国诸侯狼狈不堪，恼怒不已，只好收兵回去。褒姒看到这种场景禁不住笑了！诸侯们从此对幽王失望至极。这就是西周历史上著名的"烽火戏诸侯"的故事。后来周幽王荒唐到了废弃原夫人申后，驱逐太子宜臼，拥立褒姒为后，立褒姒之子伯服为太子的地步。原太子宜臼逃离了宗周，投奔外祖父申侯。愤怒的申侯联合犬戎以及西部诸邦，进攻镐京。幽王听到犬戎进攻的消息，惊慌失措，连忙下命令把骊山的烽火点起来。但是因为上次上了当，诸侯们还以为又是玩笑，也没有前来救驾。就这样，犬戎的人马像潮水一样涌进镐京城，把周幽王、虢石父和褒姒生的伯服都杀了，掳走了褒姒，结束了西周王朝。

　　有人认为"烽火戏诸侯"的坏点子是虢国国君虢石父出的，目前还没有确切的史料记载为据，也有学者认为虢石父是被冤枉的！著名的史学大家钱穆先生就在他的《国史大纲》中指出"烽火戏诸侯"完全是无稽之谈。他认为，假若周幽王真有烽火戏诸侯之举，以西周时的诸侯遍布千里之遥，加上当时的交通很不方便，各家的军队根本来不及同时到达。再说，点燃烽火是汉朝抗击匈奴的预警方法，西周时根本没有烽火这回事！古代调兵用兵，凭的是调令，春秋时的"虎符"起的就是这种作用。虎符是古代帝王授予将帅兵权和调发军队的信物。分左右两半，右半留君王处，左半发给统兵将帅，调动军队时由使臣持符验合，方能发兵。另外，诸侯之军队没有天子的命令，不可随意进入王畿地区，否则，就有谋反的嫌疑。如果周天子要抗击外敌入侵，或出征平叛，首先调动的是中央军"西六师"、"殷八师"、"成周八师"。如果需地方武装力量配合作战，一般是处在这一地区附近的诸侯出兵，不可能动用全国诸侯的军队。所以，"烽火戏诸侯"也只是一种戏说而已，根本不存在虢石父出坏点子的事情，所以虢石父确实是被人冤枉了。

　　还有一个例证，也没有关于"烽火戏诸侯"记载：2008年7月，清华大学获赠了2388枚战国竹简（简称"清华简"），这批"清华简"记录的"经、史"类书，大多数是以往存世的典籍中没有的。曾任夏商周断代首席科学家、专家组组长、我国著名的古文字学家李学勤先生评价说："这将极大地改变中国古史研究的面貌，价值难以估计。"2012年初，清华大学组织专家在整理这批清华简时，发现竹简上记载的关于西周灭亡的事实与传说中的"烽火戏诸侯"完全不一样，而说是周幽王主动进攻申国，申侯联合戎族打败了周幽王，西周因而灭亡。

竹简上根本没有"烽火戏诸侯"的故事。因此，清华大学的有关专家认为，史学界就此可以断定烽火戏诸侯并非西周灭亡的原因，甚至可以断定这个故事根本就是编造。

烽火戏诸侯的故事流传了 2000 多年，甚至有不少人把它演绎成了"女人就是祸水"的渊薮，成了家喻户晓、盖棺论定的历史事实。通过以上例证我们可以看出，司马迁这个大史学家说的也不一定就完全是事实，至少说《史记》中记载的关于烽火戏诸侯这个故事只是司马迁自己说的，别无旁证。至于虢国，在虢文公去世后，虢石父继任为三门峡虢国之君和周幽王的卿士，他作为辅佐周幽王的卿士，积极参与王室纷争，纵容周幽王荒淫无度，废长立幼，不仅激化了王室内部的矛盾，而且恶化了与周边邦国的关系，最终导致了西周的灭亡。应该说，无论烽火戏诸侯的点子是不是虢石父出的，虢石父对西周的灭亡也负有不可推卸的责任。但是他对三门峡虢国的建设还是尽心尽责，功劳巨大的。他利用周幽王的宠信，于公元前 775 年举兵灭掉了与虢国临近的焦国，解除了心腹之患，扩大了虢国疆土，壮大了综合国力，使虢国在军事、政治、经济、文化等方面得到了长足发展，终于使虢国成为西周时期一个举足轻重的诸侯国。

原刊《三门峡日报》2016 年 12 月 2 日 A3 版

从《题三门》看康有为的中国梦

在三门峡车马坑文物陈列馆的院子里，陈列着一对为康有为手书刻制而成的石碑——七律《题三门》：

禹功万古开龙门，

颇笑黄流砥柱尊。

吾欲铲除此巨嶂，

扬帆碧海达河源。

开苏彝士通欧亚，

绝巴拿马沟西东。

蕞尔三门三里石，

誓将疏凿补天工。

诗的落款也是康有为亲笔所写："癸亥十二月三日，偕镇守使丁香玲游龙门，摩砥柱。高二三丈许，河流滔滔，誓之凿之通海。南海康有为。"

从诗和落款可知，康有为是在 1923 年 12 月 3 日，在当时的国民党中将豫西剿匪总司令兼豫西镇守使丁香玲陪同下，游览了黄河的龙门峡谷后，来到三门峡游览的。在黄河三门峡河谷，面对滔滔东流的黄河、巍然屹立在河流中央的砥柱石和两岸陡峭壁立的山峰，康有为将终生积郁在胸的块垒一吐如泄，抒发了他渴望疏通黄河天堑，学习西方，振兴中华，变法改革的胸襟。当时的三门峡和上游的龙门峡一样，都是黄河上的两道天堑。三门峡的河谷中间，有人门、鬼门、神门三条水道，而只有人门才是可以通航的唯一通道。且水流陡急，凶险异常，令人不寒而栗。面对此情此景，康有为在诗中和落款里都发誓要将其凿开、铲平、疏通，让黄河天堑变成通途，成为通海达源的黄金通道。不仅如此，他还理想将黄河天堑开通后，连接起世界上东西方两条著名的苏伊士和巴拿马运河，让黄河和中国走向世界，充满了一种造福人民、强盛中华、联通世界的远大理想。是康有为此时此地、此情此景下的中国梦想。

自从习近平主席提出实现中华民族伟大复兴中国梦以来，国内国际反响强烈，已经成为当代中国的最强音和话语制高点。前不久，习近平主席在欧洲之行中，又进一步阐述了中国梦："实现中华民族伟大复兴的中国梦，就是要实现国富民强、民族振兴、人民幸福，既深深体现了今天中国人民的理想，也深深反映了中国人自古以来不懈追求的光荣传统。"

众所周知，中国近代以来，在中国共产党成立以前，中华民族就涌现出许许多多仁人志士，怀揣振兴中华的梦想，奔走呼号，流血牺牲，经历了一个个艰难的寻梦历程，奏响了一曲曲可歌可泣的寻梦凯歌。先辈们，曾经幻想学习西方的坚船利炮，以实现富国强兵的梦想。然而，换来的却是一次又一次惨痛的失败和教训。从龚自珍提出的"自改革"，到魏源提出"师夷长技以制夷"；从康有为倡导维新变法，到孙中山倡导三民主义和辛亥革命成功，中国终于结束了两千多年的封建统治，建立了中国历史上第一个资产阶级共和国。期间，康有为和他领导的资产阶级革命，他所倡导并为之奋斗的依宪治国、民权思想、权力制衡等变法维新思想，都体现了立志学习西方、借以挽救正在危亡中的祖国的伟大梦想。康有为的思想和行为，不仅动摇了当时处于风雨飘摇中的满清政府，影响了一大批仁人志士，也成为后来孙中山领导辛亥革命、创建资产阶级共和国的理论和思想重要来源之一。

康有为在写了《题三门》诗后，还题写了"砥柱"二字，后来都被刻石保留了下来。据说，当时刻制的砥柱铭石和《题三门》石碑都竖立在三门峡峡谷西岸上。后来，修建三门峡大坝时，被有关部门收藏保留下来。1982年，三门峡建成了第一个以展示虢国墓地出土车马坑为主的博物馆，文物部门就把这些珍贵石刻移到馆内展示，供游人参观。《题三门》诗分别被刻在两块高136、宽65、厚13厘米的竖长方形石灰石上，"砥柱"铭石，也为石灰石质，横长方形，长、宽、厚分别为67、172、12厘米。如今，这三块石刻都保存完好。

康有为不仅是中国近代名扬天下的政治家、改革家，也是一位独领风骚的书法家。他的字，正如他一贯的"尊魏卑唐"书法思想，以平长弧线为基调，转折以圆转为主，气势开张，浑穆大气；运笔迅起急收，迟送涩进，逆笔藏锋；结体不似晋、唐敧侧绮丽，而是长撇大捺，气势开展，饶有汉魏古意，突显出康有为书法粗拙、浑重、厚实、洒脱的风格。其书法也如他的人生，叱咤风云，潇洒倜傥，风起云涌，不拘一格。我们从书法艺术上解读他《题三门》诗，其内容和形式都折射出康有为渴望中华振兴，世界大同，风云天下的中国梦想。

分陕石柱的故事

在三门峡文物陈列馆院里，竖立着一块高高的柱石，这就是著名的分陕石。

这里的陕，就是今天陕西的"陕"。"陕"，是"阝"和"夹"的合体字。"阝"是"阜"的变形字，本义是指土山，丘陵。《诗经·小雅·天宝》有："如山如阜，如岗如陵"。"夹"者，持也，即"夹缝、夹道"，其象形字是三人同形，一人其中，左右两边的人用力向中间挤，将其夹住。其义又通"狭"，有"狭窄"之意。由此可见，"陕"，是表示一种高出平地，狭窄且被高山夹住的地貌。

陕地，原在今河南省西部三门峡市所属的陕县中南部，因上述地貌而得名。这里，南边是秦岭东部的余脉崤山，东西走向；北边隔黄河是山西南部的中条山，也呈东西走向。黄河自潼关拐弯后也由之前的南北走向改向东流，穿过陕地后，从南部崤山发源的一条条河流注入黄河，将崤山山前台地切割成一个个高出河滩一二级台地的高原，地质学上将这种地貌叫"塬"。这种塬三面或两面陡直，顶部平坦，土质肥厚，自古以来称为"陕塬"。在这里，地形东西狭长，南北狭窄，是黄土高原东部末端地区的一种独特地貌。

作为地名，陕，原指今之陕县，古称陕州。从考古资料来看，在

100多万年前后的旧石器时期，这里就有人类活动的踪迹，在黄河南岸的河流两边的台地上，分布着很多旧石器遗址；到距今7000年—5000年之间的新石器时期，这里的史前文化已经发育成熟，聚落多，遗址面积大，经发掘后出土的器物制作精，类型全，是我国豫、秦、晋金三角大中原地区仰韶文化时期人类活动的核心区域。考古学上的庙底沟遗址就位于古陕州城西南的黄河二级台地上，著名的庙底沟文化亦因此而得名。夏商时期，这里处在豫州之内，被封为"夹方"。在商代殷墟出土的甲骨卜辞中就有明确记载。不仅如此，这里还是自古以来关中文化和中原文化交流的唯一通道，从早期庙底沟文化和半坡文化的相互影响、交流、传播，到西周时期虢国从今陕西宝鸡地区迁移到陕州，到两汉时期西京长安和东京洛阳之间的交流和丝绸之路的开通，历经5000多年，一直到当代欧亚大陆桥的打通，陕州地区一直就是我国东西方文化、经济、军事、商贸交流的咽喉走廊。中国古代的九大关隘，这里就有函谷、雁翎、崤山三个，自古以来有"两京锁钥"之称。

西周初期，周武王在灭商后不久就去世了，其子周成王继位。由于成王年幼，就由他的两个叔叔周公和召公辅政。他们以陕塬为界，以东由周公主政，以西由召公主政。《春秋公羊传·隐公五年》有："自陕而东，周公主之；自陕而西，召公主之"的记载，这就是历史上著名的"分陕而治"。由前述可知，周公、召公分陕而治，既有其政治上的原因，又有陕塬独特的地理原因。陕塬东部，以洛阳为中心，当时在灭商以后，由于商后裔不断发生暴乱，西周统治不很稳定；而陕塬以西的关中地区，尽管是西周王朝的起源与根据地，但是周边戎狄部落不断进行骚扰，也不同程度地威胁着西周王朝的统治。显然这两个地区的稳定和繁荣与否，直接影响着西周王朝的兴亡。而陕塬就处在这两个核心地区中间，其政治和地理地位显而易见。后来的史实证明，也正是由于周、召二公分陕而治这种过渡性的政治措施，才使西周王朝在成王年幼时期，在军事上取得了安宁，政治上得以清明，经济上得到发展，文化上得以昌盛，度过了困难时期，并得到巩固。据唐代李泰《括地志》记载："陕塬，在县西南，分陕以塬为界。"《元和郡县志》也说："陕塬在县西南二十五里"。从地望看，分陕而治的陕塬在今天陕县的张汴乡塬上。周召分陕而治时，还在塬上立了一块界石。唐代武则天时期，有人曾刻铭于石上，称为"周召分陕所立界石"。据考证，这块石柱，是我国历史上有文字记载的最早的一块界石。这块界石，后来被移到陕州城墙边上保存。20 世纪 60 年代，因为修三门峡大坝时，按原设计方案，陕州城为淹没区，分陕石柱就被移到了当时新建的三门峡人民公园里保存。之后，又先后被移到市图书馆、文化馆保存。1982 年，三门峡建起了以保护展示车马坑为主要内容的文物陈列馆，文物部门就把这块石柱移到了馆里永久陈列保存下来。

分陕石柱，由于长期在野外保存，又历经 3000 余年，受风雨、阳光侵蚀，柱身剥蚀严重，已呈上大下小的锥状体，其残长还剩 3.5 米。其身上的字已经不复存在，只有其下方贴身的一块石灰石碑铭仍然完好，其字迹依稀可辨。尽管如此，这块分陕石柱，仍然是今天陕西之所以为"陕西"的实物证据。

原刊《中国文物报》2015 年 8 月 21 日 4 版

晋国为什么要假虞灭虢

公元前655年，晋国借道虞国，灭掉了虢国。这段历史，以"假虞灭虢"和"唇亡齿寒"这两个著名的典故而留传于世，成为家喻户晓的历史故事，也成为今人如何处理好邻里之间关系的鉴古之道。但是，晋国为什么要灭虢国呢？我们从《左传》、《史记》等史书记载中，来寻觅其中的冤怨关系。

一、晋国祸起萧墙，虢国奉命讨伐

我们先来看《史记·晋世家》的一段记载："晋献公十九年（前658），献公曰：'始吾先君庄伯、武公之诛晋乱，而虢常助晋伐我，又匿晋亡公子，果为乱。弗诛，后遗子孙忧。'乃使荀息以屈产之乘假道于虞。虞假道，遂伐虢，取其下阳以归。"这里，晋献公说出了他要灭虢国的三次仇怨。

第一次是在晋鄂侯死后的公元前718年。晋昭侯时期，当时晋国都城在今山西翼城。昭侯元年（前745），昭侯把亡父晋文侯的弟弟成师封到曲沃。曲沃城比翼城大，师被封在曲沃，称为桓叔。到了晋孝侯八年（前732），曲沃桓叔去世，他的儿子鲜继位，这就是曲沃庄伯。晋孝侯死后，其子郤为国君，这就是晋鄂侯。鄂侯在位六年（前718）去世。这时，曲沃庄伯认为夺权的机会来了，便兴兵讨伐晋都翼城。当时，晋国只是东周王朝的一个诸侯国。晋国发生内乱，周平王便派位于晋国南部且兵力较强的虢国虢公率兵讨伐曲沃庄伯。庄伯因自知理亏，且势力不及虢国，便退回到了曲沃。

　　第二次是发生在晋小子侯四年（前706）。此时，晋国都城仍在翼城。曲沃的庄伯死后（前716），其子称即位，史称曲沃武公。晋小子侯元年（前709），曲沃武公指使韩万杀死了被陉廷人在战争中俘获的晋哀侯（晋小子侯之父）。于是，曲沃越发强大，晋国对它无可奈何。晋小子侯四年，曲沃的武公把小子侯引诱到曲沃，并杀死了他。周桓王得知晋国又发生了内乱，便派虢国的虢仲率兵讨伐曲沃武公。武公见此，又退兵曲沃死守。在这场动乱之后的晋侯缗二十八年（前679），曲沃武公又讨伐晋国，杀死了缗，并用晋国的宝物贿赂周釐王，周釐王就让曲沃武公当上了晋国的国君。曲沃武公才名正言顺地改名号为晋武公。这个事件在晋国历史上叫"曲沃代翼"，晋国也从东周王朝的侯国变成了公国。

　　第三次是在晋献八年（前669）。当时，晋武公已去世，其子诡诸即位，称晋献公。据《史记·晋世家》记载："八年，士蒍说公曰：'故晋之群公子多，不诛，乱且起。'九年，晋群公子既亡奔虢，虢以其故再伐晋，弗克。"由此可知，这一次，是因为虢国藏匿保护了被晋献公赶杀的诸公子，引起了晋国的不满。晋献公十年（前667），晋献公欲讨伐虢国，晋国大臣士蒍认为时机不到，劝晋献公"且待其乱"（《史记·晋世家》）。而这一次，虢国讨伐晋国没有成功，晋国欲讨伐虢国则没有成行。但，两国的结怨越来越深了。

二、虞国贪财失国，晋国三伐虢国

从史记记载中可知，晋国讨伐虢国也有三次。

第一次，就是前面所说的晋献公八年（前669），因为虢国藏匿保护了晋国要诛杀的诸公子，引起了晋国的仇恨。晋献公要讨伐虢国，由于大臣士蒍的劝说而没有兴兵。

第二次，就是本文开头所说的，发生在晋献公十九年（前659）。晋献公欲报历史上与虢国结下的三次仇恨，也为了杀尽被他赶杀并躲藏在虢国的诸公子，用屈地（晋邑名，在今山西省吉县东北）出产的好马贿赂了虞国（在今山西平陆县东北）国君，借道虞国，攻下了位于黄河北岸的虢国的一处小城——下阳。

第三次，发生在晋献公二十二年（前655），（另一说法为前656年）。《左传·僖公二年》："晋荀息请屈产之乘与垂棘之璧，假道于虞以伐虢。"荀息是晋国的大使，这一次，他又向晋献公提出了借道虞国灭虢的主意。不同的是，这次不仅向虞国贿赂了屈地出产的良马，还有垂棘（地名，在今山西曲沃东北）出产的玉璧。虞国大臣宫之奇据理向国君建议不要借道给晋国，并比喻说："虞之与虢，唇之与齿，唇亡则齿寒（《史记·晋世家》）。"但是，虞国国君不听劝告，答应借道给晋国。宫之奇一气之下，带领全家离开了虞国。晋国顺利地灭掉了虢国都城上阳（在今三门峡李家窑村附近），并在回国途中，顺道灭了虞国，又带走了当时贿赂虞国的良马和玉璧。这一次，位于今三门峡的虢国最终消亡了。

三、历史公案难评，千古遗训可鉴

对于晋国和虢国在历史上发生的这段公案，如何评价谁是谁非，恐怕是一件难有公论之事。首先，晋国内乱，虢国奉命讨伐，应该说，虢国奉命出兵，何错之有？但在当时的历史条件下，周天子大权旁落，王权名存实亡，诸侯烽起，争权恃霸。即是虢国代国天子讨伐晋国，对晋国来说，与虢国结下私怨，也是在所难免。至于晋国讨伐虢国，其直接原因是为了报虢国多次奉命讨伐晋国和藏匿前晋国诸公子的仇恨。但其真正的目的恐怕不止于此。晋国从曲沃桓叔、庄伯和晋武公时期，就觊觎晋国的诸侯国王权，多次借故弑杀了晋国的多位国君。到了晋武公时期，其野心膨胀，不仅包揽了晋国大权，而且贿赂周天子，由侯国升格为公国。到了晋献公时期，随着其势力越来越强大，他不满足于晋国"偏侯也，其土也小"，决心要"继文绍武"，与诸侯争雄，建立强大的晋国。正如《左传·襄公二十九年》所说："晋始以大，若非侵小，将何所取？武、献以下，兼国多矣！"为此，它先后灭掉了包括虢国在内的霍、虞、冀、黎、郇、董、韩、芮、魏、耿、贾、杨、沈、姒、蔫、黄、佣、东山皋落等20多个国家。到晋献公死时，其国土面积已包括今山西境内的临汾、运城两地区；南到今黄河以南的秦岭山脉，东到今河南省西部的渑池一带，西达今陕西华阴、大荔、澄城一带，即"晋疆，西有河西，与秦接壤，北边翟"（《史记·晋世家》）。由此来看，灭掉与自己边境较近，且有世代冤仇的虢国，自然就在晋国的"情理"之中了。因此，用我们今天的话来说，晋国灭掉虢国的根本原因，是其扩土开疆的野心所致。倒是其中的虞国，其国君贪图小利，鼠目寸光，不听劝告，最后导致了唇亡齿寒、贪财失国的可悲下场，以至贻笑后世，成为千古可鉴的历史笑话，则是今人应该引以深思的。

谈谈博物馆讲解员职业的个性塑造

博物馆讲解员是一个十分特殊的工作岗位，它不仅是博物馆与观众之间的桥梁和纽带，还是一个博物馆和地方的形象大使，被称为"人类灵魂的工程师"、"博物馆天使"。讲解员以博物馆为舞台，以陈列内容为基础，以语言表达为手段，以多种才艺为辅助，面对自己的观众，要正确、恰当地介入自己的角色，平和、自然地调整好自己的心态，最大能量地调动出自己各方面的才智技能，用最好的状态、最佳的效果，将一个博物馆所展出的内容准确全面、重点突出、形象生动地讲述出来。要做到这一点，讲解员不仅需要许多共性的知识和心理准备，更要注重塑造自己独特的职业个性形象。

一是专业知识的个性摄取。毫无疑问，讲解员的看家本领首先是要全面掌握所在博物馆讲解词提供的相关知识，才能给观众提供最基本的讲解服务。但是，一个优秀的讲解员仅有这些是不够的，还要掌握与讲解词相关的知识。比如，与展品有关的人物和时代背景知识，博物馆所在地的风土、人情、特产、地理、气候、经济、文化知识等等，都要根据自己的具体情况，储备下来，以备需要。三门峡虢国博物馆展出的玉器，有很多是两周时期的仿生玉器。几乎囊括了当时这里地上跑的、水里游的、天上飞的各种动物、昆虫等，讲解员在讲到这里时，就有观众问到当时这里的气温和植被情况。当讲到虢国博物馆位于黄河岸边，距黄河仅有 500 多米，就有观众提问有关黄河和黄河上第一个水库大坝的相关问题。对于这些，讲解员如果能够准确明白地回答给观众，不仅会让观众满意而归，还会对讲解员掌握知识的多面性给以首肯和赞扬。

二是语言艺术的个性表达。讲解艺术最本质的特征是知识和语言的有机结合。作为知识的传授者，讲解员不仅要掌握多方面的专业和与专业有关的知识，还要加强语言表达技巧的训练，掌握一种富有个性特点的语言艺术。除了发音要标准，吐字要清晰，语法要规范，内容要准确，语速要适中等基本要求外，还要根据自己发音、音质、声调等特点，训练出自己的语言表达特色。无论你发音高亢洪亮，还是低沉委婉，都要像教师讲课一样的明白通俗、逻辑清楚，像演讲家演讲那样语速流畅、富有鼓动性和感染力，像演员演唱一样的声情并茂、热情奔放，像辩论家一样的能言善辩、反应敏捷，像和朋友谈心一样的亲切亲和、娓娓道来。

三是职业道德的个性修炼。一个讲解员必须具备良好的思想品德，做率先垂范的行业典范。首先要培养自己正确的人生观、价值观、世界观。在讲解时，注意给观众提炼出讲解内容中正确的，积极向上的思想精髓。二要培养自己认真学习、模范遵守国家法律法规、遵守行业规章制度和社会公德、讲文明、懂规矩的职业操守。三是要有观众至上的服务理念，维护观众权益的自觉意识。四要养成敬业奉献、具有强烈事业心和高度责任感的情感品质，能主动、热情、耐心、细致地服务观众。此外，还要注意培养自己良好的心理素质。虢国博物馆在讲解接待中曾经发生过这样两个事例：一次，一个观众在参观时，把随身带的提包掉在展厅里。讲解员捡到后，交给了馆领导。馆领导又通过包里的有关证件，找到了这位失主，将装有很多现金、证件的提包还给了他。还有一次，一个随团参观的观众喝多了酒，在参观时，对当班的女讲解员出言不雅，行为不端。但是，这个讲解员仍然保持平静、和蔼、大方的状态，微笑着完成了自己的讲解任务。送走了观众以后，她自己偷偷地流出了眼泪，把委屈埋藏在自己心里。这两个事例，不仅得到了当事人事后的道歉和感谢，还受到市旅游局领导和社会的赞扬，为单位赢得了良好的社会形象。

四是仪表、仪态的个性修养。一般来说，博物馆讲解员都是统一着装上岗的。在这统一服装的共同外表中，一个讲解员如何表现出自己的个性气质来，仪态、仪表的修养十分重要。除了以上说的要注意知识、品德等方面的素质培养外，讲解员还要注意对自己不良动作习惯、语言、姿势、嗜好的克服和戒免，注意将自己的内涵修养和外表修炼结合起来，塑造自己落落大方、不卑不亢、高雅优美的仪表、仪态。一个讲解员，在上岗之前，可能会有各种不同喜怒哀乐、苦辣酸甜的情感和心理经历。但是，无论你有什么样的情绪背景，上岗以后，都必须要控制住自己，调整好自己的状态，微笑着面对观众。不能把不应有的状态带给观众。因为，你的形象不仅是你自己的，更是单位的，集体的，社会的。

五是才艺表演的个性展示。博物馆讲解的目的，就是讲解员通过讲解怎样才能充分调动起观众的视觉、听觉、触觉等感官机能，让观众入脑入心，记忆犹新，接受最大的信息量，并铭记不忘。所以，单靠语言讲解是不够的。还要求讲解员除了以语言讲解为主的传授方式以外，还要掌握多种才艺手段，比如，做、唱、演等技艺。在实施讲解时，要根据讲解内容，恰当地插入一些表演手段。像有的博物馆利用快板讲解那样，创造一种自己能熟练运用、观众容易接受的方式，将讲解内容换一种方式绘声绘色地表达出来，才能给观众留下深刻的记忆形象。

六是对观众察言观色的观众识别。博物馆讲解员每天面对的观众形形色色，千差万别，他们来自不同的地域，有各自不同的性别、年龄、职业、兴趣、爱好和知识素养。一个讲解员要学会尽快了解自己讲解对象的本领。除了自己主动、礼貌、客气地询问以外，还要学会察言观色，鉴貌辨人。根据他们的言谈、举止、服饰、表情、状态，尽快分辨出他们的不同身份。只有这样，才能把自己调整到与观众平等对话、亲切交流的角色位置，使你的讲解有的放矢，对号入座，因人施讲。也只有这样，观众才能接受你的讲解，感受到你的亲切，理解你的处境，达到双方传授互动，平等交流，让观众和你一起共享展览知识。

从某种意义上讲，讲解是一种综合艺术。当然要求讲解员要才艺双全，德艺双馨。一个讲解员，登上了属于你自己的舞台，就要最大可能地表现出你的职业操守，最大程度地展示出你多才多艺的职业素养。只有做到这些，也才能无愧于"博物馆天使"和"人类灵魂工程师"光荣称号！

一个典故的三种讲解语境

假虞灭虢（又叫假途伐虢），是《左传·僖公五年》中记载的春秋时期晋国借道虞国灭掉虢国的故事。这个典故，在已经建成开放的晋国博物馆和虢国博物馆的陈列中，都是一段十分生动又不可不说的内容之一。最近，参观了两个博物馆，发现两个馆的讲解员在讲到这个故事时，使用了完全不同的讲解语境。前者讲的是，晋国在晋献公时期，逐渐强大，就开始向外扩张，先后灭掉了包括虢国、虞国在内的20多个国家，使晋国的疆域面积迅速增大，体现了晋国的强大和强盛。而后者在讲到这个故事时，讲的是，由于当时虞国国君不听宫之奇的劝告，借道给晋国，导致了虢国的灭亡，也造成了虞国的灭亡，在历史上留下了这个被列为三十六计之一的假虞灭虢的著名战例。

如果将来再建一个虞国博物馆，我不知道他们的讲解员会怎么讲这个典故？会不会讲虞国的灭亡，是因为晋国的扩张野心和虢国之前屡次攻打晋国结下了仇恨？

一个典故，与三个国家都有关系，在不同的博物馆里有了不同的讲解语境。如果就当时的历史背景去看，各有各的情况。晋国自曲沃代翼以后，国力逐渐强大，向外扩张，图霸中原，是大势所趋。在晋献公时期先后灭掉的20多个国家，有的与晋国有仇，有的就没有。但是都在晋国的周边，不仅国力远远不及晋国，而且都会挡住晋国继续向外扩张的道路，以小对大，以弱示强，它们的灭亡是迟早的事。而虢国，在晋献公之前，由于晋国的几次内乱，周天子就命它代西周王朝出兵，以平息晋国内乱，作为一个与周天子同姓家族的诸侯国，受天子之命去晋国平乱，何错之有？至于因此与晋国结仇也是在所难免。相对晋国和虢国而言，虞国的灭亡，就另当别论。它处于晋国和虢国之间，国小力弱，被强大的晋国灭掉只是早晚的事。可恨的是，虞国国君昏庸失德，贪图晋国贿赂的美玉和宝马，既不珍惜与虢国唇齿相依的邻里关系，又识不透晋国扩张的野心，自取灭亡，自然是咎由自取。

难题留给了我们今天的博物馆讲解员们，他（她）们站在今天的博物馆里，面对当今的观众，该怎样去理解和讲解这个已经过去了近3000年的故事？不得不承认确实是一种纠结。

任何一个博物馆都有很明确的地域性和鲜明的行业性，这也是这个博物馆区别于那个博物馆的个性所在。讲解员站在自己所在博物馆里讲自己的故事，夸夸"我爹比你爹高"的自豪，当然无可厚非。问题是怎么才能客观、真实、公正地理解和讲解每一件文物、每一个故事？怎样才能给观众一个既符合历史真实、又符合当代人的思想、审美和价值标准？应该说是一个值得我们思考的课题。

首先，讲解员要把自己所讲本馆的内容弄清。要把讲解对象的文物价值、人物关系和历史背景等全面掌握。此外，还要注意掌握本馆陈列的性质、主题和特色，以及本馆所在地的地域、人文和文化特点，在此基础上，才能结合自己的讲解个性特点，真实、生动、形象地给观众讲出自己要讲的基本内容。

其次，要注意掌握与自己讲解内容相关的知识。我们不可否认，在当今社会里，观众中有很多知识面很广的参观者。他（她）们在参观博物馆听讲解时，会提出一些与你讲解内容相关的这样那样的问题。讲解员必须要有这些相关的知识储备，一旦有观众向你提出相关问题，你就可以游刃有余地给观众以满意的答复。比如，我们上面提到的晋国博物馆和虢国博物馆的讲解员，对有关晋国和虢国的历史、人物、文物，都要尽可能多掌握一些，在给观众讲解时才有可能回答观众向你提出的相关问题。

再次，讲解员要学会用今天的眼光去看待、评价过去。对于以历史文物陈列为主要内容的博物馆，观众看到的已经是远离当今社会几百年、几千年、甚至几万年的文物，他（她）们往往会用今天人的眼光、思想、价值标准去看待和理解过去的人、事、物。比如，假虞灭虢的典故，用西周时期的时代标准看，晋国、虢国、虞国，会各有各的理由，而如果用当代人的标准看，这三个国家扩张、受侵和灭亡，则会是又一种理解和评价。只有这样，我们的讲解才容易被观众接受，才能达到和观众的交流互动。

原刊《中国文物报》2014年7月8日7版

纪念性　仰韶村国家考古遗址公园的永恒主题

　　1921 年，由中瑞等国考古学家联合发现发掘的河南渑池仰韶文化仰韶村遗址，拉开了我国田野考古的序幕，证实了中国在阶级社会之前存在着非常发达的新石器时代，链接了中国史前史与夏商文化史，掀开了中华文明起源的盖头，使中华文明从此证据确凿地连接到5000多年以前。以此命名的仰韶文化，也成为我国的第一个考古学文化，奠定了仰韶村遗址在中国考古学上的神圣地位。

　　将仰韶村遗址这样一个具有重要意义和价值的遗址，立项建设为国家考古遗址公园，对于更好更科学地保护遗址，让公众身临其境地去感受、体验、理解、享受遗址所蕴含的历史信息和文物价值，有利于平衡遗址保护与展示利用，将遗址的历史信息完整、准确地传递给公众，增强公众对遗址的认识与重视；有利于将考古遗址公园融入城市休闲绿地系统统筹规划安排，为公众提供高品质的郊野公共休闲绿地空间；也有利于利用考古遗址公园这个文化品牌带动地方建设文化高地、拓展旅游空间、打造旅游亮点，进而带动当地经济、文化和社会全面发展。

　　那么，仰韶村遗址应该建成一个什么样的国家考古遗址公园？在众多的历史和文化信息中应该突出什么样的特色？在我国已经建成和将要建成的诸多国家考古遗址公园中，仰韶村国家考古遗址公园怎样才能独立于林，独秀其中呢？

笔者认为，突出纪念性特点，无论现在，还是将来，都将是仰韶村国家考古遗址公园一个永恒的主题。

一、三次发掘的纪念性

仰韶村遗址共进行过三次发掘：第一次，1921 年 10 月底至 12 月初，由瑞典安特生和中国袁复礼等联合发掘，此次发掘共开挖发掘点 17 处，发现墓葬 10 座，出土一批陶器、石器、骨器，得出了该遗址属于一种仰韶文化的结论。第二次，1951 年 6 月至 7 月，由中国科学院考古研究所河南调查团夏鼐主持，安志敏等人参加发掘。此次开挖了探沟 1 条、灰坑 1 个、墓葬 9 座，证明了仰韶村遗址包含有仰韶和龙山两种文化。第三次，1980 年 10 月至 11 月、1981 年 4 月至 6 月，这一次共开挖探方 4 个、探沟 4 条，发现灰坑 2 个、窖穴 40 个，出土陶、石、骨、蚌等各种器物 600 多件，厘清了从仰韶文化到龙山文化四个不同阶段的地层叠压关系。

巧合的是，这三次发掘的时间间隔都是 30 年，且每一次发掘，都处于我国考古学肇始和发展的重要时期。第一次发掘是在五四运动后，中国打开了向西方学习的大门，倡导爱国、进步、科学、民主的新文化精神的背景下进行的，促进了我国考古学诞生。第二次发掘是在新中国建立以后，我国考古事业逐步走向成熟、仰韶文化的研究处于蓬勃发展时期。第三次发掘是改革开放以后，我国考古事业发展速度加快，仰韶文化研究取得丰硕成果时期。

根据国家文物局批准立项的《仰韶村国家考古遗址公园规划》，这三次发掘点已规划为"文物保护展示区"，采取场景和标牌展示相结合的方法，展示三次发掘的过程和取得的成果。第一次发掘的第一点展示中外学者发掘的场景，再现中国田野考古第一点的真实现场。其他发掘点则采取竖立纪念标志牌的方法，介绍发掘的时间、参加发掘者的姓名、国籍等历史信息。参加第二次发掘的夏鼐、安志敏、王仲殊等都是为我国考古事业做出过杰出贡献的老一辈考古学家，也采取场景展示的方法，向公众展示这些考古大家们深入考古一线，辛勤工作的现场情景。第三次发掘，由于发现的仰韶村遗址的各类遗迹现象较多，就采用将各种遗迹复原展示的方法，展示仰韶文化时期先民们的主要生活场景，如房基、灰坑、窖穴等。

通过这样的方式，以实地场景和标志牌展示为主，以文字介绍、器物展示为辅，不仅展示了仰韶村遗址三次发掘的考古事实，而且记录了三次发掘在我国近百年考古事业发展史上的地位。

二、中外学者联合和多学科联合考古的纪念性

20世纪初，我国有一批学者抱着强烈的爱国热情，从国外学成归来，投身中国的各项科学救国事业。在考古学方面，先后有袁复礼、李济、梁思永、吴金鼎等人，他们在国外，有的学人类学、有的学考古学，有的学地质学，学成回国后主持或参与了我国早期的河南渑池仰韶村、山西夏县西阴村、山东章丘龙山城子崖和河南安阳小屯村等著名遗址的考古发掘，使我国早期的考古事业取得了一个个举世瞩目的成果，奠定了我国早期考古事业的基础，他们也成为我国考古事业

的开拓者和奠基者。

仰韶村遗址的第一次发掘，参加的中国人有地质学家袁复礼等 5 人，外国人除了安特生以外，还有奥地利古生物学家师丹斯基、加拿大人类学家步达生等。袁复礼先后在美国布朗大学、哥伦比亚大学学习教育学、生物学、考古学和地质学，1920 年获哥伦比亚大学硕士学位后，于 1921 年回国任北京农商部地质调查所技师。与安特生合作参加仰韶村遗址发掘时，他绘制了我国第一张田野考古地形图。这种由考古学、地质学、人类学、生物学等多学科联合考古的方式，也开创了我国考古事业采取中外联合、多学科联合的先河。

从这种意义来说，上述仰韶村国家考古遗址公园文物保护展示区第一次发掘第一点场景的展示，就更有一种新的纪念意义。

三、农耕文化的纪念性

仰韶文化时代，特别是仰韶文化的庙底沟文化时期，我国北方以粟黍为主的旱作农业已经走向成熟，农业经济已占主要地位。研究证明，这个时期在仰韶文化的核心区，经人工驯化的粮食品种有粟、黍、稻、大豆、麦等；家畜品种有猪、狗、鸡、黄牛等，蔬菜品种有芥菜和白菜，水果有桃、杏、枣、柿等。

这些情况表明，仰韶文化晚期，我国的农耕文明已经初见成熟，以粮、蔬、肉、果为主要食物的生业结构已经形成。如果我们按照这样的生业品种结构在仰韶村遗址上进行复原展示，那将会给公众展现出 5000 年以前仰韶先民们生产、生活的全景式场景，让公众切身感受我国以农业为主的农耕文明诞生时期的生业形态。比如，在规划的农业景观区，采取传统的农业耕作方式，种植当时的传统农业品种。并吸引公众在观光游览的同时，参与到从春种、夏长、秋收、冬藏，到餐饮全过程，拉长现在时兴的农家乐互动消费链条，唤醒公众一种感同身受的历史记忆。

四、生态环境的纪念性

仰韶村遗址位于韶山南麓，因抬头可见韶山而得名。由北而南，地势由高向低，呈缓坡状。由于被发源于韶山南边的两条自然冲沟不断下切，在遗址两边形成了东西两条深沟。这两条沟在遗址南部相交，汇成小寨沟向下直达南部的涧河，使遗址成半岛状。这种地形，自遗址形成至今基本没有变化。1961年，该遗址被公布为第一批全国重点文物保护单位后，渑池县政府为了保护遗址，在其上游实施了植被保护，在下游的两沟相交处修建了水库大坝，控制了两条深沟的继续下切。50多年来，经过不断地培育养护，两条沟从两侧到沟底，形成了乔、灌、草结合的自然立体形生态植被地貌。遗址公园将这两条沟规划为生态观光带，采取最小干预的方法，尽可能保护两沟的自然生态。同时，在两沟修建环绕遗址的游园步道，与公园的文物保护展示区和已经建成开放的仰韶文化博物馆连接，形成公园游览路网。

在半岛形状的遗址地面，由于坡度较大，多年来当地农民将耕地修成梯田耕种。在梯田的地堰断面，留下了很多裸露在外的文化层断面。公园在规划建设时，尽可能保护这些文化断面，并选取文化遗迹最丰富的断面，采取防水、防渗、防塌方等加固措施后，将遗址文化层断面进行保护性展示。其他梯田形状的文化层断面地堰则维持原状保护。

　　如此，仰韶村国家考古遗址公园从深沟到地上，从地形地貌到植被现状，从自然生态到文化遗迹，都保留了该遗址每次发掘时的原始状态和形成初期的连续性自然生态。遗址公园建成后，将是一个独具特色的郊野文化遗址公园。公园所阐释的人地和谐、地物相融，营造的一景一色，一物一品，都真实自然，生动可看。让公众一脚踏入遗址公园，一夜回到5000年前。既享受了传统文化的熏染，又留下了美好的记忆。

　　　　　　　　原刊《中国文物报》2018年10月16日3版

试论姚崇思想的当代价值

　　近十多年来，在姚姓暨姚崇文化研究会的推动下，关于姚姓暨姚崇文化的研究，取得了骄人的成绩。特别是对姚崇的研究，更是成果累累。研究者通过对历史文献、考古资料的挖掘，撰写了很多卓有见识的论文，出版了不少研究专著。从参与研究的人群来看，已经不仅仅局限于姚姓族系，有不少非姚姓的专家学者也纷纷参与进来。可以看出，关于姚姓和姚崇的研究，不仅在研究深度上逐渐增加，在研究广度上也正在不断扩展。拜读了这些作品，笔者不仅受益匪浅，深受启发，同时也产生了一些思考：我们研究姚崇的时代社会意义何在？姚崇的行为和思想在当代有哪些值得借鉴和发扬？姚崇一生的所作所为对当代社会有哪些启迪？一句话：姚崇的行为思想有什么当代价值？笔者不揣冒昧提出一些思考，希望对当今政治和文化建设有所启迪和借鉴。

　　在中华民族传统价值体系中，对官员操守作为有具体的评价。中国历史上第一部较为系统的行政法典《唐六典》以"四善二十七最"考核评价官员，其中"四善"即是指官员的德行操守，包括"德义有闻，清慎明著，公平可称，恪勤匪懈。"明代薛瑄《从政录》提出"居官七要"："正以处心，廉以律己，忠以事君，恭以事长，信以接物，宽以待下，敬以处事。"①张岂之教授在谈到中华优秀文化有哪些核心理念时，归纳 12 个理念："天人和谐、道法自然、居安思危、自强不息、诚实守信、厚德载物、以民为本、仁者爱人、尊师重教、和而不同、日新月异、天下大同。"②我们把这些古今理念框入姚崇的思想文化体系中来看，姚崇一生的思想和为官行为很好地诠释了中华民族一以贯之的传统美德。

姚崇的一生，历经高宗、则天、中宗、睿宗、玄宗五朝，是唐代最著名的政治人物之一。他三次遭贬，三次拜相，时称"救时之相"，后人评他为唐代"四大名相"，伟人毛泽东赞他为"大政治家、唯物论者"。从古今人物关于姚崇的评价来看，无论何代何人，对其能力、人品、功绩等都是肯定和褒扬的。今天，如果我们用当代的价值观来评价和界定姚崇文化思想中的积极成分，无疑会对我们探讨和研究姚崇的文化思想更具有新的时代意义。

一、事君以忠，为国为民的爱国主义思想

古来所谓官之大德，即为官者内化于心的以实现国家职能为价值取向的职业使命和价值追求。中国古代官之大德集中体现为："道高于君"，臣"以道事君"，"君有道"，则"臣事君以忠"。这是中国古代所谓贤臣良相的为官之道。纵观姚崇一生的为官之路，无不体现了他的这种追求。姚崇早在武则天时代入朝出任夏官侍郎以后，其才能和人品就得到了武则天的赏识和重用，直到当了宰相。在封建社会里，官至宰相，已经到了顶峰。此后他多次遭贬，出任地方官；又两次重新入朝出任宰相。在职期间，君有道，他言听计从，奉命行事；君无

道，他直言敢谏，为皇帝纠错；国有难，他不计前嫌，受命于危难之际，为国尽责；民遭灾，他挺身而出，为民除害。而这些，他选择的标准是为道不为人，出发点对上是皇帝和皇帝所代表的国家，对下是万万民众。他对自己的荣辱升降视为平常，淡然处之。这些行为，对君主，可谓大忠；对民众，可谓大德；对国家，可谓忠孝两全。姚崇的这些行为，在古代看来，是忠臣良将的自觉追求和为官的价值标准。今天看来，应是一种忠于国家，热爱人民，维护国家最高利益的为官之道。

二、勇于负责，救时济世的担当精神

长安二年（702 年）前后，蒲州的安邑、解县两地盐产量下降，不仅影响了对京城的食盐供应，而且影响到军队的食盐需求。武则天急命姚崇前往蒲州巡察盐池。姚崇一行来到蒲州后，当即进行了现场调研，并询问了当地官员和工匠，迅速弄清了造成食盐产量下降原因：由于往年的夏秋暴雨冲刷，冲毁了盐池的外围堤坝，许多盐畦被大水冲坏，造成食盐减产。他当即召集官员和有关人员一边驳斥"女王当政，盐池旋败"的流言蜚语，一边要求官府拨付专款，一边组织人员对水毁堤坝进行整修，很快就解决了问题，恢复了盐业生产，提高了食盐产量。

唐先天二年（713 年），初登皇位的玄宗皇帝面对历史遗留问题成堆、积重难返的现状，急需一位能帮他治国理政、拨乱反正的贤明宰相来辅佐他重振朝纲，图强中兴。是年十月，唐玄宗借骊山围猎之机，接见在地方任职的姚崇，有意让姚崇出任宰相。姚崇借机说出了自己深思熟虑过的十条政事建议，结果被唐玄宗一一采纳，姚崇这才接受了唐玄宗的宰相任命。

唐开元四年（716年），时年已经六十六岁的姚崇又遭遇了老年丧子的厄运，他向朝廷请假回洛阳料理丧事，以致朝中政事委积如山。姚崇在洛阳匆匆处理完儿子的丧事就赶回朝堂。由于他谙熟朝廷典章制度，洞悉国事民事，无愧"明于吏道，断割不滞"的美誉，不出半日，就把积压十几天的政事裁决俱尽，且件件妥帖，事事得法，博得了上下官员的钦佩叹服。

在武则天时期，造成更多的冤假错案，姚崇曾经以自己和全家一百多人的性命向武则天担保，"乞陛下得告状，但收掌，不须推问。若后又征验，反逆有实，臣请受知而不告之罪。[③]"如此担当，使朝廷放心，令百官钦佩。

此外，还有大家熟知的灭蝗事件，抵御突厥侵犯事件，主政扬州期间轻徭薄赋，除暴安良等等，每一次姚崇都体现了他临危受命，勇于负责，不顾个人安危，善于救时济世的担当精神。

三、兴利除弊，与时俱进的改革创新精神

唐中宗时期，朝廷内部机构臃肿、官吏超编、吏治腐败，"斜封官"充斥朝堂。姚崇在唐睿宗景龙四年（710年）主政时，看到这种局面，就联合宋璟等人给朝廷上书罢免了"斜封官"数千名。又通过考试制度整顿了中宗时期万余名超编人员。

前面提到姚崇向玄宗建议的"十事要说"，则集中体现了姚崇对时弊的改革：一是废除酷刑，实行仁政；二是不求边功，休战养民；

三是废除宦官专权，不干预朝政；四是停罢滥官，皇亲国戚离政；五是王子犯法，与民同罪；六是杜绝贿赂，实行廉政；七是停建寺庙，减少财政开支；八是君臣互相尊重，以礼相待；九是鼓励谏臣，广开言路；十是以史为鉴，不许外戚干政。姚崇通过长期的观察和思考，总结了唐王朝多年来出现和发生的执政弊端，经过深思熟虑总结出来改革主张，事事属实，条条在理，切中时弊，适时中肯。

在著名的灭蝗事件中，姚崇站在为国为民和唯物主义的高度，引经据典，据理力争，力排众议，提出和实施了行之有效的灭蝗措施。为了鼓励、调动灾区农民灭蝗的积极性和解决当时的饥荒问题，姚崇还向唐玄宗建议，除了用行政手段实施灭蝗以外，他还开创性地采用了以捕代赈的奖励方式："采得一石者，与一石粟；一斗，粟亦如此，掘坑埋却。[④]"这种以行政和经济手段相结合治理灾害的方式，不得不让后世钦佩其改革魄力和改革智慧。

在姚崇一生的执政生涯中，以上事例还可以举出很多。凡此种种，无不都体现了姚崇敢于兴利除弊，大胆改革，与时俱进的改革创新精神。

四、实事求是，不信神、不信佛的唯物主义思想

前面提到的唐玄宗开元三年（715年），河南、河北一带的特大蝗灾。当时的人们缺乏科学思想，愚昧的人认为这是一场天灾，把蝗虫看成"神虫"；信佛的人认为"一切有情（动物）都有佛性"；加之自汉代以来，董仲舒所谓儒学"天命论"和"天人感应论"思想的影响，认为发生了蝗灾是由于朝廷失德，上天震怒。于是，敬畏者有之，

祭拜者有之，束手无策、任其泛滥者有之。把救灾寄希望于敬天祭神，寄希望于皇帝大赦、减膳食、理冤狱、开仓赈粮等无济于事或治标不治本的无用之举。面对国家的灾难和人民的痛苦，姚崇一是上书唐玄宗，从历史的经验中找依据。从《诗经》中的"秉彼蟊贼，以付炎火。"到汉武帝的"勉顺时政，劝督农桑，去彼蝗螟，以及蟊贼。"为灭蝗寻找历史证据，使得皇帝颁发诏书，取得了高层支持。二是力排众议，消除阻力，说服和动员包括卢怀慎在内的一批官员和民众支持他。三是利用皇帝赋予他的权利，采取组织措施，对灭蝗有抵触思想和行为的官员进行劝说、惩罚。四是从蝗虫怕人、趋光、怕火的天性出发，采取了堆火诱虫，边烧边埋的方式灭蝗。五是采取了大胆的改革措施，以捕代赈奖励灭蝗有功人员。终于取得了灭蝗的全面成功。而这一切，都是基于姚崇对蝗虫天性的科学认知和不信神、不信天的唯物主义思想。

由于历史局限，我们不必讳言姚崇曾兴造佛像的事实。但是，姚崇对佛教却有深刻的认识。他认为，"佛不在外，求之于心。""佛者觉也，在乎方寸，假有万象之广，不出五蕴之中，但平等慈悲，行善不行恶，则佛道备矣。"所谓佛教，只不过是一种信仰，当"发心慈悲，行事利益，使苍生安乐⑤。"当佛事泛滥，影响到国计民生时，他又坚决抑制。在中宗、睿宗年代，一些豪门大户耗费巨资，建造佛寺、道观，侵占土地，占用大量人力、物力，给国家财政带来困难，给广大人民带来灾难，姚崇执政后，就动用国家机器，淘汰滥假僧尼三万余人，勒令他们还俗从事生产劳动。

唐开元四年（716年），在处理太庙倒塌事件中，宋璟、苏颋等名臣也用"天人感应说"来阻止唐玄宗出行洛阳。当唐玄宗忧心忡忡，犹豫不决之时，姚崇认为，作为前秦苻坚时代修造的太庙，由于年代久远，木朽而断，是一种自然现象。现在皇上出行时倒塌，只是时间上的一种巧合，与什么上天降灾无关。

以上事例中，姚崇不信神、不佞佛，以实事求是的科学态度和方法处理了一些偶发事件，其中还表现出了朴素的唯物主义思想。

五、严于律己，严格要求自己，公正廉洁的道德修养

姚崇为相后，时任左拾遗张九龄写《上姚令公书》，劝姚崇疏远阿谀奉承之徒，重用忠厚贤达之士。姚崇回写《答张九龄书》，表明自己虚心接受建议的态度，并说一定"奉为座右铭，永远奉为信条⑥。"

姚崇六十六岁时，向皇帝请假，卧床养病。但他身为堂堂首辅大臣，却在京城没有自己的私人居所，只好寄居在大宁坊的罔极寺中。在朝廷理政的助手源乾曜因为罔极寺偏远来往不便，向唐玄宗建议，让姚崇搬到当时供朝廷官员办公用的四方馆养病。玄宗已经同意，但姚崇认为不合适，拒绝说，不能因为自己而破坏了国家的制度规矩。

唐玄宗开元二年（714 年），姚崇举荐的黄门监魏知古到洛阳去主持选官。而此时姚崇的两个儿子以为父亲对魏知古有恩，就向魏知古请托办私事。魏知古回朝后就向唐玄宗告了姚崇的状。当玄宗向姚崇问及此事时，姚崇坦言相告，既不包庇两个儿子，又理解和支持魏知古的做法。唐玄宗认为魏知古是个负义小人，要罢免其职务时。姚崇却坚决反对，请求皇帝不要因为自己儿子的事破坏了朝廷的规矩。

为了勉戒自己清清白白做官，姚崇作文以冰壶自诫，要"内怀冰清，外涵玉润"；"耸廉勤之节，塞贪竞之门（姚崇《冰壶诫并序》）。"

以镜子为鉴，"当须如镜之明，断可以平；如镜之洁，断可以决（姚崇《执镜诫并序》）。"以修身养性为本，提醒自己"欲人不知，莫若无为；欲无悔吝，不若守慎。""苟自谨身，必无谤耻（姚崇《辞金诫并序》）"。临终他还给子孙留下遗嘱："若随斋须布施，宜以吾缘身衣物充，不得辄用余财，为无益之枉事；亦不得妄出私物，徇追福之虚谈（姚崇《遗令诫子孙文》）。"嘱咐自己死后要实行薄葬，不要厚葬。

这种严于律己、公正廉洁的可贵作风和高风亮节，贯穿着姚崇一生。

六、通达权变，审时度势的执政智慧

姚崇一生，居官四十多年，历经五朝，在十几个州做过官，三次遭贬，三次入相。最后荐贤自代，可谓善始善终。首先，是他处于我国历史上一个图强争盛的时代，从高宗李治到玄宗李隆基，大唐王朝正处于兴盛和中兴时期，为姚崇执政和施展才能创造了比较稳定的政治环境。其次，姚崇的执政目的始终比较明确。他矢志不渝，忠诚报国，为国为民的思想贯穿了一生。赢得了皇帝信任和百姓爱戴。其三，个人品德高尚，富有人格魅力。他襟怀坦白，不谋私利，公正廉洁。其四，最后一点，这与姚崇通权达变、驾轻就熟的执政才能和智慧是分不开的。大家都熟知的哭武免祸事件，尽管是他对武则天的衷心和留恋感情的真实流露，但也不排除他看到当时朝廷内部，中宗的软弱无能，张柬之集团和韦后、武三思集团之间政治斗争的严酷，自己前程未卜，报国无门而采取的韬晦之计。在骊山姚崇陪唐玄宗围猎，当玄宗有意让姚崇出任宰相时，他担心自己如果不被重用就难以施展抱负，就先提出了治国十条建议。当武则天让他巡察盐池时，他三管齐下：驳谣言、筹经费、组织施工，很快解决了问题。在灭蝗事件中，他所采取思想上辟谣言、除阻力的策略，行动上实行以捕代赈、火烧瘗埋等措施，行政手段、科学措施、经济手段并用。还有传说的"死姚崇算计活张说"的佳话，也是后人对姚崇性格和智慧的褒扬。

综上所述，我们从姚崇一生的执政经历和生活实践中，选取了一些多数研究者都熟悉的案例，用我们当代的一些思想和理念来分析解读它们，可以梳理出姚崇历史思想和行为的正能量元素，探索姚崇研究的当代意义和价值。可以说，姚崇的一生很好地践行了我国古代政治家"为政以德，民主为本，礼主法辅，用贤纳谏[6]"的为政之道，体现了一个封建中国政治家的道德理性和家国情怀。当然，姚崇的一生，历经年代久远，任职朝代较多，政治经历丰富，思想文化内涵深厚，由于笔者水平和能力所限，还有很多有意义有价值的闪光亮点我们没有谈到，敬请大家谅解并指正。

注：①黄清吉《中国古代的官德教育及其当代启示》（《新华文摘》2016年第五期）。

②《河南姚姓与姚崇文化》第八期《卷首语》。

③薛平拴《姚崇与开元天宝盛世》（姚学谋《姚崇研究文集》）。

④《姚崇灭蝗》（姚学谋《姚崇的故事》）。

⑤蔡宗宪《唐代名相姚崇的生平探析》（姚学谋《姚崇研究文集》）。

⑥牟钟鉴《共同体：人类命运中国经验》（《新华文摘》2016年第七期）。

"陕西"小考

"陕"是什么？"陕"在哪里？"陕西"是怎么来的？本文略以小考，以就教于各位方家。

"陕"，是"阝"和"夹"的合体字。"阝"是"阜"的变形字，本义是指土山，丘陵。《诗经·小雅·天宝》有："如山如阜，如岗如陵"。"夹"者，持也，即"夹缝、夹道。"其象形字是三人同形，一人其中，左右两边的人用力向中间挤，将其夹住。其义又通"狭"，有"狭窄"之意。由此可见，"陕"，是表示一种高出平地，狭窄且被高山夹住的地貌。

陕地，在今河南省西部三门峡市所属的陕县中南部，因上述地貌而得名。这里，南边是秦岭东部的余脉崤山，东西走向；北边隔黄河是山西南部的中条山，也呈东西走向。黄河自潼关拐弯后也由之前的南北走向改向东流，穿过陕地后，从南部崤山发源的一条条河流注入黄河，将崤山山前台地切割成一个个高出河滩一二级台地的高原，地质学上将这种地貌叫"塬"。这种塬三面或两面陡直，顶部平坦，土质肥厚，自古以来称为"陕塬"。在这里，地形东西狭长，南北狭窄，是黄土高原东部末端地区的一种独特地貌。

作为地名，陕，原指今之陕县，古称陕州。从考古资料来看，在距今 100 多万年前后的旧石器时期，这里就有人类活动的踪迹，在黄河南岸的河流两边的台地上，分布着很多旧石器遗址；到距今 5000 年左右的新石器时期，这里的史前文化已经发育成熟，聚落多，遗址面积大，经发掘后出土的器物制作精，类型全，是我国豫、秦、晋金三角大中原地区仰韶文化时期人类活动的核心区域。考古学上的庙底沟遗址就位于古陕州城西南的黄河二级台地上，著名的庙底沟文化亦因此而得名。夏商时期，这里处在豫州之内，被封为"夹方"。在商代殷墟出土的甲骨卜辞中就有明确记载。不仅如此，这里还是自古以来关中文化和中原文化交流的唯一通道，从早期庙底沟文化和半坡文化的相互影响、交流、传播，到西周时期虢国从今陕西宝鸡地区迁移到陕州，到两汉时期西京长安和东京洛阳之间的交流和丝绸之路的开通，历经 5000 多年，一直到当代欧亚大陆桥的打通，陕州地区一直就是我国东西方文化、经济、军事、商贸交流的咽喉走廊。中国古代的九大关隘，这里就有函谷、雁翎、崤山三个，自古以来有"两京锁钥"之称。

西周初期，周武王在灭商后不久就去世了，其子周成王继位。由于成王年幼，就由他的两个叔叔周公和召公辅政。他们以陕塬为界，以东由周公主政，以西由召公主政。《春秋公羊传·隐公五年》有："自陕而东，周公主之；自陕而西，召公主之"的记载，这就是历史上著名的"分陕而治"。由前述可知，周公、召公分陕而治，既有其政治上的原因，又有陕塬独特的地理原因。陕塬东部，以洛阳为中心，当时在灭商以后，由于商后裔不断发生暴乱，西周统治不很稳定。而陕塬以西的关中地区，尽管是西周王朝的起源与根据地，但是周边戎狄部落不断进行骚扰，也不同程度地威胁着西周王朝的统治。显然这两个地区的稳定和繁荣与否，直接影响着西周王朝的兴亡。而陕塬就处在这两个核心地区中间，其政治和地理地位显而易见。后来的史实证明，也正是由于周、召二公分陕而治这种过渡性的政治措施，才使西周王朝在成王年幼时期，在军事上取得了安宁，政治上得以清明，经济上得到发展，文化上得以昌盛，度过了困难时期，并得到巩固。据唐代李泰《括地志》记载："陕塬，在县西南，分陕以塬为界。"《元和郡县志》也说："陕塬在县西南二十五里"。从地望看，分陕而治的陕塬在今天陕县的张汴乡塬上。周召分陕而治时，还在塬上立了一块界石。唐代武则天时期，有人曾刻铭于石上，称为"周召分陕所立界石"。据考证，这块石柱，是我国历史上有文字记载的最早的一块界石。这块界石，后来被移到陕州城墙边上保存。20 世纪 60 年代，因为修三门峡大坝时，按原设计方案，陕州城为淹没区，分陕石柱就被移到了当时新建的三门峡人民公园里保存。之后，又先后被移到市图书馆、文化馆保存。1982 年，三门峡建起了以保护展示车马坑为主要内容的文物陈列馆，文物部门就把这块石柱移到了馆里永久陈列保存下来。

分陕石柱，由于长期在野外保存，又历经 3000 余年，受风雨、阳光侵蚀，柱身剥蚀严重，已呈上大下小的锥状体，其残长还剩 3.5 米。其身上的字已经不复存在，只有其下方贴身的一块石灰石碑铭仍然完好，其字迹依稀可辨。尽管如此，这块分陕石柱，仍然是今天陕西之所以为"陕西"实物证据。

朋友，大声说出去：中流砥柱在三门峡

在纪念抗日战争暨世界反法西斯战争胜利70周年纪念日即将到来的这一段时间，"中流砥柱"成了这一时段媒体宣传的热词。习近平同志也多次强调："中国共产党的中流砥柱作用是中国人民抗日战争胜利的关键。"

最近，在网上查找有关砥柱的资料，结果在一部我国最早的历史地理著作里，却发现对中流砥柱的注释是："砥柱，即三门山，在今山西平陆县。"联系到最近不少媒体和纪念活动都有很多关于中流砥柱一词，"中流砥柱在哪里？"这个对于三门峡的每一个人来说不是问题的基本常识，请问：三门峡以外有多少人知道中流砥柱在三门峡？

前几年，我市一些媒体曾经发起关于三门峡城市名片的讨论，我曾经撰文提议，在三门峡诸多历史文化名片中，比如：老子文化、仰韶文化、黄帝文化、庙底沟文化、函谷关文化、达摩文化、崤函文化、中流砥柱等等，尽管它们都是三门峡历史文化中十分响亮的声音，有很大很广泛的影响，但是唯有中流砥柱不仅具有唯一性等很多具备三门峡城市名片的元素条件，而且具有更深的文化内涵和精神意义。因此，当时我就力荐把中流砥柱作为三门峡的城市名片。这个提议，曾经受到很多朋友的赞同。后来，我又就三门峡的文化安全问题写文章举了一些例子：很多发源于三门峡的历史文化名称要么不被外界知道，要么知之甚少，要么被别人剽窃利用。这次，关于中流砥柱在哪里？这个不是问题的问题，似乎又该引起我们的深思。

中流砥柱，最早的名字叫"砥柱"。在《尚书·禹贡》中有"导河、积石，至于龙门；南至于华阴，东至于砥柱"之说。说的就是关于大禹治黄河、开三门的故事。"中流砥柱"一名，最早见于《晏子春秋·内篇谏下》："吾尝从君济于河，鼋衔左骖，以入砥柱之中流。"北魏郦道元在《水经注·河水篇》中写道："昔禹治洪水，山陵当水者凿之，故破山以通河，河水分流，包山而过，山见于水中若柱然，故曰砥柱也。"这里，郦道元说的是大禹导黄河绕砥柱而过的事儿。千百年来，中流砥柱虽然经历着浊浪凶涛的强烈冲刷磨砺，尽管它遍体鳞伤，但都无法将它摧毁，反而成了黄河上的一座航标，每遇惊险，只要看到它，过往行船就有了方向。这种精神，受到了历代文人墨客的敬仰与称赞。公元 638 年，唐太宗李世民来到三门峡谷，看了砥柱后，写下了"仰临砥柱，北望龙门。茫茫禹迹，浩浩长春"的诗句，并命大臣魏征将这首诗刻写在砥柱石上面。为此，魏征还专门写了一篇《砥柱铭》。后来，北宋书法家黄庭坚将其书写，被流传下来。2010 年 6 月 3 日，此书法以 4.38 亿的天价被拍卖，受到广泛关注。唐代大书法家柳公权也曾为砥柱写诗，其中有"孤峰浮水面，一柱定波心。顶压三门险，根连九曲深。柱天形突兀，逐浪素浮沉"等佳句。宋人司马光在《黄河边眺望》一诗也写到"高浪崩奔卷白沙，悠悠极望入天涯，谁说脱落尘中意？乘兴东游坐石槎"。这石槎，也说的是砥柱。何等浪漫潇洒！1923 年冬天，康有为在游览了黄河的龙门峡谷后，来到三门峡游览。面对滔滔东流的黄河、巍然屹立在河流中央的砥柱石、两岸陡峭壁立的山峰，康有为将终生积郁在胸的块垒一吐如泄，抒发了他渴望疏通黄河天堑，学习西方，振兴中华，变法改革的胸襟："禹功万古开龙门，颇叹黄流砥柱尊。吾欲铲除此巨巘，扬帆碧海达河源。开苏彝士通欧亚，绝巴拿马沟西东。蕞尔三门三里石，誓将疏凿补天工。"这次，他还专门题写了"砥柱"二字。后人将诗和题字刻成了石碑，至今仍保存在三门峡文物陈列馆里。

随着时代和社会的发展，中流砥柱被越来越多的人赋予了更多更深的含义。抗日战争时期，毛泽东在党的七大政治报告《论联合政府》中写道："没有中国共产党的努力，没有中国共产党做中国人民的中流砥柱，中国的独立和解放是不可能的。"在这里，毛泽东主席把中国共产党比作领导中国人民抗战胜利和民族独立解放的中流砥柱，赋予中流砥柱更高、更新的时代意义。1958 年，周恩来总理视察三门峡水利枢纽工程时，曾指着中流砥柱风趣地说："砥柱就那么点大，冲刷了多少年还在那里。"这质朴而富有哲理的语言，也道出了中流砥柱那坚毅刚强的性格。

从以上事例，我们不难看出中流砥柱对于三门峡来说，是多么宝贵的一份历史文化财富，是多么响亮的一块名片！古往今来，人们为它赞叹，为它感慨，为它歌唱，是因为中流砥柱有着不同凡响的文化性格和高尚品质。它处境险恶，但从来都是面无惧色，镇定自若，罕见的大丈夫气魄！它坚如磐石，扎根在深深的河底岩石上，无论遇到什么风险都不会动摇，如此的立场坚定！它不畏艰险，经历了太多太多的风浪，什么险恶都不在话下，这才叫坚定不移！它敢于担当，是因为它处于千恶万险之中，经受了太多太多的考验，真正的独当一面！它，是一块石头，但不同于世界上任何一块石头。它，是一根柱子，顶天立地，直指苍穹。它，是一座山峰，但是它比昆仑五岳更高、更雄伟。这些性格，这种形象，不就是中华民族5000年绵延不断，自强自立于世界民族之林的象征吗？不就是中国共产党永远扎根于人民群众的深深沃土，带领中国人民敢于克服一切艰难险阻，战胜一切惊涛骇浪，勇往直前，奔向光明未来的性格吗？

我们且不说以上历代名人有多少关于中流砥柱的记载和赞美的事实，都发生在三门峡，或者与三门峡有关。就是按照地理学上历来关于两地边界划分的惯例，涉及河流类的边界划分，都是以河流中心来界定的。中流砥柱在三门峡谷黄河河道的三门峡一侧，这也是不争的事实。所以，我们有理由、有证据说：中流砥柱是我们三门峡的！

我们很难去纠正有关史籍记录的错误，我们也不去抱怨别人的无知，也不耻笑别人的孤陋寡闻。我们也无须去纠正有人说中流砥柱在山西平陆的说法，应该说，这种说法也无错。但是，对三门峡人来说，中流砥柱与三门峡无论从地域上说，还是从文化上说，都有着与别处更深更多的渊源，所以，我们更应该骄傲地大声说：中流砥柱在三门峡！

原刊《三门峡日报》2015年12月11日A3版

象行天下

20世纪90年代以来，在河南三门峡虢国墓地和山西曲沃晋侯墓地的出土文物中，有几件象形雕塑和象形纹饰的文物，不仅有青铜器，还有玉器；不仅有实用器还有礼器。它们的出土，反映了这些地区当时的自然环境特点。

玉象，1990年河南省三门峡市上村岭虢国墓地M2009虢仲墓出土，佩玉，高3.1、长5.8、厚2.25厘米。青玉，深豆青色，局部受沁呈黄褐色。玉质细腻，微透明，圆雕。象作站立状，长鼻上扬后又下卷，口微张，臣字目，圆睛微凸，菱形大耳耸立于头部两侧，耳上有一"山"字，四肢扁平，短尾下垂。鼻有一圆穿，背部有一斜对穿。通身两面饰云纹，背饰水波纹，尾饰草穗纹。这件玉象是虢国墓地出土的唯一一件象形佩，和殷墟妇好墓出土的玉象十分相似，均采用俏色和田青玉制作而成，体现了玉工的匠心独运。

象鼻孔玉猪龙，1990年河南省三门峡市上村岭虢国墓地M2009虢仲墓出土，佩玉。长4.8、宽3.1、厚2厘米。青玉，豆青色。玉质细腻，晶莹润泽光洁，半透明，圆雕。整体呈C形，作回首卷尾猪龙状，双耳耸立，椭圆眼，鼻、口俱全，鼻间有皱纹。自头部向下贯一圆穿，颈部有一横向小穿孔。头顶部阴刻一似"田"字的纹样。这件玉猪龙整体颇具红山文化玉器风格，但遭后人二次加工而成，竖向通天孔可能为后人所加。红山玉器的玉料多数来源于当地，多为岫岩玉，玉质较软，玉色为淡青、淡黄、淡绿；红山玉器造型手法多样，既有线雕又有浮雕，题材多仿生动物，最突出的特点就是讲求神似。多数仅具轮廓，风格豪放质朴，不加细腻修饰；玉器多通体光素无纹，动物形象注重整体的形似和关键部位的神似。在制作工艺上，红山玉器大都以熟练的线条勾勒和精湛的碾磨技艺，将动物形象表现得活灵活现，极具古朴苍劲之神韵，一般不在正面打孔，而在背面作斜穿象鼻孔。

虢仲铜方甗，1990 年河南省三门峡市上村岭虢国墓地 M2001 虢季墓出土。蒸食器。通高 46.6、甑口长 29、宽 20、甑高 26.6 厘米。上甑下鬲，分体而铸，以榫槽套合而成。甑口呈长方形，敞口，卷沿，斜方唇，两侧口沿上有一对立耳，斜直壁下收，平底上分布有十个"一"字形与一个"十"字形箅孔，甑底四周铸出长方形子口，正好可纳入鬲的母口（即凹槽）内。方鬲口部内敛，平折沿上有一周凹槽，两侧有一对附耳，附耳与口沿之间连以小横梁，腹腔略外鼓，四等分，连裆，四蹄足，足内侧各有一个平面。甑口沿下饰一周 C 形无目窃曲纹，腹壁饰一周波曲纹。鬲腹部饰四组简略象面纹，每组纹样皆由二个基本对称的呈方框形凸起的像眼睛与略似大象长鼻的鬲足组成。腹内壁的一侧面铸有竖排铭文：虢仲乍宝甗。

鸟尊，2000 年山西曲沃晋侯墓地 114 号墓出土，高 39 厘米、长 30.5 厘米、宽 17.5 厘米。整个鸟尊以凤鸟回眸为主体造型，头微昂，圆睛凝视，高冠直立，禽体丰满，两翼上卷。凤鸟的背上，一只小鸟静静相依，并且成为鸟尊器盖的捉手。凤尾下弯成一象鼻，象鼻与凤鸟的双足构成稳定的三点支撑。鸟与象是西周时期最流行的肖像装饰，鸟尊整体造型写实生动，构思奇特，装饰精美，是中国青铜艺术中罕见的珍品。鸟尊的盖内和腹底内部铸有相同的九字铭文"晋侯乍向太室宝尊彝"，可证其确为宗庙礼器。

徐中舒先生据甲骨文有"获象"、"束象"，和《吕氏春秋·古乐篇》中有"商人服象"的传说；我国著名甲骨学、商史专家胡厚宣先生依据杨钟健先生对殷墟动物的研究，认为殷商时期气候如江南，在他的《气候变迁与殷代气候之检讨》一书中指出"至少与今日长江流域或更以南者相当也"其动物种类多，且不少属南方者。在殷墟遗址发现的用于祭祀的动物种类中，除了有猪、狗、黄牛、绵羊、马以外，也有象的身影。

由此可见，在山西南部的晋侯墓地和河南西部的三门峡虢国墓地和豫北的殷墟出土这么多与象有关的文物，绝不是偶然的。据环境考古学家周昆叔先生考证：距今 8000 至 3000 年期间，属于地质年代上的全新世中期，在历史文化年代上属于从仰韶文化早期到商、周时期。当时豫西、豫北和晋南地区属于亚热带气候，温暖湿润，年平均气温比现在高 2—3 度。各种动植物种类既有北方温带地区种类，也有南方热带地区的种属。在这些地区的商周遗址中不仅都出土有北温带地区常见的牛、羊、猪、马等各种动物相生玉器，也出土有象、龟、鱼、蚌、贝等如今在热带环境下生存的动物品种。这些文物，不仅反映了当时礼制社会的一种相生崇拜，也反映出当时的生态气候环境和人与自然的和谐关系。

原刊《中国文物报》2017 年 12 月 12 日 8 版

5000 年前黄河金三角地区的文化交流

国务院批准的《晋陕豫黄河金三角区域合作规划》，其区域包括今山西的运城、临汾，陕西的渭南，河南的三门峡四个市。这片 5.78 万平方公里的土地，承东启西，沟通南北，处在中国的地理中心区域，被称作"黄河金三角"。这里也是我国唯一一个跨省区的承接产业转移示范区。这个地区，也就是历史上所说的中原地区，三省四市有着深厚的历史渊源，是中华文明的重要发祥地之一。从考古学和文化历史学的角度来看，所谓的中华 5000 年文明历史连续不断，也发生在这个地区。早在距今五千年前仰韶文化的庙底沟文化时期，这个地区已经开始了文化交流。

庙底沟文化时期黄河金三角地区东西向的文化交流

在中华文明的起源和发展过程中，曾经发生过多次文化交流的高峰期，而第一次高峰的到来是在距今 5500 年左右的庙底沟文化时期。在这个时期，庙底沟文化以它极强的农业文明张力和生命力，在我国东西方向的文化中轴线上，东至山东西部，西达甘陇地区，诞生了以泰山为中心的海岱文化，以嵩山为中心的河洛文化，以华山为中心的华夏文化。而后者，也由于处在黄河从上游向中下游过渡和黄土高原末端地区，母亲河和黄土的滋养与孕育，使庙底沟文化的发育和生长最先成熟起来。这个地区，也就是我们今天所说的黄河金三角地区。从东西方向上看，位于关中平原东部的渭南盆地和豫西地区的陕（县）—灵（宝）盆地，正是庙底沟文化诞生和命名的家乡。从多年来在这个地区的考古发掘成果看，从三门峡的仰韶、南交口、庙底沟、西坡到渭南周边的西安半坡、华县泉护村、临潼姜寨和渭南史家几个遗址，不仅出土的庙底沟文化彩陶和尖底瓶是它们的统一符号，灵宝西坡和临潼姜寨聚落遗址的布局、结构、功能也非常相似，出土的一种叫"釜灶组合"生活（做饭）用具，也是这条远古文化线路上的共同标识。考古学家称它为"庙底沟文化的标志性器物"（中国社会科学院考古研究所、河南省文物考古研究所《灵宝西坡墓地》）。由此可见，在庙底沟文化时期，这两个地区在当时不仅存在着广泛而又频繁的文化交流，而且这两地先人们的生活方式几乎是一样的。

庙底沟文化时期黄河金三角地区南北向的文化交流

这里有三个史实：一是《史记·五帝本纪》说：黄帝与炎帝战于阪泉。这个阪泉，有历史学家考证，即在今山西运城解州一代。《史记·五帝本纪》还说：黄帝晚年铸鼎于荆山之阳，崩于荆山，葬于桥山。这里的荆山，就在今灵宝铸鼎塬附近。桥山，按照史学家钱穆在《黄帝》一书中考证埋葬黄帝的桥山有三个：一在陕西中部的黄陵县，二在河北省北部的涿鹿县，三在山西省襄汾东南四十里的曲沃县北。三者之中，最有可能的是后者。近几年，有不少学者研究认为，历史上的黄帝时期和考古学上的庙底沟文化时期是重合的。由此来看，黄帝于河南灵宝，山西运城、临汾曲沃就有了不解之缘。二是《史记·封禅书》中关于"黄帝采首山铜，铸鼎于荆山下"的记载。这里的首山，考古学家许顺湛先生考证认为，全国有五处叫首山的，只有今山西运城的首山（即中条山）有铜矿（许顺湛《五帝时代研究》），且距离灵宝最近。前几年，考古工作者在灵宝西坡遗址上采到的一块铜矿石，也可以作为物证。三是有关食盐的证明。盐，对于人生命的作用，明代宋应星在《天工开物》一书中说："辛酸甘苦经年绝一无恙，独食盐禁戒旬日，则缚鸡胜匹倦怠厌然，岂非天一生水而此味为生人生气之源哉！"从中可以看出，古人早已认识到盐对人类生存的重要性。据说，当年黄帝部落和炎帝部落在阪泉的战争就是为了争夺运城地区的食盐。如果此说为传说的话，那么，近年来考古工作者在运城地区的两处考古事实可以佐证。一处在运城市芮城县的清凉寺墓地，这是一处距今 4500 年前的遗址。考古发掘显示了龙山文化时期该地区社会复杂化的程度。墓地中有些大型墓葬出土有大量玉器、并有殉人。这在同时期周围其他遗址的墓葬中罕见。且晋南无玉矿，这些玉器应为远程交换的贵族物品。清凉寺与河东（运城）盐池仅一山（中条山）之隔，两地之间历代有路相通。该墓地显示出如此大量的财富聚集，发掘者推测，清凉寺贵族墓地的主人可能是专门负责解盐外销的，而墓地附近的坡头遗址应是控制食盐远销中原的一个关键地点。另一处是运城市夏县的东下冯遗址。中国社会科学院考古所在这个遗址上，发掘发现了 50 多个圆形建筑。据他们采取的土样分析，这些建筑是商代用来储存食盐的仓库。初步估算这些仓库可以储存 12075 吨食盐，是用来向中原等地区供应和销售食盐的盐仓（陈星灿、刘莉、赵春燕

《解盐与中国早期国家的形成》）。考古专家推断，尽管这个盐仓是建在商代，但它的渊源可能会更早。以上事实说明，早在距今5000年左右，黄河金三角南部的三门峡地区与北部的运城、临汾等地至少在铜矿石、食盐等物品方面已经开始有了比较广泛的交流。

黄河金三角地区的远古文化交流对中华文明起源的影响

豫、晋、陕三省四市在我国远古5000年左右的文化交流，不仅促进了自身文化、文明的发展和繁荣，还对中华文明的起源起到了十分重要的根系作用。我国著名考古学家苏秉琦先生在《中国文明起源新探》一书中，谈到中国文明起源的三种方式：裂变、撞击、融合时说过一段话："三种起源形式的典型地点都在中原和北方，大都与中原和北方的古文化结合有关。所涉及的范围是从关中西部起，由渭河入黄河，经汾河通过山西全境，在晋西北向西与内蒙古河曲地区连接，向东北与辽西老哈河、大凌河流域连接，形成了'y'字形文化带。以玫瑰花图案彩陶为主要特征因素的仰韶文化庙底沟类型，与以龙鳞纹图案为主要特征因素的红山文化这两个不同文化传统的共同体的南北结合是花（华）与龙的结合。核心部分却正是从中原到北方再折返到中原这样一条文化连接带，它在中国文化史上曾是一个最活跃的民族大熔炉，距今6000年到四五千年间中华大地如满天星斗的诸文明火花，这里是升起最早最光亮的地带，所以，它也是中国文化总根系中一个最重要的直根系。"

原刊《三门峡日报》2014年12月12日A3版，有删改

也谈三门峡的文化安全问题

一棵树，明明长在三门峡的土地上，却成了域外某地的旅游景观，赫然用大照片挂在大街上招揽游客。《道德经》，史籍明明写着成书于灵宝函谷关，却被域外某地以"寻道启智，人文××"的口号，对游客宣传成写于斯地，讲于斯地。中外闻名的庙底沟遗址，谁都知道位于"陕县南关的涧河二级台地上"。但是，最近，我见到一些出版物，却写着"位于山西临汾盆地"。还有，三门峡很多在历史上很有名气的古文化遗址，近几年，莫名其妙地不见了。放眼一看，其上不是烟筒林立的工厂，就是宽广的大道。或者，变成了一座座商品大楼。

这样的例子，还可以举出很多。由此，我们想到了近几年理论界和媒体开始热议的文化安全问题。

关于文化安全问题的提法，始于上个世纪末，是理论界首先提出的。它源于随着世界进入冷战时期以来，各国在以经济、军事、政治等竞争为主的背景下，也开始的文化竞争。文化的安全问题，也逐渐成为人们关注的问题。它的实质是指"一个国家或者民族区域内，自身发展及传承下来的民族特色、民族文化（包括语言、文字、民间艺术、文化景观等）的独立特性受到侵占或侵权。"从国际文化竞争来看，仅以亚洲为例，中国早就闻名于世的四大发明，有的却被一些国家无理无据地据为己出：韩国提出了雕版印刷术是韩国人"发明"的，印度人声称纸是印度人"发明"的。而一位日本的所谓考古学家，竟采用先掩埋再发掘的卑劣手段，妄图伪造日本在百万年以前就开始有原始人遗骨，以此来与中国等争文明起源的根。在国内，一些地方出于各自经济、文化等所谓"影响力"的需要，竞相展开了名人、名地、名产之争，闹出了很多笑话，消耗了很多口水。上面所列出的关于三门峡文化资源被域外侵权问题，其背景皆源于此。

　　三门峡的文化安全问题，前面所列事实，大多数是域外有人有意而为，也有的可能是无知而误。归纳起来，有以下几种情况：一是被别人明目张胆的"拿"走。如位于渑池县南村乡西山底村的"周柏"；二是被断章取义地发挥。如老子的《道德经》，史书上有明确记载，是老子过函谷时，应关令尹喜之邀，写下了这部经世名著。至于在哪里开始讲经，就是有据可查，则是另一回事。有人却把写经、讲经混为一谈而大声吆喝，成了与灵宝函谷关毫无关系的事儿。三是我们自毁家珍。这表现为两种形式：一种是三门峡不少具有很高价值的历史文化古迹，由于保护不力，历经岁月，要么被盗掘，致珍贵文物流失他方；要么被各类建筑工程破坏，使遗物流失，遗迹无存。据第三次全国文物普查结果，我市有几十处已登记的古文化遗迹或古建筑已经消失（如：楚坑、三里桥遗址）。另一种是我们在开发旅游产品、建设旅游景点时，缺乏科学的调研、论证和规划，重假轻真，造成了一些重要的古文化遗迹被人为地忽略、遗弃、破坏或削足适履地失真了。四是面临自消自灭的危险。这主要表现在三门峡历史上传承下来的一些非物质文化遗产，如地方戏、民间艺术等，由于得不到抢救保护和有效传承，处于濒临灭绝的境地。

我们常说，只有民族的，才是世界的；只有地方的，才是国家的。客观地说，造成以上几种威胁三门峡文化安全的事例，既有外界因素，更有我们自己保护不力、传承不继、研究不够、利用不当等因素。正如孔子所说："不患人之不己知，患其不能也。"

文化是一种确认一个国家和地区自我身份的手段和力量。文化链条的断裂必然会带来各种各样的文化失语。没有了文化的识别和记忆，一个国家和地方的"失身"是必然的。

由此而感：三门峡地区是一个具有悠久历史和丰厚文化遗产资源的地区。这一点，在国内外是公认的。严峻的事实警醒我们，应该在国家促进文化大发展大繁荣的强势背景下，每一个三门峡人都要珍惜祖先留给我们的这份宝贵文化遗产，积极地行动起来，踏实认真地开展工作：首先，要建立和提高文化安全意识。文化安全不同于其他财产和人身安全，前者由于是一种精神遗产，有其间接性、无形性、长远性，不像后者对社会和个人的损失是直接的、即时的，因而不易被社会和个人认可，特别是其社会性、不可再生性和长远性，往往被不少人漠视。要使管理者和全社会认识到文化安全的重要性和长远意义，树立自觉、主动、积极的文化安全意识，认识到文化不安全是一种潜在的、影响深远的、关乎当代和后世的更大更长远的危害。其二，要加强研究，挖掘我市文化资源的认证和唯一性价值，增强说服力，提高这些文化资源的地域性和属性价值。其三，要加强宣传，扩大影响，酒香也怕巷子深。只有有理、有据、有形式创新、说服力强的宣传舆论才能驳败那些不实的、夸大的、无根据的虚假宣传，以增加我市特色文化的可信度和影响力。其四，加大保护力度。一抓打击破坏、盗掘、剽窃我市文化资源的各类违法、犯罪和不道德言行，杜绝我市珍贵文化资源外流、灭失和被人无端"拿"走。二抓遏制法人违法行为，加强规划和论证，在文化资源开发和利用中，更加科学、规范、守法，使更多的人不再好心办坏事，或违法办错事。只有这样，我们才能做到既能守住自己的宝贵文化资源不被别人无端"拿"走或自己消失，又能自珍家宝，有效开发利用；既有利于当代，又无愧于后世。

"雪泥鸿爪"与渑池

宋仁宗嘉祐元年（公元 1056 年）初春，苏洵带着他的两个儿子——二十一岁的苏轼（字子瞻）和十九岁的苏辙（字子由）到汴京（今开封）赶考。父子三人从今四川眉山县出发，过成都，穿剑阁，越秦岭，一路跋山涉水，历时两个多月，来到豫西地区。在路过崤函古道山区时，春寒料峭，皑皑白雪覆盖着崎岖难行的山路，路径难辨。突然，他们的坐骑，被埋在雪下的乱石绊倒，马的蹄脖折断，在疼痛中嘶叫，不久死去了。他们只好艰难地在雪地里行走，来到渑池县山区的一座寺院里。寺院里的老和尚热情地接待了他们，拿出食物、茶水招待他们，并安排他们住下。第二天，他们告别辞行时，老和尚又把寺院里仅有的毛驴借给他们父子，让他们驮行李。这一次渑池借宿，使苏轼兄弟很受感动，曾有诗作题写于寺院的墙壁上，给离家初出远门的兄弟俩留下了很深的印象。

这年五月，苏轼兄弟在汴京同登进士，父亲苏洵也因文章出众，受到当时的文坛领袖欧阳修的赏识。一时间，苏氏父与子三人名噪京师，街头巷尾传为佳话。

宋仁宗嘉祐六年（公元 1061 年），苏轼被朝廷任命为凤翔府（今陕西凤翔县）签判。在苏轼离开开封赴任时，苏辙一直送到郑州。兄弟二人平生第一次分手，依依惜别，恋恋不舍。苏辙回想到五年前父子三人路过渑池在雪地上的遭遇，又想到兄长此去凤翔上任，必定还要再路过渑池，就写了一首《怀渑池寄子瞻兄》的诗：

相携话别郑原上，共道长途怕雪泥。

归骑还循大梁陌，行人已渡古崤西。

曾为县吏民知否？旧宿僧舍壁共题。

遥想独游佳味少，无言骓马但鸣嘶。

这首诗的意思是：当年我们在郑州话别时，还共同提起要注意渑池崤山一带的雪泥。我返回汴梁时还在寻找归途，而你已经在崤函以西了。我曾经被任命为渑池县的主簿（由于考中进士，未到任），我们曾经共同在渑池的寺院墙壁上题诗作赋。人在仕途，身不由己。我如今一人独游于世好没意思，人无奈而无言，但马无奈还可以嘶鸣。这首诗是思念，也是怀旧，也是惜别，表达了苏辙对兄长的怀念和关心。

在宋代，文人骚客之间经常以诗互相唱和，共叙友情。在唱和之时，要用同韵同字，是磨炼写诗技巧的很好的考验。这种方法，是文人必备的一种能力。在这类诗中，可以找到诗人们令人惊喜的清新思想。用固定韵脚的字，各行要有自然的层次，犹如在玩纵横字谜一样，韵用得轻松自然时，其困难正足以增加乐趣。苏轼在接到弟弟的诗以后，按规定用"泥"和"西"两字作韵脚，给弟弟写了一首《和子由渑池怀旧》：

人生到处知何似，应似飞鸿踏雪泥。

泥上偶然留趾爪，鸿飞哪复计东西。

老僧已死成新塔，坏壁无由见旧题。

往日崎岖还记否？道长人困蹇驴嘶。

在这首诗的后四句，苏轼告诉弟弟，他在赴凤翔途中，确实又去了那个寺院，只是那位帮助过他们的老和尚已经故去，变成了一座新塔；庙里的墙壁也残破不堪，已经看不到我们曾经题写的诗句了；你还记得当年我们进京赶考时走过的崎岖山路吗？马死了，路还是那么遥远，唯有毛驴的嘶鸣还记忆犹新。而这首诗的精华之处在于前四句：苏轼把人生走过的道路比作一只鸿雁飞过的行踪，鸿雁为了生存，或是到南方过冬，或是到北方生养，来来往往，东西南北，偶尔在雪地上留下痕迹，待雪融化后，就再也看不到了。痕迹消失了，谁还能记得？一个人的一生就像一只鸿雁，或为了谋生，或为了读书、应试、做官，东奔西走，都是为了生计，就像雪泥鸿爪一样，谁还能记得清？谁还能看得到？

这首诗是苏轼从弟弟给他的诗中，看到了弟弟对人生的感悟而欣喜，也为弟弟的伤感之情感到担忧。他用雪泥鸿爪来比喻人生，是兄长对弟弟的一种劝解和安慰。既表现了苏轼超人的诗才，更表现出苏轼对人生的深刻的感悟和鞭辟入里的人生体会。后来，这首诗成了苏轼诗作的名篇，成为千古绝唱流传下来。他和弟弟的唱和之作成为宋代文坛的一段佳话，也勾起了后人对渑池的记忆，让人们记住了渑池这个名字。

丝路古道走古今

石壕古道，是 2014 年 6 月世界文化遗产委员会列入世界遗产名录的"丝绸之路：长安—天山廊道的路网"中国境内 23 处遗产点中唯一的一处道路遗产。这条古道，看起来很简单，很普通，长只有 230 米，宽仅 2 米左右，和今天的高速公路、国道、省道比起来，就像一条普通的乡间小路。但是，它很古老，很久远，很神奇，它所承载的历史和太多太多的文化内涵，像一部厚厚的史书，吸引你手难释卷，掩卷后又使你久久难忘。

石壕古道，向南是高高的秦岭余脉崤山，向北是九曲黄河，向东向西接着中国自古以来两个著名的古都——长安和洛阳。在三门峡境内，西到潼关，东到新安汉函谷关，沿着今 310 国道两侧，以关、隘、驿、站、铺、壕、寨、亭命名的地名密如串珠，佐证了这条古道的历史变迁。如果再把它向前延伸，西边可以达到意大利的罗马，东边可以跨海通往日本。这条一万多公里长的通道上，自汉代以来就是世界东西方交流的交通、商贸、宗教、文化大走廊，也是被历史学家称之为地球上连接亚洲和欧洲北纬 30—35 度之间的文化中轴线。它演绎着历史，改变着世界，贯通了古今，穿越时空，亘古未变。世界遗产委员会在审批它为世界文化遗产名录时的评语是这样说的："丝绸之路见证了公元前 2 世纪至公元 16 世纪期间，亚欧大陆经济、文化、社会发展之间的交流，尤其是游牧与农耕文明之间的交流；它在长途贸易推动大型城镇和城市发展、水利管理系统支撑交通贸易等方面是一个出色的范例；它与张骞出使西域等重大历史事件直接相关，深刻反映出佛教、摩尼教、拜火教、祆教等宗教和城市规划思想等在古代中国和中亚等地区的传播。因此，世界遗产委员会建议将其命名为'丝绸之路：长安—天山廊道的路网'。"

其实，对于三门峡来说，这种打通空间和时间的交通通道，早在距今 5000 多年前的仰韶文化庙底沟类型时期，就已经开始了。这个年龄，比汉代的丝绸之路要长 3000 多岁。发源并命名于三门峡的庙底沟文化，当时发达的农耕文明、制陶业手工业文明、陶艺制作文明、以西坡遗址大房子为代表的地上地下大中小房屋建筑文明，以它们特有的尖底瓶、弧线圆点纹和花卉图案为符号，向北传播到内蒙古南边的大青山下，向南影响到江汉平原，向东可达山东西部，向西直到甘陇地区。想想，在当时那种生产力水平下，这种传播、影响和交融，不就是一种文化交流的魅力吗？难怪有历史学家把这种文化的传播交流称之为我国汉代之前的丝绸之路，称三门峡为中国之前的"中国"。

夏商周三代，这条古道也很热闹。夏代的活动范围就在今天的晋南和豫西一代，有"夏禹导河东至于砥柱"，夏侯皋葬于雁翎关等故事和古迹，说明夏代至少有两个君王在这里有活动的足迹。商代称三门峡地区叫"夹方"。其实，不管是夹，是峡，还是陕，都与三门峡的地貌和交通环境有关，夹，就是夹道之"夹"；峡，是两山之间通道；陕，是山和河之间的高地。如此南北狭窄，东西狭长的一条山间通道，历史学家研究说，商灭夏以后，夏代遗民由夏都洛阳（二里头）沿这条古道向晋南逃逸，商兵一路追赶，崎岖艰难一路，也留下了文化遗迹一路。灵宝的关龙逢墓、渑池的郑窑和陕县的七里铺遗址可以作证。到了两周时期，三门峡更是周王朝争夺和保护的一块宝地，从西周早期"武王以封神农之后于此"（就是后来在今陕州古城东北角发现的古焦国遗址）；到周公召公分陕而治；到两周之际，周王室又东迁虢国于三门峡，至今还给三门峡上村岭上留下了800多座古墓和难以计数的青铜器、玉器等珍贵文物；春秋时期，老子到老子从洛阳西行，过函谷关写下千古名著《道德经》。

"秦王扫六合，虎视何雄哉！"（李白诗）秦帝国虎视天下，狼吞六国。它从来不把战场放在自己本国开打，把守住函谷雄关，在关外摆开战场。关东之地兵戎相见，血流成河。义马的楚坑，埋下了二十万秦兵的累累白骨；陕县和灵宝的黄土塬上，留下了成千上万座秦国兵将的墓葬；渑池的会盟台，记下了秦赵会盟休战的盟语；秦晋崤函之战就发生在古道两旁。崤函古道成了千古一帝的战场，也记下了它的盛强和衰落。

中国古代的盛世在汉唐，曾经是当时世界上称雄天下的伟大帝国。汉唐实行两京制，襟带两京、表里山河的陕州，不仅是帝王们往来驻足的行宫，也成了东西交通、贸易、文化、宗教交流的驿站，这条古道演绎了无数个名垂史册的故事。汉文帝来这里谒拜河上公，向他请教治国理政之道；汉武帝时筑修了陕州城，四面环山三面水，半城烟树半城田；曹操在崤山开古道；李世民来这里看砥柱；武则天在宫前建行宫；李隆基因这里而改元；上官仪、上官婉儿、姚崇从这里走进帝王的殿堂。这条路，李白走过，杜甫走过，还有白居易、孟郊、韩愈、刘禹锡、宋之问等等，哪一个都不空来，都曾在这里留下千古名句。杜甫一首《石壕吏》，不仅敲响了崤函古道上车辚辚、马萧萧的铃铛声，也记下了安史之乱带给百姓的苦难和灾殃，成了这条古道上名扬四方的历史音符。还有，自汉至唐，也是佛教传入中国，并逐渐被中国人吸纳、汉化，融合成了中国人自己的一种宗教信仰。三门峡这块宝地，也成了信徒们神往的天堂，鸿庆寺、空相寺、安国寺、宝轮寺，袅袅的钟声经音也成为宗教文化留给三门峡人的一份宝贵遗产。

北宋以降，中国的政治中心先是东移，再北移，三门峡失去了京畿之地的待遇。但，金、元、蒙帝国入驻中原，明、清王朝北上南下，西安洛阳两京雄风犹在，三门峡作为中原地区东西大通道的地位不减。我们在古道发现的元代《创修古崤陵便民碑记》和清代《硖石山修路记》石碑，以及唐宋至明清时期的路土辙痕，都说明这条古道依然繁忙着，并不断进行了修筑。

岁月弹指，千年易过。直到民国时期，三门峡的这条古道仍在忙碌。只是由于山高路险，翻山越岭，加上交通工具落后，走起来好难好难，好慢好慢。康有为1923年来陕州，据说坐的是马车，看了当时的黄河天堑三门峡谷，禁不住赋诗《题三门》，发出了"吾欲铲除此巨嶂，扬帆碧海达河源。开苏彝士通欧亚，绝巴拿马沟西东"的感慨。鲁迅先生1924年从北京往西安讲学，坐当时只通到陕州的火车，从8月10日坐船西去，遇风雨阻隔，到西安用了5天时间。火车、木船、马车，铁路、水路、公路，一路颠簸，一路艰辛。

石壕古道的命运，直到20世纪60年代以后，才发生了根本的变化。之前，先是陇海铁路、洛（阳）潼（关）公路修通；之后，先后有310国道、连霍高速、郑西高铁相继开通。石壕古道被废弃了，它华丽转身，变成了四条横贯我国东西的交通大动脉。而自己，则变成了文物，静静地躺在崤山的怀抱。不仅如此，近年来，特别是以习近平同志为总书记的党中央主动应对全球形势深刻变化，统筹国际国内两个大局，提出"一带一路"建设的重大战略决策以来，三门峡紧紧抓住新欧亚大陆桥、郑（州）洛（阳）三（门峡）工业走廊、晋陕豫黄河金三角区域合作等重大战略机遇，提出了发展大交通、大旅游、大商贸、大通关和建设高新技术工业基地的战略，深度融入"一带一路"战略，积极打造丝绸之路重要节点城市。三门峡沿着"一带一路"走出去，面向"一带一路"请进来。短短几年，三门峡的政治、经济、社会、生态、文化都取得了长足发展，发生了质的变化，实现了资源型城市的顺利转型，丝路古道仿佛有了分身之术，由四横又增加了三纵（209 国道、侯马至十堰高速、蒙西华中铁路），使三门峡这个既不靠海又不沿边的内陆城市，仿佛插上了翅膀，置身于更加宏大的时代背景里，焕发出强劲的动力，向世界散发出勃勃生机。一条古老的道路，涅槃再生，向世界输送着中国改革开放、复兴图强的时代强音！

原刊《三门峡日报》2015 年 7 月 10 日 A3 版

马年说马　马年祝福

马年来了，给朋友们说说马。祝朋友们马年幸福，马到成功！

说到马，自然说的是家马。而我们说的家马，其实是由野马驯化而来的。马的驯化成功，不仅给人类提供了一种新的肉、奶等蛋白质食物，更主要的是为人类提供了一种新的运输、作战和劳动工具。这种工具，不仅促进了人类的迁徙交流，而且对人类的语言、文化的传播、人种的繁衍和社会进步，起到了重要作用。

在中国传统的六畜（牛、马、羊、猪、狗、鸡）中，相比之下，马的驯化和传入是较晚的。世界上最早的家马，出现在距今5500年左右。在中亚地区的哈萨克斯坦距今5500年左右的栢台遗址中，动物考古学家发现了大量的马骨、用马骨制造的渔叉和带有象征性刻纹的马骨。通过对该遗址出土陶片检测，还发现陶片上残留有马奶脂肪酸。同时，还发现了马粪。这些证据表明，这个时期的栢台人已经驯化了马，具备了养马的能力。从这里开始，家马和养马技术开始向其他地区传播和扩散。

我国的家马最早出现在黄河上游地区。在距今3700年左右的甘肃省永靖县大何庄齐家文化遗址中，发现了家养马的骨头遗骸，这是目前我国发现最早的家马遗迹。从距今3300年前的安阳殷墟遗址中，在众多的马坑中，出土了很多晚商时期的马骨遗骸。根据考古学家用DNA方法分析，都属于家马。

家马传入中国后，最早是在黄河上游和北方的草原地区传播。因为是一种外来的动物，人们对它驯化和使用也是与时俱进的。最早发现马的用途与随葬有关，但这种随葬方式或礼仪，与人们的生活似乎远了一些，只是根据随葬马的数量多少来显示主人的一种身份和地位。到了商代后期和西周早期，从出土的大量车马坑遗迹来看，家马最早是用来驾车的。这时，车是人工制造的，马是从自然动物驯养的，把家马和车结合在一起，不仅是一种创造，也体现了自然与人的和谐相处，是人类利用自然为我服务的一种观念的肇始。到了战国时期，这种马拉车，不仅可以做运输工具，还可以用来打仗。马拉车的配置，也从开始的两马拉一车，发展到四马拉一车。随着战争规模的越来越大、战争发生的次数越来越多，马拉战车的多少就成为战争中的主要战斗力，也成为衡量一个国家军事实力强弱标志。当时已经有了"千乘之国"、"万乘之国"的说法。

家马用作骑具，是在公元前10世纪左右。北方草原地区的游牧民族，在长期对马的驯化过程中，发明了马勒。自此，人们对马的驯化才达到了安全成熟的水平。人们借助马勒，可以自由地控制马的行动，除了乘骑以外，如果配上刀、弓箭等武器，就可以用于战争，建立骑兵部队。到了战国后期，在战争中除了战车以外，骑兵也成了一种重要的战斗力。在赵国，推行"胡服骑射"；在燕国，"带甲兵数十万，车六百乘，骑六千匹"；在秦国，"带甲百余万，车千乘，骑万匹"。史籍中的这些记载都表明，当时作战时对军事力量的配制是由甲兵、战车和骑兵共同组成的。

公元 5 世纪左右，出现了马镫。马镫的使用，使骑马更加方便稳定。与此同时，马的用途除了拉车、作战、骑兵以外，生活中也可以用作一种交通工具，后来发展到妇女也可以骑马。唐代著名"虢国夫人游春图"，就展示了几位贵妇骑马踏春、悠闲自得的景象。再往后，马还可以用来耕田和马术表演等，使马的用途越来越广，不仅用于战争、运输，还成了常见的交通和娱乐工具。这后两种用途，一直延续到当代。

由于马的用途越来越广，社会上对马越来越重视。春秋战国时期，出现了中国历史上著名的相马专家——伯乐。他撰写的《相马经》，成为我国最早的研究马的专著。人们不仅会用马，还学会了对马的改良和马具的配备。比如，人们为了提高马的力量，发明了阉马技术。阉过的马，不仅力量大，它的性能力也消失了，性情更加温顺。所以，在使用时，就更能专心致力于人的需要。还有，马鞍的配备，也使人们在骑马时，不仅更加稳定，还可以减少疲劳，避免身体受伤等。

艺术源于生活。在中国历史上，我们的先人们以马为素材，创造了许多以马为题材的艺术作品。著名的"马踏飞燕"、"昭陵六骏"以及唐代画家韩干的"照夜白"，都是我国古代雕塑和绘画的精品之作。在当代，徐悲鸿的"奔马图"，已成当代艺术家画马的代表之作。

马，是一种动物，也是人们生活中不可缺少的物质和精神素材。至今，以马为题材组成的成语，如，马革裹尸、马到成功、马首是瞻、龙腾马跃，等等，仍充满了鼓励人们勇往直前、奋力拼搏的正能量。

羊羊羊喜洋洋

——羊年岁首话羊

马年走了，羊年来了，和大家说说有关羊的那些事。

羊，是人类饲养家畜中一种十分常见的动物，和人类的生活密不可分，特别是它被纳入十二生肖以后，与人的关系不仅具有了生活意义，更增添了文化含义。

从考古学的视角看，羊是由野生动物经过人的驯化以后，才正式进入人类的生活当中。在传统的六畜：马、牛、羊、猪、狗、鸡六种家畜（禽）中，羊的驯养较晚。我国目前所见到的考古发现中，最早发现的羊骨是在距今5000多年前的甘肃省仰韶文化马家窑类型遗址中出土的。在遗址中发现了很多用羊骨头制成的骨器，既有生活用具，也有装饰用品，说明当时的养羊已经成为马家窑先民们重要的经济和生活资料。之后，到了4000多年前的龙山文化时期，在山东城子崖的龙山文化遗址中也发现了很多羊骨。以上发现说明，在远古时代，羊的驯化和传播是从我国的西部传入中原以及东部地区的。这与研究证明，我国青藏高原的藏系绵羊是中国最古老的羊种，是一致的。据研究，藏系绵羊最早是从西亚地区传到我国西部地区的。

羊，与人的生活密切相关。可以说，羊的浑身都是宝。羊肉，是各类肉食品中的美味。李时珍在《本草纲目》中说："羊肉能暖中补虚，补中益气，开胃健身，益肾气，养胆明目，治虚劳寒冷，五劳七伤"。羊奶，与牛奶一样有很高的营养价值和医疗价值。羊奶是最接近人奶的高营养乳品。据营养学专家介绍，羊奶在国际营养学界被称为"奶中之王"，羊奶的脂肪颗粒体积为牛奶的三分之一，更利于人体吸收，并且长期饮用羊奶不会引起发胖。羊奶中的维生素及微量元素明显高于牛奶，美国、欧洲的部分国家均把羊奶视为营养佳品，欧洲鲜羊奶的售价是牛奶的 7 倍。《本草纲目》中就曾提到："羊乳甘温无毒、润心肺、补肺肾气。"中医一直把羊奶看作对肺和气管特别有益的食物。羊毛，是人类在纺织上最早利用的天然纤维之一。羊毛纤维柔软而富有弹性，可用于制作呢绒、绒线、毛毯、毡呢等生活和工业用的纺织品。羊毛制品有手感丰满、保暖性好、穿着舒适等特点。羊皮，也是一种优质皮革，不仅可以用来制作服装、鞋帽，沙发、坐垫等，在古代还可以制作成羊皮筏子，作为一种水上交通工具在民间使用。羊皮还可以制作乐器鼓，是自古以来制鼓的主要原料。就是羊的粪便，经过发酵也是一种很好的有机肥，使用它做肥料可以改善土质，防止土地板结。

羊，在甲骨文中，写作""，是一个象形字。在远古时期人们的审美观下，羊是一种美丽、温顺、善良、吉祥的动物。也正是由于羊形象的文化含义，自古以来，人们在祭祀、庆典和日常生活中，常常用羊的形象来表达，如青铜礼器、石像生雕塑、动画等等。古人在造字时，表示好的意思也用羊字作为偏旁。如：美、善、祥、仪、群等，它们的原始意义都含有正面意义。光是中国人发明的"美"字，就发人深省。美在甲骨文中写作，在金文中写作，在小篆中写作美，上部从羊字，下部从大字。许慎在《说文解字》中说："美，甘也。从羊，从大。"羊，是中国人取用的基本食品之一，羊大，也就是羊长得肥硕，而肥硕就是美。孔子说："食色，性也。"由此不难发现，在古代中国人的审美意识中总是和味觉分不开的。在古人关联—互渗型的思维模式中，美与善互释，美与甘互训。《礼记》中有："凡礼之初，如诸饮食"的说法。到了现代，人们关于美的含义不断拓展，延伸，使美的含义更加广泛。一是在承认大羊为美的基础上，将之提升到高于味美的东西。从味觉到包含视觉、触觉等含义，是取了羊的姿态美和羊毛的柔软美，将羊的生活美感提升到艺术美感。二是不从羊的味美角度讲美，而是从羊在古代常常用来作为牺牲用来祈福吉祥的角度，提出了羊的善良特性，来形容善良这种人性美。三是将"从羊从大"的核心不是羊之大，而是作为大的人。凡此种种，如从前面所说的造字意义来说，美，由羊大而美衍生出来，从味觉到视觉（取古代人戴的羊角头饰），到听觉（取羊的叫声），到人的品性；善，成为不仅与羊有关，而且具有普遍意义的"好"；祥，成为不仅与羊有关，而且具有普遍意义的"吉"；义，成为不仅与羊有关，而且具有普遍意义的"正义"；仪，成为不仅与羊有关，而且具有普遍意义的"仪容"；群，不仅与羊多为群有关，而且具有普遍意义的"集体"和"团结"。羊的衍生意义越来越宽泛，越来越深刻。

概而言之，羊，这种我们在日常生活中常见的动物，经过5000多年来的应用实践，我们的祖先不仅赋予了它与人类生活息息相关的生活价值，还赋予了深远而现实的文化意义和美学价值，寄托着当代人的某种思想和艺术理想，成为与我们朝夕相伴的生活资料和伙伴。

羊年来了，祝愿大家度过喜气洋洋的2015年！

第三编 散文篇

中流砥柱是座山

中流砥柱，是我永远忘不掉的一段情思，它就在我住的这个城市旁边。

前几年，去看中流砥柱，走的是当年建设三门峡大坝时修的一条施工道路，翻过一座座高高低低的丘陵和小山，一条弯弯曲曲的山路，三十多公里，要走近一个小时。听人说，要绕过大大小小一百零八个弯儿。有一次，时间充裕，我数了一下，果然如数而至。近几年，三门峡为了开发旅游，也为了让去大坝发电厂上班的工人们走近路，就沿着黄河岸边修了一条沿黄公路。只有十几公里，开车也就20多分钟就到了。这条路不仅近，而且一边是如切如削、如山如岭的峭壁，一边就是如淌如流、如湖如库的黄河。经过了这一段风景，再去看中流砥柱，有一种别样的心情。

在这个城市住了几十年，看过多少次中流砥柱，我也记不清了。这一次，正好是三门峡大坝汛期开闸放水的时候，也是每年看风景的最佳时候。我骑着一辆不新不旧的自行车，顺着沿黄公路走去。这时境，中流砥柱仿佛是我多年未见的一位老朋友在那里等我，我也似乎还有很多很多的话要对它说。急切之下，我顾不上欣赏两岸的风景，蹬着自行车，一路风尘，一脸灰土，径直来到中流砥柱身旁。

哇，好一派恢宏气势！大坝巍巍，坐落在中流砥柱的身后；左侧排沙洞里泄出的黄河水，如万马奔腾，排浪滔天，发出震耳欲聋的声音，震得两岸的山峰也发出轰轰隆隆的回声；旁边张公岛上溅起的泥浆，片片点点，大珠小珠，落在岩石上、河面上，如云如雾，模糊了人们的视线。前方望去，黄河水翻卷着急浪，浊浪滔滔，向东流去。眼前的中流砥柱，在翻腾滚滚的浪涛里，岿然不动，坦然如山，静静地看着眼前这一道道风景，泰然处之，如思如想。我站在中流砥柱旁边的岸上，看着这一切，思绪一会儿如黄河激浪，滚滚翻腾；一会犹如中流砥柱，深思绵绵。

　　有一个神话，传说当年因为洪水泛滥，殃及百姓，是大禹在治水时，用神斧劈开大山，开出了三门峡谷，才使黄河滚滚东流。中流砥柱，就是大禹治水时留下的镇河石柱。为了纪念大禹的功绩，在三门峡大坝北岸曾建有大禹庙，至今遗迹尚存。又传说，中流砥柱是一个黄河老艄公的化身。很久以前，有一位老艄公带领几条货船过三门峡谷往下游。船行到河心，突然，大雨倾盆，峡谷里白浪滔天，水雾腾腾，看不清水势，辨不明方向。老艄公撑船穿越峡谷，眼看船队就要撞上岩石。老艄公大喝一声："掌好舵，朝我来！"就纵身跳进了波涛之中。其他船工还弄不清怎么回事，只听到前面传来"朝我来，朝我来"的呼声，原来是老艄公站在激流中为他们导航。船工们驶到跟前，正要将老艄公拉上船，一个浪头打下来，将船推向下游，但却不见了老艄公的身影。当船工们再回来找他时，见他已经变成了一座石岛。从此，中流砥柱又有了另一个名字："朝我来"。

　　传说尽管是神话，但是大禹和老艄公临危不惧，敢于担当的精神，却一直流传至今。其实，据环境考古学家考证，在黄河河道形成之前，在今三门峡到陕西到宝鸡之间，是一个长约八百里的大湖。后来，由于湖水慢慢地从山谷中冲开了一个口子，湖水下泄，山谷逐渐降低，形成了河道，于是才有了黄河的贯通和形成。由于河水冲刷流速不均匀，在峡谷的河道上，留下了两座小山峰：张公岛和中流砥柱。两个岛将河道分成了三个门：一个叫"神门"，一个叫"鬼门"，一个叫"人门"。三门峡的名字也由此而得，今天三门峡城市的名字也是由此而来的。据说，自从黄河漕运开通以来，因为神门水流太险，从来无人敢过；而鬼门狭窄，船只经过，就会船毁人亡；只有中流砥柱旁边的人门可以经过。这条黄河通道，也成了自汉代到唐代，从中原和江南地区，为处于关中地区的汉唐王朝补充供养一条必经水路。当代著名诗人贺敬之在《三门峡—梳妆台》一诗中所写的"望三门，三门开，黄河之水天上来！神门险，鬼门窄，人门以上百丈崖。黄水劈门千声雷，狂风万里走东海"描述的就是这种情景。

中流砥柱，最早的名字叫"砥柱"。在《尚书·禹贡》中有"导河、积石，至于龙门；南至于华阴，东至于砥柱"之说。说的就是关于大禹治黄河、开三门的故事。"中流砥柱"一名，最早见于《晏子春秋·内篇谏下》："吾尝从君济于河，鼋衔左骖，以入砥柱之中流。"北魏郦道元在《水经注·河水篇》中写道："昔禹治洪水，山陵当水者凿之，故破山以通河，河水分流，包山而过，山见于水中若柱然，故曰砥柱也。"这里，郦道元说的也是大禹导黄河绕砥柱而过的事儿，他还清楚地说明了砥柱本来就是座山。

千百年来，中流砥柱虽然经历着浊浪凶涛的强烈冲刷磨砺，尽管它遍体鳞伤，但都无法将它摧毁，反而成了黄河上的一座航标，每遇惊险，只要看到它，过往行船就有了方向。这种精神，受到了历代文人墨客的敬仰与称赞。公元638年，唐太宗李世民来到三门峡谷，看了砥柱后，写下了"仰临砥柱，北望龙门。茫茫禹迹，浩浩长存"的诗句，并命大臣魏征将这首诗刻写在砥柱石上面。为此，魏征还专门写了一篇《砥柱铭》。后来，北宋书法家黄庭坚将其书写，被流传下来。2010年6月3日，此书法以4.38亿的天价被拍卖，受到广泛关注。唐代大书法家柳公权也曾为砥柱写诗，其中有"孤峰浮水面，一柱定波心。顶压三门险，根连九曲深。柱天形突兀，逐浪素浮沉"等佳句。宋人司马光在《黄河边眺望》一诗也写到"高浪崩奔卷白沙，悠悠极望入天涯，谁说脱落尘中意？乘兴东游坐石槎"。这石槎，也说的是砥柱。何等浪漫潇洒！1923年冬天，康有为在游览了黄河的龙门峡谷后，来到三门峡游览。面对滔滔东流的黄河、巍然屹立在河流中央的砥柱石、两岸陡峭壁立的山峰，康有为将终生积郁在胸的块垒一吐如泄，抒发了他渴望疏通黄河天堑，学习西方，振兴中华，变法改革的胸襟："禹功万古开龙门，颇叹黄流砥柱尊。吾欲铲除此巨嶂，扬帆碧海达河源。开苏彝士通欧亚，绝巴拿马沟西东。蕞尔三门三里石，誓将疏凿补天工。"这次，他还专门题写了"砥柱"二字。后人将诗和题字刻成了石碑，至今仍保存在三门峡文物陈列馆里。

随着时代和社会的发展，中流砥柱被越来越多的人赋予了更多更深的含义。抗日战争时期，毛泽东在党的七大政治报告《论联合政府》中写道："没有中国共产党的努力，没有中国共产党做中国人民的中流砥柱，中国的独立和解放是不可能的。"在这里，毛泽东主席把中国共产党比作领导中国人民抗战胜利和民族独立解放的中流砥柱，赋予中流砥柱更高、更新的时代意义。1958年，周恩来总理视察三门峡水利枢纽工程时，曾指着中流砥柱风趣地说："砥柱就那么点大，冲刷了多少年还在那里。"这质朴而富有哲理的语言，也道出了中流砥柱那坚毅刚强的性格。最近，习近平同志在讲到中国人民取得抗战胜利的伟大业绩时，曾多次强调"中国共产党的中流砥柱作用是中国人民抗日战争胜利的关键。"

放开了无拘无束的思绪，我想得很多很多，如痴如醉，似乎忘掉了一切。猛然间，我被身旁的嘈杂声唤醒过来。左右一看，我的身旁不知何时站满了看风景的游客们。他们有的照相留影，照相机、手机举过头顶，成了一道高高的"墙"；有的指指划划，指点着河里的各种景色，议论纷纷；有的驻足不动，和我一样，充满着遐想。我定下神来，再看看中流砥柱，它仍然静静地站在波涛中央。今天大坝放水，水位较高，看起来，砥柱距水面也就二、三米的样子。据说，在枯水季节，它距水面也不过六、七米。但是，无论何时，河水从来就不会将它淹没。无论是狂风暴雨的袭击，还是惊涛骇浪的冲刷，它都会巍然屹立在河道中，犹如怒狮雄踞，面无惧色，刚强无畏。

遥望远方，我在想：这一块不大的石头为什么会有这么多的人为它赞叹，为它感慨，赞美它，歌唱它？它坚如磐石，是因为它扎根在深深的河底岩石上，无论遇到什么风险都不会动摇，如此的立场坚定！它不畏艰险，是因为它经历了太多太多的风浪，什么险恶都不在话下，这才叫坚定不移！它敢于担当，是因为它处于千恶万险之中，经受了太多太多的考验，真正的独当一面！它，是一块石头，但不同于世界上任何一块石头。它，是一根柱子，顶天立地，直指苍穹。它，是一座山，但是它比昆仑五岳更高、更雄伟。这些性格，这种形象，不就是中华民族5000年绵延不断，自强自立于世界民族之林的象征吗？不就是中国共产党永远扎根于人民群众的深深沃土，带领中国人民敢于克服一切艰难险阻，战胜一切惊涛骇浪，勇往直前，奔向光明未来的性格吗？

原刊《光明日报》2016年3月7日09版《两会特刊》，有删改

黄河湿地是本书

黄河湿地是一本厚厚的书，翻开它，需要几百、几千、几万、一百多万年。

一

黄河，从青藏高原走来，穿山越岭，一路曲折，一路艰辛，拐了几个弯，说不清。也许，它穿壶口，跃龙门，走过晋陕大峡谷，累了，用一个大大的拐弯，放慢了脚步，来到这个古城身旁，缓缓地转了个半圆，把这个城市抱在怀里，端详着，亲吻着，真正地像母亲一样，给儿女们留下了无限的亲情和温馨。然后，恋恋不舍地向豫晋大峡谷冲刺。

这个城市叫三门峡，是古陕州所在，是黄河沿线唯一一个绕城而过的城市。

河道转弯旁，有两条支流注入。一条叫作青龙涧河，一条叫作苍龙涧河。这两条龙河，龙尾摆在远远的崤山里，龙头伸在黄河边，双双扎入河里，像出水，又像入水，出入之间挨在了一起。

三河相交处，形成了一片大大的湿地。

这块湿地，东临华北平原，西接黄土高原；北隔黄河可见中条山峰峦叠嶂，南望崤山群峰耸立是秦岭余脉，是山西、陕西、河南三省的交界地。湿地东西长 205 公里，面积达 28500 公顷。湿地上，河流与滩涂相接，台地与高塬相连，是典型的内陆河流湿地和水域生态系统，自然资源独特，生态景观丰富，更有说不尽的古老文化。

二

湿地的北部有距今约 180 万年的西侯渡文化遗址。考古学家告诉我们，那时，这里有草原、沼泽、湖泊、山地、平原和峡谷。草原与森林共生，平原与湖泊相依，沼泽和黄土依偎。鸵鸟、长鼻三趾马、披毛犀等各种草原动物与李氏猪、中国野牛、剑齿象等各种森林动物出没，植被丰富，草木繁盛，四季分明。考古学家称这种环境为"草原湿地环境"。

在湿地正中心，有两个湖，一大一小，也是两条龙河的头，皆因河而名。大的叫青龙湖，小的叫苍龙湖。三门峡人称它们为"双龙湖"。

双龙湖与黄河之间的夹角是一块三角形的台地，台地后边有庙底沟遗址，距今 6000 年左右。考古证明，这个时期，气温升高，气候变暖，促进了我国农耕文明的成熟。那时，先民们已经开始耕种以粟、黍、稻等为主的各种粮食作物，开始饲养以猪、狗、牛为主的牲畜，开始培育桃、杏、梨、柿、枣等各种水果，并且已经学会种植芥菜、白菜、莲籽等各种蔬菜。粮、肉、果、蔬养育了庙底沟人，也孕育了辉煌灿烂的庙底沟文化。从出土的生产工具看，不仅有各种用于农业的石斧、石铲、石镰等，也有用于渔猎的网坠、鱼钩等。出土彩陶上描绘的花瓣纹、鱼纹、鸟纹证明这里当时是一派万物竞生，鲜花盛开，水陆共生的生态美景。这里，依山傍水，山清水秀，草青木茂，鸟语花香，先民们砺石泥陶，农耕渔猎，点亮了中华文明的第一缕曙光。

庙底沟遗址的前方有迎仙阁，在青龙湖的左边。传说，是当年汉文帝在此拜谒河上公的地方。河上公，西汉隐士，汉文帝时结草为庵于河之滨，是中国第一个解释《道德经》的"仙人"。历史上《道德经》注者如云，甚至有几位皇帝都为其作注。从河上公用神仙家观点解释《道德经》开始，历代注家不绝，仁者见仁，智者见智，取舍之间，互有同异。其中影响最大，流传最广的是由河上公作注的《道德真经注》（又名《河上公章句》），是最古的《道德经》注本。传说，当年汉文帝为了寻求治国之道，听说这里的河上公独释《道德经》，对经国济世有独到见解。汉武帝慕名而来，河上公居草庵中没出门迎接。汉文帝不高兴，说道："普天之下，莫非王土；率土之滨，莫非王民。域中四大，而王居其一。子虽有道，犹朕民也。不能自屈，何乃高乎？"须臾，河上公起身，连座椅一块飘到空中，答道："我在空中，没在你的王土上，不是你的臣民。"汉文帝见此，诚惶诚恐，急忙跪地就拜，果然是一位高人！就向他求教治国之道。河上公以《道德经》之义，给汉文帝讲述了一番"治大国如烹小鲜"的治国经世之道。汉文帝如拨云见天，佩服得五体投地，称河上公真乃"仙人"矣！迎仙阁据此演建，如今成了湿地的一处美景。白日，阳光一照，映日霞光闪闪，斑斓多彩；夜里，灯光一起，迎仙紫气氤氲，仙气蒸腾。光影仙气，映倒在黄河水面上，碎金摇曳，神秘莫测。

迎仙阁下有两座小土山。山不高，一座叫周公岛，一座叫召

（shao）公岛，是西周初年周召分陕而治的旧址。西周成王时期，因成王年幼，他的两个叔叔便以陕州为界，分而治之，辅佐成王。周公治东方，以洛阳为中心；召公治西方，以长安为中心。周召二公，兄弟同心，分陕而治，使得这时的西周度过了动乱时期，也为周成王的江山稳定奠定了基础。至今，这里不仅留下了我国最早的一块周召分陕而治的分界石，今天的"陕西"也由此而得名。据说当年召公在这里微服私访，体恤民情，不扰百姓，在一棵甘棠树下办公休息。百姓为纪念召公而咏吟的《诗经·召南·甘棠》流传至今："蔽芾甘棠，勿剪勿败，召伯所憩。"这里，还有一座召公祠，也是为纪念召公而建。祠里有一棵甘棠树，但已不是当年那棵了，也许，是那棵树"孙子"的"孙子"。一树三千年，记下的是召公廉政的美德，也留下了一树不"剪"的纪念。

再说说汉武帝的事。在青龙湖的右边，有一座古城遗址，为汉武帝元鼎四年（前113年）所建，是汉武帝实行郡县制时建置的古陕县遗址。此城西北有黄河，东南有青龙河，北望中条，南看崤山，清水环城，青山怀抱。真正的"四面环山三面水，半城烟树半城田"。后来因兴建三门峡黄河水利工程，城墙被拆，城池不见。废弃后的古城被辟建成一座城市公园，有3000多亩。如今，故城遗址上，古树参天，绿茵如毯，鸟飞花开，氤氲缭绕，成了三门峡市民休憩游乐的天堂。遗址上留下了汉代的夯土城墙、唐代上官仪与上官婉儿家族居住的上官巷、唐代宝轮寺塔、明代石牌坊和城门遗迹等等，比比如旧，抚视可见，记载着这座古城的历史，也生长着城市呼吸吐纳的新鲜空气。

三

沧海桑田，斗转星移。当时间推移到当代，伴随着万里黄河第一坝的兴建，在"望三门，三门开"，从"黄河之水天上来"到"黄河之水手中来"的凯歌声中，三门峡成了一座新兴的工业城市。纺织印染、机械制造、橡胶合成、火力发电等等，在"大跃进"的口号中拔地而起，烟囱林立，机声隆隆。与此同时，青龙河和苍龙河里也流出了源源不断的污水。曾经一度辉煌灿烂的文化遗迹，只能在被漠视中哭泣含泪，眼看着一片青山绿水变成了荒山污水，苍蝇蚊子滋生，污水臭气扑鼻，鱼没了，鸟飞了，草蔫了，树枯了，水臭了，青山绿水不见了。

新时代，新气象，黄河湿地这本书翻开了新的篇章。

随着工业的转型升级，三门峡开始了从资源性工业城市向文化生态型城市转变，湿地也迎来了翻天覆地的变化：黄河水库从单一的蓄水，变成了可以调控排沙的蓄清排洪，每到蓄水季节，这里碧波荡漾，船行柳梢，恰似北方的江南；双龙河在入黄河口建成了两个湖，修筑了可供人们旅游观光的大堤；庙底沟遗址正在创建国家考古遗址公园，种植了各种乔、灌、草结合的绿色植物，5000多年前的文化废墟上，一派生机；迎仙阁周围变成了牡丹园，各色牡丹姹紫嫣红，竞相斗艳；陕州故城里树木参天，荫森遮日，历代古文化遗迹修旧如初；双龙湖变成了天鹅湖，以白天鹅为主的各种鸟类寒来暑往，成了这个城市一道靓丽的风景。每年成千上万只白天鹅来到这里栖息越冬，它们翩翩起舞，依依偎偎，喔喔呀呀，鸣叫在湖里，人远人近不害怕，车来车往也不惊。仙客白天鹅成了黄河湿地每年必来的常客，也成了三门峡市民的朋友和天使。正像一位诗人吟诵的那样："平湖一派舞翩迁，溢墨流霜分外妍。翅动周天寒彻透，波开四野静回旋。"

如今的保护区里，共有植物 1121 种，动物 450 种，仅鸟类就有 279 种，昆虫 582 种。湿地里，万物竞生，草盛树茂。臭水沟、乱石滩变成了清水河和百花苑，蚊蝇滋生地变成了鱼和鸟的乐园，天蓝地绿，山清水秀。周围的一个个古文化遗址也焕发了青春，千万年的古老文化正在向新时代传递着扑面而来的芬芳。

面对如此翻天覆地之变，试问，是黄河养育了三门峡，还是三门峡沾光了黄河？是湿地滋养了文化，还是文化照亮了湿地？1400 多年前，北魏郦道元在《水经注》中的话，引起了我们的思考："天下之多者水也，浮天载地，高下无所不至，万物无所不润。"

是呀，湿地是大地之肺，水是湿地之本；湿地因水而生，水因湿地而美，水地含和，天地之美。呼吸天地之灵气，阅读千年之华卷，在中华民族的母亲河旁边，有这样一块湿地，是黄河之幸，更是湿地人之福。它们是一道河，也是一曲歌；是一部史，也是一本书。记录了辉煌，也记录了辛酸。

想当年，诗人贺敬之担忧："挽断'白发三千丈'，愁杀黄河万年灾！"而今变成了诗人舒婷的赞叹："白天鹅落脚的地方，是我们心中光明的河"。黄河湿地这本书，未来的篇章将更加辉煌，正如诗人郭小川向往的那样："古代文明的发源地啊，中华民族的摇篮，于今换上了新装，朝向社会主义的新市面。"

黄土与黄土文化

——解读曹兵武先生《以火烧阳沟为中心的
黄土文化生态博物馆设想》

　　黄土是第四季（地质年代，距今 100—300 万年）形成的未固结的粉细粒黄色堆积物。长期以来，被来自欧亚大陆腹地的风搬运到沙漠以外的附近地区堆积起来，在地球北部的北纬 30°—49° 之间形成了一条带状的黄色土壤，总面积达 63 万平方公里。在这个广袤的区域里，以我国西北部和黄河中游地区分布范围最广，连续面积最大，总面积约为 44 万平方公里，其深度在数十米至数百米之间。这些黄土从空中降落下来堆积以后，又受到降雨的冲刷，长期侵蚀，在地面上形成了各种各样的地貌：丘、岭、梁、峁、原、塬、沟、壑、坎等千奇百怪，多姿多态，是我国独有的黄土高原地貌特征，也是天地造化留给大地和人类的自然奇观。近几年来，随着我国生态博物馆建设高潮的到来，在黄土高原地区创建一座黄土生态文化博物馆，已经成为这个地区不少地方资源竞比和项目竞争的热门话题。

　　三门峡地区位于黄土高原末端，从地貌特征来看，它处于我国自西往东二级阶地向三级阶地过渡区，是我国南北地貌、植被、农业、气候的交汇地带，也是黄河从中游向下游过渡的主要河道过渡段。在这里，气候适宜，四季分明，土壤肥沃，雨量充沛，最适合人类生存。在我市陕（县）灵（宝）盆地南部，存在着丰厚的黄土地层，从小秦岭和崤山发源的多条一级或二级黄河支流，将这片黄土切割成了一个个黄土塬。其中，陕县的张村塬是其中面积最大、高出河道最深的一个。在这个塬上，大小有五条冲沟，像伸开巴掌的五指从塬的上部或中部向下游冲开，将张村塬分割成大大小小的小塬。火烧阳沟就是其中最典型的一条。它的下端是位于涧河二级台地上的庙底沟遗址和位于黄河一级阶地的黄河湿地公园；上端是具有丰富黄土人文资源的人马寨村、庙上村和甘山森林公园。这样一条具有特殊自然和人文资源的景观带，是大自然赋予我市的独特礼物，在整个黄土高原地区少见。

曹兵武先生是我市陕县张村人，曾任《中国文物报》总编辑兼任《中国博物馆》杂志执行主编，长期从事考古和博物馆工作，具有很深的文博理论修养，又经常参与我国多个生态博物馆的方案规划和论证工作。多年来，思乡爱乡之情，使他一直关心和关注着家乡的文博事业。在陕县地坑院等申报国保单位和石壕古道申报世界文化遗产的过程中，都倾注了他的心血。几年前，他回家省亲，和我谈到要在三门峡地区选一个地方创建一座黄土文化生态博物馆，并要我留心观察选择。今年六月，陕县人马寨村的王玉朝和王跃泽到北京去向他汇报要建一座澄泥砚民营博物馆时，介绍了人马寨村和火烧阳沟的有关情况。他听了以后很是兴奋，当即打电话给我，要我代表他到现场考察一下，看看资源和地貌情况。如果合适，就以此为核心创建黄土文化生态博物馆。遵友所嘱，我们一行在当地村民的带领下，从庙底沟遗址出发，沿着火烧阳沟徒步逆流而上。在这条沟的两边，我们看到了时而陡峭如削的黄土崖面，其上一层层长年堆积而成的黄土，记载着黄土高原形成过程的历史遗迹；时而有崖面上先人们挖开的窑洞，高低错落地悬在半崖上；时而见到两边被雨水冲开的沟沟壑壑，有梁有峁，有浅有深，有高有低，在沟与塬交接处，还见到早年被人开垦出的梯田，一层层地挂在两边。两边的土崖上，或陡或缓，都被密密疏疏的天然植被覆盖着，满眼绿色，郁郁葱葱。在沟的底部，有一条小溪，其水清澈见底，弯弯曲曲，淙淙地流着。据村民介绍，在上游人马寨下边的沟头，有一眼当地叫凉水泉的泉水，长年不断，是这条小溪的源头。小溪两边的河床上，有各种各样的乔木、灌木和水草，高高低低地覆盖在沟底。整条火烧阳沟像一座倒置的山，又像一道被大自然切开的黄土高原腹沟，将各种各样的黄土景象展现在我们面前，令人拍案叫绝，惊奇不已。

在人马寨村，有据说始用于唐代的澄泥砚作坊和取土遗址，有建于明代的古寨墙夯土遗址，有像庙上村一样的地坑院建筑群，特别是在村东边和邻近的窑头村之间，我们还看到了一处仰韶文化遗址。据村民讲有25万平方米之大，上边散落着很多大大小小的陶片和石器残片。澄泥砚、夯土寨墙、地坑院、陶片，这些，不就是以黄土为原料的衍生产品吗？

当我把考察的情况和曹兵武先生在网上交流以后，他非常高兴，认为这些条件和素材，就是我们在三门峡寻找多年的创建黄土高原生态文化博物馆的物质基础和理想地点，并很快为本报撰写了今天刊发的《山河奇观——以火烧阳沟为中心的黄土文化生态博物馆设想》一文，详细谈出了他自己关于在三门峡地区创建中国第一座黄土文化生态博物馆的想法。

黄土，是天外来客，是大自然赐予大地的特殊礼物。这种细小毫末的物质，尽管与我们的生活息息相关，但往往被人们忽视，或视而不见，或见多不怪。其实，黄土是我们人类繁衍生息、生存和生活的基础和朝夕相处的伙伴。是它孕育了我国北方以粟黍为主要作物的农业文明，渊源了以仰韶文化为代表的5000年中华文明，养育了黄土高原地区的中华民族，子子孙孙，生生不息。今天，我们在三门峡地区创建以火烧阳沟为核心区的黄土文化生态博物馆，连接了从黄河湿地公园到甘山森林公园这样一条融人文和自然景观为一体的旅游景观线路，还可以和从渑池仰韶村遗址、经庙底沟考古遗址公园到灵宝铸鼎塬聚落遗址群这一条中华文明探源之路连成T字形旅游线路，构建成我市距城市最近的集徒步休闲游、文明探源游、黄土自然风光游为一体的旅游线路网络。这个创意，不仅激活了资源，唤醒了千万年沉睡的黄土，给它一个实至名归的文化身份，还可以为我市的旅游城市建设助力添彩。

原刊《三门峡日报》2015年10月23日3版

唤醒黄土的民族文化身份

说起黄土，你是不是觉得太普通了，有什么可说的？你是不是会首先想到这些与它有关的词语：土里土气、土得掉渣、土人、土俗、土物、土话等等？你是不是还会想到，那普天而来的沙尘暴，卷起漫天的黄土，扑面而来，惹起一阵阵的怨声载道？

细小毫末、极其普通的黄土，留给人们的，难道都是一些低贱、卑微的形象？是可以被忽略，被小看，可视而不见或见多不怪、被踩在脚下也毫无怨言的无名之辈？

让我们换一个角度，来看看黄土的另一面吧！

"黄土"的名称，有人说来自于西方学术界，其实我国的一些历史典籍中早有记载：《尚书·禹贡》中有"禹别九州，随山浚川，任土作贡。""厥土惟黄壤，厥田惟上上。"《禹贡》不仅说出了黄土的名字，还说明了当时对九州的划分以土的颜色为依据、以黄土为土壤的田地是第一等的土地。在中国的古代神话传说中，也有关于黄土的说法：《太平御览·风俗通》说："俗说天地开辟，未有人民，女娲抟黄土做人。剧务，力不暇供，乃引绳于泥中，举以为人。"这里是说，人就是女娲用黄土做出来的。

黄土是我国北温带地区一种特有的环境奇观。

大约在距今 260 万年之前，现在的黄土高原地区还是一个广阔的、地形高差不大的古剥夷面，分布着不同地质时代的基岩残山、河流、湖泊、坡积和残积相的红土、黏土及砾石，是一种湿热稀树的草原地貌。第四纪之后，随着灵长目动物完成了从猿到人的进化，由于长期干冷的气候环境，源自欧亚大陆腹地的季风将扬起的沙尘源源不断天女散花般地堆积在北温带特定的区域，在地球的北半部形成了一条带状的黄色砂土堆积，西起祁连山东段、东至太行山两侧、南到秦岭北坡、北到腾格里沙漠边缘，总面积约 63 万多平方千米。在黄河中游一带构成的黄土高原，连续面积达 27.5 万平方千米。其厚度，一般自数米至数十米，最厚可达 400 余米。中国的黄土以其分布范围广、连续成片、堆积最厚而著称于世。关于黄土的成因，1804 年以来国际学术界形成两种主要说法："风成说"和"水成说"。从 20 世纪 50 年代起，我国著名黄土研究专家刘东生院士等对黄土高原进行了大量的野外考察和实验分析，完成了《黄河中游黄土》、《中国的黄土堆积》等多部专著，提出了有重要突破的"新风成说"。这一理论，不仅揭开了黄土高原成因的奥秘，也得到了国内外学术界的普遍认可。

　　黄土高原地区，是中华文明诞生的重要地区之一，也是中国考古学的诞生地。

　　著名考古学家苏秉琦先生划分的中国古代文化起源的六个区域中，豫晋陕邻境的黄土高原东端是其中的重要地区之一。1921 年，瑞典考古学家安特生等来到河南省西部的渑池县仰韶村做考古调查，他最先就是在一条黄土冲沟的断崖上发现了裸露的石器和陶器残片。之后，他和中国学者一起在这里开了 17 条探沟，成为通过黄土地层了解地下文化现象的首创。他们在这里发掘、发现并命名的"仰韶文化"，成为我国第一个考古学文化，被苏秉琦先生称为"中华文化的主根系"。遗憾的是，安特生在这里犯下的错误和留下的遗憾也是因为他把黄土文化层和黄土自然地层混在一起，采用了水平层位的发掘方法，因而把仰韶文化和龙山文化的界限难以分清，既误导了他自己，也误导了中国考古界好多年。之后，他和中国学者在河南、陕西、甘肃的所有考古调查，主要活动也在黄土高原地区。1926 年，我国考古学开创者之一的李济先生在山西南部的西阴遗址进行的考古发掘，又首开了在黄土层上开探方和留隔梁的发掘方法。这种方法，至今还是我国田野考古沿用的主要手段之一。1931 年，梁思永、吴金鼎等在安阳后岗发现了仰韶、龙山、小屯三种文化土层的叠压关系。这种通过黄土文化层来区分文化年代关系的"后岗三叠层"，被考古学家陈星灿先生誉为"中国史前考古学走向成熟的里程碑"。总之，从 20 世纪 20 年代开始，中外考古学者早期的一系列考古工作，从肇始到成熟，从河南，到甘肃，到山西，对诸多遗址的调查和发掘，都是在黄土地上进行的。黄土高原地区，不仅成为我国考古学的诞生地，从这些地区得出的考古成果，也证明了黄土高原地区是中华文明诞生的重要地区之一。

黄土，是我国古代北方粟作农耕文明诞生的基础。俗话说："民以食为天"，而"食"则以土为本。在我国远古时代北粟南稻二元结构的农业文明诞生时期，北方的粟作农业就诞生在黄土地上。考古发现最早的驯化粟标本出现在内蒙古赤峰兴隆沟遗址，距今已有 8200—7500 年。据刘东生先生研究，这一地区"位于整个黄土分布区的东北角。"之后，经过 1000 多年的进化，到仰韶文化时期，粟作已经成为我国北方地区主要的生业经济。这期间，黄土高原地区，无论气候处于升温期、大暖期，还是降温期，由于黄土有很强的抗干冷和温湿能力：雨水多时，它的垂直节理结构有利于雨水下渗、贮存；干旱时，又可以将地下的水分不断地吸引到地表，以支撑植物生长。特别是由于它的沙质疏松结构和垂直节理，又便于耕作，无论是早期的刀耕火种，还是后来的锄耕、耜耕、犁耕，对原始的石锄、石铲、耜、犁等工具来说，都能适用。这些条件，正好满足了粟作物的农耕要求，也给人们提供了能够满足生存需要的基本食粮。正是这种连续不断的食物保证，才保证了以黄土为主的北方地区的文明代代相传下来。我们今天所说的中华文明能够保持5000多年连续不断，首先应该感谢的，是这片厚厚的黄土。

黄土，与人们的日常生活也息息相关。

我国著名的环境考古学家周昆叔先生在研究黄土与人的关系时，在他的《来自天上的"尼罗河"》一文中指出："江南土壤多种多样，看似和黄土没有关系，但实际上也有。长江流域也有黄土，三峡就有，南京也有，只是厚度各地不太一样。太湖地区的黄土层不厚，在低的地方，黄土都被冲刷掉了，高一点的地方，黄土才能保持住。黄土地块大小不一，几十平方米大的也有。但不管怎样，遗址多分布在黄土上。类似地，现在山东中部的村落，也多坐落在黄土的地带。"刘东生先生把类似现象称为古人的"亲黄土行为"，而周昆叔先生则类比游牧民族"逐水草而居"的生活习惯，将其称为"择黄土而居"。这种现象，在北方的黄土高原地区更是表现得明显而又突出。在早期的建筑材料与形式上，当人类祖先从树上、山洞走出来，从就开始采取像《诗经·大雅·绵》说的那样"陶复陶穴，未有家室"的居住方式。从地穴、半地穴、生黄土窑洞，到地面建筑的木骨泥墙、夯土墙，到土坯、泥砖砌墙的房屋。无论建筑的形式发生什么样的变化，黄土既是建筑存在的基础，也是建筑的主要原材料。从这些事例来看，可以说，哪里有黄土，哪里就有人类居住，哪里就有古文明诞生。在日常生活中，《韩非子·十过》说尧"饭于土簋，饮于土铏"，是说在尧舜时代，人们的饮食器具都是用土烧制的陶器。其实，从考古事实来看，在黄土高原地区，早在尧舜之前的前仰韶时期，陶器就已经诞生了。到了仰韶文化时期，从出土的大量陶制的陶碗、陶钵、陶缸、陶罐、陶灶、陶纺轮等等来看，至少从这个时期人们以陶制为主的生活、生产器（工）具已经基本齐备。用黄土烧制的陶器，已经成为当时人们日常使用的生活、生产用品，它们的使用时间要比其后的青铜器、铁器、瓷器等更长、更普遍。还有，被宋人欧阳修称为"虢州澄泥，唐人品砚以为第一"的唐代四大名砚之一的虢州（后为陕州）澄泥砚，就是取材于黄土深层的古泥澄制而成，如此等等。也正是由于这些原因，刘东生先生提出了"黄土石器工业"的概念，第一次把黄土与人们的生活、生产关系从产业的视角提了出来。

黄土，与中华民族的始祖崇拜也有着割不断的血缘关系。

黄帝，被称为中华民族的"人文始祖"。但是，黄帝为什么称为"黄帝"？司马迁在《史记·五帝本纪》中给出了答案，说黄帝"有土德之瑞，故号黄帝"。从传说中黄帝的活动范围来看，今河南、山西、陕西、河北等地，都是黄土分布的区域。可见，黄帝之"黄"，确与黄土之"黄"有分不开的关系。

黄河，被称为中华民族的母亲河。

黄河的名字在《说文解字》中称为"河"，在《山海经》中称为"河水"，《水经注》中称"上河"，《汉书·西域传》中称"中国河"，《尚书》中称"九河"，《史记》中称"大河"。到了西汉，由于河水中的泥沙含量增多，才改称它为"黄河"。之所以如此，就是由于河流中段流经了黄土高原地区，夹带了大量的泥沙，河水变黄而得名。从180万年前黄河岸边的山西西侯度人开始，到其后100万年前的陕西蓝田人和30万年前的大荔人，到7万年前的山西丁村人，到距今7000～5000年新石器时代的仰韶人，一直到当代，人类活动的足迹遍布整个黄河流域。特别是中下游的黄河金三角黄土高原末端地区，一直是人类活动和文明火种繁衍的主要地区。而这一切，都与黄河两岸黄土的养育和黄河的滋润难以分开。我们今天说黄河是"中华民族的母亲河"，真正地实至名归、名副其实。

从我们上面列出的这些黄土与文化、文明有关的事实来看，谁还会看轻黄土的身份？

其实，从中国古代开始，从圣人到民间，都给予黄土以充分的尊重。如上所说：女娲用它创造了人，黄帝因它得名，"河水"因它而名之曰"黄河"，《禹贡》誉它为"上上"土。也正是因为人们赋予黄土这么高的身份，从上古开始，我国就有了"社稷祭祀"制度，并把国家称为"社稷"。北京中山公园内保留着明代所建的社稷坛，最上层铺垫着五种颜色的土壤：东方为青色、南方为红色、西方为白色、北方为黑色、中央为黄色。黄土，象征着居中的黄帝，统治天下，掌管四方土神。在这里，黄土被封誉了最高、最尊贵的身份。

《白虎通》曾设王者为何有"社稷"之问答云："为天下求福报功。以'人非土不立，非谷不食'。土地广博，不可一一祭之也，故封土立'社'，'社'为'土神'；谷物众多，不可遍及祀，故封谷立'稷'，'稷'为'谷神'之长。"这就是说，当时的国家统治者重视土壤和粮食，认为"神"可以引出万物，祭"神"可以保障五谷丰登。社是土地神，稷是五谷神，祭祀"土神""谷神"的地方叫作"社稷"。

寰宇苍苍，天玄地黄，黄土有德，黄土有情。黄土，来自于天上，堆积在地面。是上天的使者，是大地的客人。这种天地间的契约，是中华大地最美的生态奇迹，也是中华大地最美的环境奇观。今天的黄土，褪去那些古人赋予它的神秘色彩，裸露出它本来的赤身裸体，黄土，已经成为环境和生态保护、产业资源利用和开发的重要对象。黄土的地貌、地质、地理和气候，黄土的民俗、民风、生态、遗产和产业，必将成为当代人创新、创造的新鲜话题。

中华民族作为"黄土的儿女"，我们不应该给黄土一个它应有的、尊贵的文化身份吗？

原刊《光明日报》2018 年 9 月 1 日 12 版

主要参考书目：

（1）《地球科学大辞典·基础学科卷》，地质出版社，2006 年 1 月版。

（2）《中国的黄土堆积》，刘东生等著，科学出版社，1965 年 9 月版。

（3）《自然与人文》，周昆叔著，科学出版社，2012 年版。

（4）《环境考古》，周昆叔著，文物出版社，2007 年 3 月版。

（5）《自然与人文》，周昆叔著，科学出版社，2012 年 8 月版。

（6）《20 世纪中国考古学史研究论丛》，陈星灿著，文物出版社，2009 年 10 月版。

（7）《中国史前考古学史研究》，陈星灿著，中国科学文献出版社，2007 年 5 月版。

函谷关　《道德经》诞生的地方

函谷关有三名：名关，勿用赘言，自古就有天下第一关之名；名人，说的是老子李耳；名著，说的是《道德经》。其实，这"三名"的起因是古道，古道是根。因为有了古道，才有古关；有了古关，才有老子之行；有了老子之行，才留下了名著《道德经》。

人说十里函谷关，说的其实是函谷关的古道。去过函谷关多少次，我也记不清了。总以为，这条两岸陡峭，其险如函的道，曲曲弯弯向里走，是一直走到头的。一次使命在身的行走古道，才彻底改变了我的看法。

2008年8月的一天，为了函谷关申报世界文化遗产的工作需要，我决定要把十里古道走到头。这一天，天气闷热，空气里仿佛都是烧热的水，浇在你身上，又湿，又热，加上一行人走路踩踏扬起的黄土，就如同在你身上和泥一般。但，使命在身，必须走完。从东关楼向里走了五六里的路程，没路了，前面是一道陡陡的坡。爬上去，却是约2里左右的平地。到平地的西边，古道又向下走到沟里，一直到黄河岸边。恍然顿悟：函谷关的古道原来是一个马鞍形。看来人云亦云，不如亲力亲为呀！忽然想起了王安石在《游褒禅山记》中的一句话："学者不可以不深思而慎取之也。"

函谷关有旧新两关同名：旧函谷关在今河南省灵宝市东北的弘农涧河左岸王垛村。函谷关古道，作为通道的历史很久，至少在新石器时代的仰韶文化时期，在关内华山脚下的关中盆地和关外三门峡的陕县——灵宝盆地，就有很多庙底沟类型的同类文化遗址。到了战国时期，秦国开始在此设关，故函谷关又称秦函谷关。最早的记载是在《战国策·秦策》中，记有楚顷襄王派人过函谷关入秦游说秦昭襄王事，开始以函谷关为界，称"关中""关内"之名。此外，这里流传的老子写《道德经》、公孙龙白马非马之辩、孟尝君鸡鸣狗盗过关等故事，都发生在战国时期，可见出函谷关当时的忙碌景象。到汉代，在此设弘农郡，建关城、关楼。隋文帝时期，移县于今灵宝老城，改为桃林县。由于黄河的下切，函谷关北边黄河南岸的道路已经形成，函谷关作为道路遂废，但仍有人修葺疏通，称为"晋王斜路"。但终因迁远难行，到了唐代，旧函谷关古道则终遭废弃。

至于新函谷关，是说在西汉汉武帝时期，函谷关向东迁移，改置到今洛阳新安县境内，关名仍沿用同名。此处不在所议之列。

函谷关因为路在谷中，深险如函而得名。正如古人所说："函谷关城，路在谷中，深险如函，故以为名。"其形险如何？有"邃岸天高，空谷幽深"之形，有"涧道之峡，车不方轨，号为天险"和"一夫当关，万夫莫克"之险。如此描述，说明这条古道，自通行之日起，就是一条西通关中、东达河洛的一条险要之路，是我国两周、两汉、隋唐时期实行两京制时期，东西方交流的一条锁钥咽喉。

函谷关不仅是一条交通要塞，也是一处历代兵家必争之地。

在函谷关古道的东西两端现各存有一座烽火台遗址。这两座烽火台既是古道交通的信息传递设施，也是战时的报警信号台。东边的一座位于今关楼内古道北段的高台上，站在这里四望，北有黄河滔滔，南有小秦岭逶迤，眼前是弘农涧河挡道，后面就是十里古道蜿蜒。西边的一座在古道西段沟头北侧的台地上，现存高度约有 4 米左右，夯土层层，清晰可见。从这里向前望去，古道斜行向下，直入黄河岸边。南有稠桑塬高高在上，北下绝壁就是黄河。遥想当年：若是两头有战事报来，只要一头的烽火台升起狼烟，另一头即可做好应敌准备，进入战备状态。

西汉贾谊的政论名篇《过秦论》写道："于是六国之士……尝以十倍之地，百万之众，叩关而攻秦。秦人开关延敌，九国之师，逡巡而不敢进"，其中的"关"就是指函谷关，可见函谷关的战略影响。

战国末期，由于秦国的东向扩张和张仪的连横策略，严重威胁到东方各国。战国七雄除秦以外的其余六国曾联合对抗秦国，但秦国据函谷关之险，成功地抵御了六国联军的攻势。公元前 319 年，在齐、楚、燕、赵、韩等国支持下，魏王驱逐张仪，改用公孙衍为相，行"合纵"之策。次年，在公孙衍的推动下，魏、赵、韩、燕、楚五国共推楚怀王为纵长，组织联军进攻秦国。公孙衍还联络义渠国由侧背进攻秦国，配合联军。次年（公元前 318 年），魏、赵、韩、燕、楚五国联军在函谷关与秦军摆开了战场。秦国送"文绣千匹，好女百人"（《战国策·秦策二》）给义渠国，以缓其威胁，然后发兵于函谷关迎战。联军因各有所图，步调不一。楚、燕两国暂时受秦威胁不大，态度消极。只有魏、赵、韩三国军队与秦军交战，终被击败。联军向东撤退，至修鱼（今河南原阳西南）。同年，义渠国国君认为秦送厚礼实是暂时策略，秦国强大终对己不利，便乘五国攻秦之机，出兵袭击秦国。秦军一支仓促迎战，大败于此。然而，这一战并未影响全局。

到公元前 317 年，秦遣庶长樗里疾率军出函谷关反击韩、赵、魏三国联军，于修鱼大败联军，斩杀其主力韩军 8.2 万人。联军再败退观泽（今河南清丰南）。秦军追至观泽再败韩军，俘虏韩将鲮（一作鲤）申差。此一战，以秦国大胜而告终，关东诸国大为震恐。

秦朝末年，各地起义抗秦后，新立的楚怀王为尽快平息战乱，宣告谁先入关中，得为关中王。此处所说的关亦是指函谷关。之后刘邦先入关中，不过并非直入函谷关，理由即是函谷关易守难攻，加上关内即是秦的首都咸阳，护守函谷关的秦军必是精锐。为避免攻坚，刘邦接受张良的建议绕道进入关内。不过，项羽不满刘邦先入关，设下鸿门宴，但又不愿违逆楚怀王当初的宣告，因此在册封时将刘邦封为巴王，之后封为汉王。虽然巴、汉两地也属于关中关内（函谷关以西），但当时为未开化的不毛之地，甚至是秦朝专门用来流放罪犯的地方。不过刘邦仍然在汉中成功积蓄力量，最终在楚汉相争中战胜了项羽。

此后两千多年间，地势险要的函谷关常常成为军事争夺的要塞。从周秦汉唐，直到近代；从唐代安史之乱，甚至抗日战争等。函谷关内外到底发生过多少大大小小的战争，早已湮灭在历史的尘埃中。近几年，为配合国家重点工程项目建设，考古工作者在函谷关内外的几个工地上，发掘了几个每处拥有成百上千座墓葬的墓葬群，方坑竖穴，形制相近，白骨累累。不同的只是深浅不一，大小不同。但有两点却惊人相同：一是所有墓葬几乎都没有葬具，随葬品寥寥。其二是，埋葬地点都距函谷关不远。专业人士把这批墓葬的主人断定为战争死亡的将士。按照行业的惯例，就把这批墓葬称为"秦人墓"。至于他们的家乡是秦国？楚国？韩国？还是……鬼神难知。

以此为证，雄威险要的函谷关不仅是一座一夫当关，万夫莫克的关隘，也是一处战马嘶鸣、尸骨遍野的古战场。

函谷关还是《道德经》的诞生之地。

相传，公元前491年（周敬王二十九年）的一天，函谷关令尹喜清早从家里出门，站在观星台上看气象，只见东方紫气腾腾，霞光四射，心中大喜，欢呼起来："紫气东来，必有异人通过。"他急忙命人打扫道路，清洗庭院，恭迎高人。不一会，果有一位银发飘逸、器宇轩昂的老者，骑着一头青牛到来。尹喜赶忙向前，恭恭敬敬地通报了姓名。尹喜知道老者就是敬仰已久、学识渊博的老子后，就盛情挽留老子在此停留休息。老子对尹喜说："我要出关往西云游。"尹喜说："请您老在此写部著作，留给后人，再出关不迟。"老子欣然应允，以他的博爱之心、辩证之思，就在太初宫，废寝忘食地写了5个多月，写成了洋洋五千字的《道德经》交给尹喜。尹喜还想挽留老子在函谷关住些日子，老子婉言谢绝说："我要赶快找个清静的地方安度自己的晚年了。"说罢，怅然而去，飘然走向西方，不知停于何处，至今还是一个难解之谜。

当年老子写《道德经》的太初宫是什么样子，谁也没有见过。如今的太初宫是在汉唐风格的基础上改建的，门前的两个莲花瓣形柱础，还保留着唐代风格。新中国成立以后，人们感念老子的盛德，把它修建成一个面阔三间的房子，办了一个小学校。历经风雨，这座建筑基本上保持了原来的风格，被改建成一处旅游景点。老子塑像端坐正中，慈祥，智慧，安然。香案正整，香烟缭绕，成为游客们参拜的必到之处。房前有古柏数株，当年老子汲水的深井一口，右侧有一块深紫色的陨石，据说就是当年老子写《道德经》用过的石头。

老子是先秦时期孔子、墨子、孟子、孙子、庄子、荀子、韩非子等哲人的启蒙老师。相传至圣先师孔子还长途跋涉到当时的首都洛阳向时任国家图书馆馆长的老子求教。孔子拜访老子后说过这样一段话："我知道鱼怎样在水里游，鸟怎样在天上飞，兽怎样在地上走，却不知道龙到底怎样。今天见到的老子，就是这样的，他的智慧就像大海一样深。"

《道德经》是一部绝笔奇书。老子仅用五千多字，集天道、宇宙、万物、军事、政治、经济、教育、修行、建筑、艺术等学科于一身，哲理深邃，经言处处，耳熟能详，流传不衰。诸如："千里之行，始于足下"、"功成身退"、"上善若水"、"出生入死"、"宠辱不惊"、"祸兮福之所倚，福兮祸之所伏"、"鸡犬之声相闻，老死不相往来"等众多成语，今天读来，仍让人觉得耳目一新，过目不忘。如此圣书，不能不让人佩服得五体投地。

不仅在中国，就是在国外，《道德经》也是声名远扬。据说美国《纽约时报》曾经评出世界上著名的十大作家，老子排名第一。区区5000字，胜过多少大家的鸿篇巨制。目前，全球各大小语种翻译出版的《道德经》译本，已经有三四千种，其发行量仅次于《圣经》。但《圣经》是古代犹太民族的集体创作，而《道德经》是2500年前的老子一人所写。德国哲学家黑格尔对《道德经》高度赞赏，思想家尼采说："《道德经》像一口永不枯竭的井泉，满载宝藏，放下汲桶，唾手可得。"美国前总统里根在他的国情咨文中，曾引用《道德经》第六十章"治大国若烹小鲜"的名言。前任联合国几任秘书长安南、潘基文等，常引用《道德经》中的"善士者不武""不以兵强于天下""大军之后，必有凶年""大兵者，不祥之器也，不得已而用之"等隽语，引导各国人民和平相处。

《道德经》用日常之物，如水、弓、车轮等，说出了深奥的道理：至柔如水，却能冲决坚石；一只碗、一间房只有空了，才能盛饭、住人；人只有虚怀若谷，才能增长智慧。如此等等，教育和告诫人们如何处世为人，如何治国理政。深如大海，高如珠峰，大道小理，融入其中，教导了人类 2500 多年，还必将教导人类几千年。

今天的函谷关，已经开发建设成了一个规模宏大、文博景美的旅游景区。古道幽幽，依然景深路长；关楼巍巍，俯瞰四野如新；27 米高的老子金身塑像，巍然屹立，目光慈祥，仿佛在深思着函谷关的变迁；5000 字的《道德经》，镌刻在长长的石头墙上，行行如诗，字字如金，熏陶滋养着人们的精神生活。四面八方的游客来到这里，摩肩接踵，熙熙攘攘。人们徜徉在这里，品其文，赏其景，喜融融、乐陶陶。穿越过 2500 多年的时空，享受着今天美好的生活。

时空穿回。从平民百姓的传说，到圣人名著的诞生，从古道往来的马蹄，到枭雄翘楚的纷争。一条路，一个关，一个人，一本书，记载了多少厚重的历史？传承了多少不断的文脉？启迪了多少新时代的精华？今天的人们，谁来回答？

黄土地里"长"出来的博物馆

——仰韶文化博物馆速写

　　1921 年 10 月 27 日到 12 月 1 日，在我国豫西渑池县北部的一个小山村，瑞典地质学家安特生、中国地质学家袁复礼、加拿大人类学家步达生、奥地利古生物学家师丹斯基等几位中外学者，在这里发现并发掘了我国第一个新石器时期的古文化遗址。1923 年，由安特生撰写、袁复礼翻译的我国第一部田野考古报告《中华远古之文化》出版发行。从此，这个叫"仰韶"的小山村，一步步走向了世界；这种被命名为"仰韶文化"的新石器文化，一天天走进了人们的视野。从这里开始，在我国以黄河流域为主的北方 9 个省（区）的大地上，相继发现了 5000 多处这样的文化遗址，并先后有 200 多处被考古工作者发掘面世。这个庞大的古文化群体，前后相接，繁衍不断，以它势不可挡的强势孕育、衍生、繁荣、发展，滋养了中华文明源头的厚实根基，证明了我们中华民族至少已有 5000 年的文明发展史。岁月沧桑，山河依旧。一片片彩陶，一铲铲黄土，考古工作者筚路蓝缕、寻寻觅觅，在惊喜一个个重大考古发现的同时，一种割舍不掉的情愫钟情于仰韶。子子孙孙，代代传承，当中华民族这个古老而年轻的民族，巍然屹立于世界东方的时候，一种与生俱来的血脉情缘，与仰韶文化建立了一种难以释怀的寻根之情。也是从这里开始，当年那些地质学家和生物学家蓦然转身，都成了硕果累累的考古学家并相继作古，成为当代考古人心仪永久的偶像；仰韶村遗址，不仅成为最早公布的我国第一批全国重点文物保护单位，这里也成了考古工作者的文化"圣地"；仰韶文化，不仅成为中华民族史前文明的代表之一，也成了中华文明探源的渊薮。

于是，人们都在盼望、期待着，仰韶村应该有一个满足人们怀念和"朝圣"的博物馆，庞大的仰韶文化家族应该有一个自己的"娘家"。

岁月，整整走过了 90 个春秋。

2011 年 11 月 6 日，在纪念仰韶文化发现 90 周年之际，仰韶文化博物馆正式开馆了。

这一天，按时令，本应是雪花飘舞的季节。而当天上午，当人们燃放了开馆的礼炮，并为先后参加过仰韶村遗址发掘的四位考古前辈：安特生、袁复礼、夏鼐、安志敏的铜像揭开大红蒙纱的时候，天下起了淅淅唰唰的雨。而中午过后，云开日出，艳阳高照，迎接着一股股前来参观的人流。

不知是人愿？还是天意？

让我们来揭开仰韶文化博物馆的面纱，向人们展示一下它的风采吧！

巧妙的选址——借势而立

渑池盆地位于河洛盆地西端，以中部的涧河为界，分别向南北两侧呈河谷平原—缓坡阶地—山前丘陵—山麓沟壑地貌延伸。仰韶村遗址位于渑池盆地北侧，其南边是涧河及缓坡阶地，海拔高度从河谷的500 米，向北逐渐升高，到遗址边缘的南端，已达 570.75 米。遗址呈半岛台地式，其东西两边为雨水冲沟形成的自然河沟，到南端，在两条河交汇处，如今是一座一汪清水的水库。遗址总面积 36 万平方米，其地势由南向北，呈阶梯式逐步抬高，海拔高度也由 570.75 米升到600 米。遗址自 1961 年 3 月 4 日被国务院公布为第一批全国重点文物保护单位以来，由于当地采取了许多有效的保护措施，其面貌基本没有变化，至今仍然是一片农田，田野风光依旧。到遗址北端，在遗址保护区的建设控制地带及其以远，是一块陡然抬高约 6 米的台地。跨过这块台地，就是仰韶村。村的北端地势继续升高，直到距仰韶村 3公里左右，就是海拔高度为 1426 米的巍巍韶山。据村民介绍，仰韶村的名字就是抬头可望见韶山之意。仰韶文化博物馆的馆址就选在这块台地上。站在这里，向南可俯瞰遗址全貌，向北可仰望韶山。这个选址，既契合了仰韶地名的由来，又阐释了博物馆与遗址之间的关系。虽然，博物馆的建筑高度只有 17 米，但由于选址在高高的台地上，在由县城北上的入馆道路上，放眼望去，半岛台地式的遗址被三面绿水环绕，郁郁葱葱，翠绿一片。博物馆突兀在青山绿野之间，巍然屹立，庄重大方。这种建筑与田野、与高山和村庄之间的相生相衬关系，处理得自然天成，层次分明，仿佛让它又回归到了大自然的怀抱，不禁使人体验到山水相依、物我相融、天人合一的亲切感受。

质朴的建筑——土中生成

仰韶文化博物馆由清华大学建筑学院设计，中国工程院院士、

"梁思成建筑奖"和"全国工程设计大师"称号获得者关肇邺先生主持。设计者很好地熟悉和把握了博物馆所在地的自然环境和人文传统，贯穿了"师法自然"、"延续文脉"和"以人为本"的设计理念，提出了"仰韶文化博物馆应该是一座'从环境中生长出来'的建筑，契合内在的文化意蕴和外在的物质环境，体现此时此地此景，延续自仰韶文化以降，中国人对自然的热爱与不懈追求。同时，也体现了当代社会可持续发展要求"的设计思想。

正如前面所说，这一建筑不仅在选址定位上巧妙地贯彻了这一思想，而且，建筑本身也把这一思想体现得恰到好处。尽管建筑体量不高，但由于选址的地势所致，博物馆在外观环境上达到了低不掩野，高不遮山的视觉要求。加之整个博物馆建筑的外墙装饰色调，选用了和建筑所在地的环境土壤基本接近的黄土颜色，将建筑融入自然之中，与大地浑然一体。仿佛这就是一座从黄土地里"长"出来的博物馆。众所周知，仰韶文化时期，以彩陶和红陶为主的各种陶器，是当时人们生产和生活的主要用具，是所有这类遗址出土数量最多的文物，当然也是这个博物馆陈列文物的主体。设计者充分考虑到让观众体会建筑与陈列器物之间的联想，确立了博物馆建筑造型的标志含义。同时，他们又根据博物馆是公众文化交流的场所这一功能，尽量让参观者入馆以后可以无障碍地进行交流和活动。通过几种抽象的几何造型，用斜面和斜线等元素，在博物馆建筑的入口处一侧设计了一个标志性的斜面筒形体量、以两片相互错动的弧形为墙体、以陶片的冰裂纹肌理作装饰的立体冥想空间，既明确地暗示出陶器的特征，又避免了给观众某种具象联想的表现提示。这个造型，从外看，斜面竖向贯穿在建筑正面一侧，以陶片冰裂纹镂空作装饰，给观众以充分的想象思考。而其内部则是一条螺旋式旋转而上的出口通道。走进其内，上可见天，下接黄土，给人一种接地通天、师法自然的无尽遐想。

走进博物馆，设计者并没有让观众直接进入展厅，而是引导观众走向展厅外侧的坡道式半开放引导长廊。在长廊一侧的墙壁上，设计者按照"容器出现的历史时期远近，以整个长墙的剖面表现了从当代的可口可乐瓶到仰韶文化时期的小口尖底瓶的发展历程"，使观众体验到时光倒流的感觉，置换出一种渐入佳境的心境。这种斜坡长廊式的通道，不仅与整个建筑和遗址走势一致，又给观众一种进入历史隧道的感受。斜坡道长墙和冥想空间的设计创意，让我们想起了老子在《道德经》第十一章所说的"埏埴以为器，当其无，有器之用。凿户牖以为室，当其无，有室之用。故有之以为利，无之以为用。"好一个"有之为利，无之为用"！这种虚实相间，有无相生的建筑构想，不能不让观众放开无边无尽的遐想空间。

灵活的陈列——以少胜多

如果说，当观众从仰韶村遗址北端的博物馆大门一直沿着与遗址地势相同的斜坡，从下而上一路走来，这条巧妙的参观路线并没有让观众直接进入展厅，而是走到了与建筑物相反方向的北入口。之后，当观众再沿着陈展路线，拾阶而行，又从上而下，最终走到一眼可见遗址的南门出口，是一种刻意的巧妙引导的话，那么这种一上一下，来自遗址，又回归到遗址的回归之感，更能让观众感受到博物馆与遗址之间不可割舍的亲缘关系。

2006年12月26日，在讨论仰韶文化博物馆建设规划时，谈到关于博物馆展示内容，中国社会科学院考古所副所长、我国新一代仰韶文化研究专家陈星灿先生提出了"讲好两个故事"的设想。即：仰韶文化博物馆的展示内容，一是要讲好安特生的故事，二是要讲好仰韶人的故事。陈先生的这个提议，得到了与会者的赞同。今天，仰韶文化博物馆的陈列布展就是以讲好这两个故事为主线的。

进入陈展大厅的前厅，映入观众眼帘的是一幅大型迎门浮雕——"文化圣地"。这幅雕塑长 16.4 米，高 4.5 米，以浅黄色砂岩为材料，用深浮雕的方法，以典型的人物活动场景和出土器物为素材，运用写实和形象的手法，再现了当年安特生等中外学者在仰韶村遗址第一次发掘时的场景，表现了仰韶先民们制陶、纺织、打猎、捕鱼、祭祀等生产、生活和礼仪的各种场面。这幅雕塑创意新颖，设计巧妙，主题鲜明，虚实相间，匠心独运，不仅对博物馆陈展内容进行了形象化的高度概括，又是对博物馆入门大厅的环境装饰，被观众誉为"一篇没有文字的《前言》"。

仰韶文化博物馆的陈展内容共分四个部分。第一部分：发现仰韶——安特生与仰韶遗址，用占全部展线三分之一的空间，讲述安特生的故事。从安特生应中国农商部邀请担任顾问开始，他在中国与中国学者们一起，在完成自己的本职工作——地质调查和找矿之余，在中国的辽宁、北京、河南、山西、甘肃等地进行考古调查，到仰韶村遗址的正式调查、发掘和《中华远古之文化》考古报告的出版，时间从 1918 年到 1926 年，安特生的脚步和故事贯穿始终。期间，与安特生共事的我国早一代考古和地质工作者翁文灏、丁文江、袁复礼、刘长山、夏鼐等人的一些工作和生活情景，都采用老照片、图版和实物相结合的形式布置出来。看后，不仅让观众感受到了真实和生动，更让人感受到在仰韶村遗址发现和发掘前后，中外学者在极端困难的情况下，在中国的大地上寻寻觅觅，拓荒垦殖的艰辛和执着。第二部分到第四部分，讲述仰韶人的故事，是这个展览的又一个主题。以仰韶村遗址的发现和发掘为起点，从 1921 年到 2011 年，在这整整 90 年的历程里，我国几代考古人，为探索中华文明的起源，为寻找中华民族之根，在黄河流域 9 个省区的大半个中国。高举"仰韶文化"这面响亮的旗帜，在时间从距今 7000 年到 5000 年的两千多年跨度内，先后发现了 5000 多处仰韶文化遗址，并对其中的 200 多处进行了发掘，取得了丰硕的考古成果。这些成果，用大量的遗迹和出土文物证明，仰韶文化时间跨度长，空间跨度广，前有渊源，后有传承，不仅是我国一支承前启后、继往开来、势头强劲的史前文明，而且在世界文明发展史和文化进化史上都是独一无二的。在这个时期内，仰韶先人们用勤劳的双手和聪明的智慧创造了辉煌的农业文明、手工业文明、礼制文明、城市文明等文明成果，已经构建了以农业经济为主、以王权政治为雏形、以聚落等级结构为框架、以等级社会为结构、以私有制为社会基础的文明社会，创造了灿烂的物质文明和精神文明，为中华文明的孕育和形成奠定了坚实的基础。

这部分展览，以出土文物为主，运用图版、数表和模拟场景等手段为辅助，向观众展示了仰韶文化时期我国各种文明元素孕育、成长和发展的过程，勾勒出了当时的社会全貌。同时，也展示了从袁复礼、李济等我国第一代考古工作者开始，到苏秉琦、安志敏、张忠培、严文明等我国又一代著名新石器时期考古学家在仰韶文化分布区域内艰辛工作的场景，以及 90 多年来关于仰韶文化的考古研究成果。

对于时空空间如此之大、要展示内容如此之多、涉及素材范围如此之广的陈列布展来说，其难度之大是可想而知的。对此，布展设计者巧妙地利用展厅由上而下行进的地势，将展厅纵向用台阶、横向用展墙分割成三个空间，并且在每一个空间里，除了以上所说的一些展品外，在选取的30多个已发掘过的仰韶文化典型遗址中，又选取了如西安半坡遗址、灵宝西坡遗址、郑州大河村遗址等，制作成模拟场景，再现了5000多年前仰韶人生产和生活的情景。运用这种接近自然的景观造型，使观众在参观获取知识性的同时，更增加了真实性和趣味性，不仅使展览显得生动，真实，有趣，又不给观众造成身体和视觉疲劳。尽管仰韶文化博物馆展出的文物不到300件，但由于运用了多种手段的展示方法和多场景转换的景观调度，展览真正起到以少胜多、见一斑而窥全豹的效果。当观众看完这个3000平方米的展厅后，产生一种一厅看了2000年、一步跨过5000岁的感觉。走出展厅，向南一望，遗址就在眼前，一片绿野，尽收眼底，禁不住释然一叹：不虚此行也！

世界生土建筑遗存的奇迹

——地坑院

如果你来到一个村庄，远远望去看不到一座房屋，却隐隐约约能听到地下有人在说话，还不时传来一声声鸡鸣犬吠，你是否会感到惊讶呢？这并非梦境或者是电影里才有的场景，也不是什么神话传说。在中国河南省西部的三门峡市黄河岸边的黄土塬上，就星罗棋布地分布着一个个这样的村庄。在这里，进村不见房，见树不见村，闻声不见人。这，就是中国豫西地区特有的一种建筑——地坑院。

地坑院，又叫"天井窑院"，准确地说，是地下窑洞院。一座座窑洞院连在一起，就是一个地坑院村庄。这样的村庄被称为中国最神奇的地下村庄、凹在地下的村庄、刻在黄土地上的符号、人类居住文明的活化石，是目前世界上仅存的一种生土建筑群。

地坑院的起源

寻找地坑院的渊源，应该先从窑洞说起。而窑洞建筑，是人类在长期生产、生活实践中改造和利用自然创造出来的一种居住方式。它既可以反映出早期人类与自然的密切关系，又可以看到人类利用自然为自身创造生存环境的物质遗存。

《黄帝内经》记载："往古之人，居禽兽之间，动作以避寒，阴居以避暑。"《韩非子·五蠹》中说："上古之世，人民少而禽兽众。人民不胜禽兽虫蛇，有圣人作，构木为巢，以避群害。"这里说的是，在一万年以前的旧石器时代，人类的祖先是住在树上的，他们构木为巢，结绳为记，过着一种原始人的生活。之后，他们又逐渐从树上下来，住进了一些天然的山洞，如在我国北京周口店发现的北京猿人遗址那样。随着人类自身的不断进化，人类对生存条件的选择也在不断进化、发展。到了距今一万年以后的新石器时代，人类又从深山里走出来，来到浅山区和平原上，创造了地穴、半地穴居住方式。窑洞建筑大约就起源于这个时期。1999 年，在山西翼城枣园遗址发现的 F1 建筑遗址，距今 7000 年左右，考古学家认为"是迄今为止山西省境内发现最早的窑洞遗迹，即是在中国也是较早的实例。"（见山西省考古所编《翼城枣园》）1974 年，在山西夏县的东下冯遗址上，由中国社科院考古所等单位发掘的房屋有半地穴式、窑洞式和地面建筑 3 种，共 30 余座，以窑洞式居址最多。窑洞靠断崖、沟壁掏成，居室平面有圆形、椭圆形和方形 3 种，均为穹庐顶，面积在 5 平方米左右，内有壁龛和火膛，个别的还有烟道通向室外。这些遗址的考古年代为公元前 1900 年左右。由此可见，中国的窑洞建筑已经有了 7000 年左右的历史。到了距今 4000 年左右以近，已经发展得比较普遍了。

在中国的黄土高原地区，有各种各样的地貌：山、丘、梁、峁、沟、坡、塬、原，等等。坡坡岭岭，沟沟壑壑，高高低低，错综交织。在这样的地貌环境下，人们创造了各式各样的窑洞建筑。主要有三种样式：一种叫靠崖窑，就是在沟坡之间，将坡地削直，成 90 度的直壁，再在壁下挖开一个个窑洞，这种窑洞在黄土高原中部地区常见。一种叫箍窑，是在平地上用土坯、石头、砖等垒砌起墙，在上面起拱成券，建起的一孔孔窑洞，这种窑洞在中国黄土高原地区的各种地貌区较常见。第三种就是我们这里说的地坑院窑洞。这种样式适合于黄土高原的塬形地貌，在黄土高原末端地区的晋南和豫西地区常见。

地坑院的建造

所谓生土建筑，就是以自然生土为材料建造的建筑。这种生土以塬形地貌为主要存在背景。塬，如前所述，是黄土高原末端地区一种特有的地貌。黄河经过了黄土高原中部地区以后，在豫、晋、陕交界处的潼关风陵渡地区改由北向南流向为由西向东流向，进入豫西和晋南的黄土高原末端地区。在这里，从北边的中条山和南边的崤山发源的一条条河流将两岸的黄土塬下切成一个个三面成沟的半岛式地貌，这种地貌就叫"塬"。这些塬大的有几百平方公里，小的有几十平方公里。厚度在几十到200多米深浅不一。这种塬就是建造地坑院的理想地区。

在塬上，人们选择一片理想的地方，由平地上向下凿挖一个长方或正方形的坑，深度在6—8米左右、长宽在12—16米之间，再在坑底四周向各边内挖洞。窑洞的数量，以需要居住的人口多少而定。一般有6—10孔窑，多的有12—16孔，可以住两代、三代人，也可以四世同堂。院和窑洞的方向，依通风、采光为主要选择条件，并尽可能满足人们居住、生活、生产、安全和环境选择等条件。院里窑洞开挖的方向，也依照传统的八卦方位确定。分为"东震宅"、"西兑宅"、

"南离宅"、"北坎宅"。依据用途分为居住窑、客房窑、厨房窑、牲畜窑、仓储窑、茅厕窑等等。迎门的叫主窑，相当于地上四合院的上房，住家庭中辈分最高的长者，两侧的客房窑依辈分或长幼住晚辈。而仓储窑、牲畜窑等一般都放在窑院内的两边侧角。进地坑院的出路，一般是在院内偏角的地方挖一个拐弯的洞，向上成斜坡状，渐成露天通道直到地面，供人、畜出入，也可出入人力车。

为了解决排水问题，在地坑院的上部边沿砌起高一米左右的挡墙，也叫"女儿墙"、"拦马墙"。既可以防止地上的儿童或牲畜掉入院内，也可以挡住来自地上的雨水灌入。挡墙以外，则碾轧成广场，既可以防止雨水下渗，又可以让地面上的水尽快排走，还可以用作农忙时的打谷场。夏秋季节，在上面打场晒粮。粮食晒干后，就从下面仓储窑的上方挖一个圆洞，将粮食直接灌入下面的仓库中。至于院内的雨水，是在院内中间向下挖 30 厘米左右的浅坑，再在坑中挖一个容量适中的水窖，让雨水流入，慢慢下渗。这些雨水，还可以用来饮用牲畜也可浇花浇树。至于人的饮用水，则是在窑院的入口一侧打一个小窑，再在窑内打井汲水。

地坑院的上下都还可以进行绿化、美化。将院内四周的坑壁用青砖垒砌，或用细泥抹光，既可以保护坑壁不被雨水冲刷，又起到美化、硬化作用；女儿墙的下面，还可以建挑水檐，布上青瓦或红瓦，既可以防水，又非常美观。至于绿化，可以在院内栽植一两棵乔木，一般是梨树、杏树等树干较高的花果树。春天来了，红白花开，露出地面，一树出墙，就是一户人家。夏天，还可在院里纳凉聊天，其乐融融。

地坑院的长期存在，几千年来一直沿用至今，自有它的道理：一是就地取材，省工省料。二是采用拱穹顶，抗压抗震，坚固耐用。三是防风、防尘、隔音、安全幽静。四是冬暖夏凉。冬天窑内温度在 10 度左右，夏天在 20 度左右，恒温保暖，是真正的天然宜居。五是环保节能，除了原始的自然生土，几乎不需要其他建筑材料。六是适用于大小家庭，容纳和谐美满的家庭成员，创造出良好的家庭文化环境。

如果我们把地坑院的创建和使用放在黄土高原地区的广阔空间，融入中国几千年农耕文明的历史长河，联系到中华民族自古以来传承的阴阳风水学、天圆地方观、皇天后土说、天人合一论来考究，这其中蕴含着丰富厚重的中国传统文化思想和哲学理念，似乎这一切都出于同一个元点——中华民族优秀文化传统传承的无穷魅力和顽强生命力。也正是由于这些物质的和非物质的文化传承，所以对地坑院的保护，历来引起了各级政府和民间人士的重视，地坑院的建筑技艺是国家级非物质文化遗产保护项目，地坑院作为地球上仅存的生土建筑，2013 年又被国务院公布为全国第七批重点文物保护单位。

地坑院的保护和利用

随着社会的发展，人们的生产、生活和居住方式也在发生着变化。特别是当社会进入了工业化、信息化时代以后，社会城镇化，生活数字化，已经成为不可逆转的发展潮流。地坑院，作为一种传统的居住方式，当然有好多地方适应不了当代人的生活需求。比如，由于处于地下，小轿车开不进院子，出入不方便；由于地层较厚，电视、手机信号太弱，信息交流受阻；由于地坑院建筑四周都是生土墙壁，不能进行现代化装修，满足不了当代人居住环境的现代化要求；由于年代久远，很多窑洞院子坍塌严重，维修比较困难；还有，随着人口增加，新建地坑院，占用耕地较多，与农业生产用地又发生矛盾。如此等等，给地坑院的使用和延续带来了诸多问题。

地坑院的命运如何？传统的地坑院如何保护？如何使用？成了摆在当代人面前的一个难题。

近几年来，地坑院所在地的政府和居民，探索出了一些解决以上诸多问题的方法和思路：

对于一些保护较好，还可以继续居住的地坑院，特别是一些年龄较大的居民，由于怀旧心理，对地坑院还有很深的留恋之情，就允许他们还继续居住下去。

对于一些地坑院比较集中，且保护状况较好的，则申报为文物保护单位，依照有关法律法规将其永久进行保留。并将其中坍塌较严重的院了和窑洞，采用传统的地坑院营造技艺将其进行维修，保持了它们的原生状态。与此同时，对集中连片的地坑院村庄，制定整体保护规划，划定重点保护范围和建设控制地带，并连同周边的环境共同进行保护。

对于没有划定为文物保护单位的地坑院村庄，则开发为旅游景点。对景区内的地坑院进行整体评估，制定开发旅游业的发展规划，并动员其中的居民搬迁，住进高楼大厦，去享受现代人的生活。按照旅游发展规划，将留下的地坑院，按照当地传统的生产、生活、民风和民俗，一个院一种内容，一个院一种风格，进行布展陈列。比如，按照当地农耕文明的传统，从农业生产的春种，夏长，秋收，冬藏，将农业生产的所有过程进行系列布展，让观众参观后了解传统农业的生产全过程。按照当地农民生活的传统方式，比如，婚俗、节庆、民间文化等诸多民俗进行复制，在地坑院里进行演示。这些演示，生动活泼，真实亲切，俗而不土，雅俗共存，让游客身临其境，享受参与和体验。再将一个个的坑院用地下通道连接起来成系列展示，又方便了游客参观。开业以来，国内外游客纷至沓来，车水马龙，人山人海，一时间，成为当地的一张靓丽的旅游名牌，收到了很好的社会效益和经济效益。

地坑院，一种传承了几千年的人居方式，一种至今世界仅存的原生态生土建筑形式，一种濒临消亡的文化遗产，在今天，经过当代人利用符合时代需求的消费思想、消费观念、产业理念的激活，不仅将其很好地保护了下来，而且让它们焕发了青春活力，又为当代人的生活增添了更加魅力无穷的生命力量。

原刊《旅游纵览》2017 年第五期，被该刊

丝绸之路上的一条小路

　　石壕古道，是 2014 年 6 月世界文化遗产委员会列入文化遗产名录的"丝绸之路：长安—天山廊道的路网"中国境内 22 处遗产点中唯一的一处道路遗产。这条古道，路面是石灰岩石质，上面经车辆长期碾压，留下两道深深的辙痕。看起来，很简单，很普通，长只有 230米，宽仅 2 米左右，与今天各式各样的沥青、水泥路比起来，它就像一条普普通通的乡间小道。但是，它很古老，很久远，很神奇。其真实性，不仅打动了世遗的评审专家，也打动了每一个看过它的人。它承载了太多太多的历史和文化内涵，犹如一部厚厚的历史画卷。翻开它，纵览古今，阅不尽沧桑巨变。

　　这条古道，位于豫西三门峡市境内的崤山腹地。三门峡，就是古代的陕州。这里，群山连绵，沟壑纵横。向南是高高的秦岭余脉崤山，向北是九曲黄河，向东向西接着中国自古以来两个著名的古都——长安和洛阳。在三门峡境内，西到潼关，东到新安汉函谷关，沿着今310 国道两侧，以关、隘、驿、站、铺、壕、寨、亭等与交通有关的地名，密如串珠，见证了这条古道的历史变迁。如果再把它向前延伸，西边可以达到意大利的罗马，东边可以跨海通往日本。这一条长达一万多公里的通道，自汉代以来就是中国与世界东西方交通、商贸、宗教、文化交流的大走廊，也是被历史学家称之为地球上连接亚洲和欧洲的北纬30—35度文化中轴线。它演绎着历史，改变着世界，贯通了古今，穿越时空，亘古未变。世界遗产委员会在审批它为世界文化遗产名录时的评语是这样说的："丝绸之路见证了公元前2世纪至公元16世纪期间，亚欧大陆经济、文化、社会发展之间的交流，尤其是游牧与农耕文明之间的交流；它在长途贸易推动大型城镇和城市发展、水利管理系统支撑交通贸易等方面是一个出色的范例；它与张骞出使西域等重大历史事件直接相关，深刻反映出佛教、摩尼教、拜火教、祆教等宗教和城市规划思想等在古代中国和中亚等地区的传播。因此，世界遗产委员会建议将其命名为'丝绸之路：长安—天山廊道的路网。'"

其实，这种穿越时空的交通通道，早在距今5000多年的仰韶文化庙底沟类型时期，就已经开始了。这个年龄，比汉代的丝绸之路要长3000多岁。发源并命名于三门峡的庙底沟文化，当时发达的农耕文明、制陶业手工业文明、陶艺制作文明、以面积达516平方米的大房基为代表的地上地下的房屋建筑文明，以它们特有的尖底瓶、弧线圆点纹和花卉图案为符号，向北传播到内蒙古南边的大青山下，向南影响到江汉平原，向东可达山东东部，向西直到甘陇地区。想想，在当时那种生产力水平下，这种传播、影响和交融，不就是一种文化交流的魅力吗？难怪有历史学家把这种文化的传播交流称之为我国汉代之前的丝绸之路，称三门峡地区为中国之前的"中国"。

夏商周三代，这条古道也非常热闹。夏代的活动范围就在今天的晋南和豫西一代，有"夏禹导河东至于砥柱"，夏侯皋葬于雁翎关等故事和古迹，说明夏代至少有两个君王在这里有活动的足迹。商代称陕州地区叫"夹方"。其实，不管是夹，是峡，还是陕，都与这里的地貌和交通环境有关：夹，就是夹道之"夹"；峡，是两山之间的通道；陕，是山和河之间的高地。如此南北狭窄，东西狭长的一条通道，历史学家研究说，这里是商灭夏以后，夏商两朝交替争夺的一条通道，灵宝的关龙逄墓、渑池的郑窑和陕县的七里铺遗址可以作证。到了两周时期，陕州更是周王朝争夺和占据的一块宝地，从西周早期"武王以封神农之后于此"（古焦国）；到周公召公分陕而治；到老子从洛阳西行过函谷关写下千古名著《道德经》；周王室东迁于陕州的古虢国，至今还给三门峡上村岭上留下了 800 多座古墓和难以计数的青铜器、玉器等珍贵文物。

"秦王扫六合，虎视何雄哉！"（李白诗）秦帝国虎视天下，狼吞六国。但它从来不把战场放在自己本国开打，把守住函谷雄关，在关外摆开战场。关东之地，兵戎相见，杀声震天，血流成河。义马的楚坑，埋下了项羽坑秦兵二十万的累累白骨；陕县和灵宝的黄土塬上，留下了成千上万座秦国兵将的墓葬；渑池的会盟台，记下了秦赵会盟休战的盟语；秦晋崤函之战就发生在今古道所在地区。崤函古道成了千古一帝的战场，也记下了它的盛强和衰落。

中国古代的盛世在汉唐，它们曾经是当时世界上称雄天下的强大帝国。汉唐实行两京制，襟带两京、表里山河的陕州，不仅是帝王们往来驻足的行宫，也成了东西交通、贸易、文化、宗教交流的驿站。这条古道演绎了无数个名垂史册的故事：汉文帝来这里谒拜河上公（传说是中国第一个注解《道德经》的人），请求治国之道；汉武帝时修筑了陕州城，四面环山三面水，半城烟树半城田；曹操在崤山开古道，形成了古道姊妹篇——南北二崤道；李世民来这里看砥柱，写下了"仰临砥柱，北望龙门，茫茫禹迹，浩浩长存"的诗句；武则天在这里建行宫；李隆基因这里而改元；上官仪、上官婉儿、姚崇从这里走进帝王的殿堂，李白走过，杜甫走过，还有白居易、孟郊、韩愈、刘禹锡、宋之问等等，哪一个都不空来，都曾在这里留下了千古名句。杜甫一首《石壕吏》，不仅敲响了崤函古道上车辚辚、马萧萧的铃铛声，也记下了安史之乱带给百姓的苦难和灾殃，成了这条古道上名扬四方的历史音符。还有，自汉至唐，也是佛教传入中国，并逐渐被中国人吸纳、汉化，融合成了中国人自己的一种宗教信仰。陕州这块宝地，也成了信徒们神往的天堂，鸿庆寺是洛阳龙门石窟之前的石窟、空相寺是禅宗祖师达摩的埋藏地，还有安国寺、宝轮寺，袅袅的钟声经音成为宗教文化留给三门峡人的一份宝贵遗产。

北宋以降，中国的政治中心先是东移，再北移，陕州失去了京畿之地的待遇。但，金元时期，蒙古帝国入驻中原，明、清王朝北上南下，西安洛阳两京雄风犹在，陕州作为中原地区东西大通道的地位不减。考古工作者在古道发掘出土的元代《创修古崤陵便民碑记》和清代《硖石山修路记》石碑，以及唐宋至明清时期的路土辙痕，都说明这条古道依然繁忙着，并不断进行着修筑。

岁月弹指，千年易过。直到民国时期，陕州的这条古道仍在忙碌。只是由于山高路险，翻山越岭，加上交通工具落后，走起来好难好难，好慢好慢。康有为1923年来陕州，据说坐的是马车，看了当时的黄河天堑三门峡谷，禁不住赋诗《题三门》，发出了"吾欲铲除此巨嶂，扬帆碧海达河源。开苏彝士通欧亚，绝巴拿马沟西东"的感慨。鲁迅先生1924年8月从北京往西安讲学，乘坐当时只通到陕州的火车，然后水陆两道兼行，200多公里路程，到西安用了5天时间。火车、木船、马车，铁路、水路、公路，一路颠簸，一路艰辛。

20世纪60年代，因为黄河上第一座大坝的兴建，古陕州改称为三门峡。石壕古道的命运，也发生了根本的变化。之前，先是陇海铁路、洛（阳）潼（关）公路修通；之后，先后有310国道、连霍高速、郑西高铁相继开通。石壕古道华丽转身，变成了四条横贯我国东西的交通大动脉。而自己，则变成了文物，静静地躺在崤山的怀抱。不仅如此，近年来，特别以习近平同志为总书记的党中央主动应对全球形势深刻变化，统筹国际国内两个大局，提出"一带一路"建设的重大战略决策以来，三门峡紧紧抓住新欧亚大陆桥、郑（州）洛（阳）三（门峡）工业走廊、晋陕豫黄河金三角区域合作等重大战略机遇，提出了"以发展文化、旅游为主打造休闲文化城市"的发展思路，深度融入"一带一路"战略，积极打造丝绸之路东引西连的重要节点城市。三门峡沿着"一带一路"走出去，面向"一带一路"请进来。短短几年，三门峡的政治、经济、社会、生态、文化都取得了长足发展，发生了质的变化，实现了资源型城市的顺利转型。丝路古道仿佛有了分身之术，由原来的一条小路，变成了四横（如前述）三纵（209国道、侯马至十堰高速、蒙西华中铁路）的交通枢纽，使三门峡这个既不靠海又不沿边的内陆城市，仿佛插上了翅膀，置身于更加宏大的时代背景里，焕发出强劲的动力。一条古老的小路，涅槃再生，向世界散发出勃勃生机，输送着中国改革开放、复兴图强的时代强音！

原刊《光明日报》2015年12月16日10版，有删改

丝路情深　车辚马萧辙痕深

2014 年 6 月 22 日，在卡塔尔多哈召开的联合国教科文组织第 38 届世界遗产委员会会议上，丝绸之路跨国联合申报世界文化遗产项目以"丝绸之路：长安—天山廊道的路网"名义成为世界文化遗产。在全部 33 处各类遗址中，崤函古道是全部入选项目中唯一的一处古道遗迹。

崤函古道是我国古代东京洛阳至西京长安进入古陕州崤山地段道路的总称，是中原通关中、达西域的咽喉要道，见证了汉唐时期两京之间乃至中国与西方的经济与文化往来。如果从东汉的班固开西域时期算起，至清代末年，古道废弃不用至今，它已经有 2000 多年的历史了。

在今河南三门峡的陕州故城向东到洛阳之间，在古代有两条崤道：一条是从今三门峡东经交口向南，过雁翎关，沿洛河向东，到洛阳，历史上称为南崤道。一条经交口一直向东，经张茅、硖石、观音堂、渑池向东，到洛阳，历史上称为北崤道。石壕古道就在北崤道今硖石乡北面的一个山坡上。这里，南依重峦叠嶂的崤山，北有深沟通向黄河。其间，沟壑纵横，坡陡沟深。这段古道所在的山坡，地势较平缓，属于石灰岩地质。从古道东西地形来看，也只有这里，才是道路要经过的理想选址。经人工开凿成道路以后，经过历代车碾畜踏，人开人凿，在路面上形成了两条深深的辙痕。因为古道距东面的石壕村不远，人们习惯上称它"石壕古道"，学术上称为"崤函古道"，西边的村子也得名"车壕村"。

由于自然和人工的原因，石壕古道至今保留下来比较完整的路面不多。这次被列入世界遗产名录的一段古道，位于车壕村东约 800 米处的山梁和西北方向的山坡上，呈东南西北走向，长约 230 米，宽窄不等。宽处约 8.8 米，窄处约 5.2 米。辙痕也深浅不一，最深处可达 0.41 米。车道分三种类型：坡底平缓处为两条辙痕的一车道，为行车道；上坡处有四条辙痕的二车道，一条是行车道，一条是会车道；坡顶处有六条辙痕的三车道，一条是行车道，另外两条是会车道和休息车道。在中间的行车道上，被车辙碾轧的辙痕两侧有明显的人工用钢钎凿过的痕迹。两轮辙痕中间的石板上，有似牲畜铁掌踩踏的蹄形石窝。

经过文物工作者多年的考古调查和发掘，在这条古道东边的下坡处也发现有几段断断续续的古道，被埋压在现在的农民使用的通往田间的道路下边。在古道西边的一块农田里，经开挖到地下三米至四米处，也发现了原来道路经过的土层上车轮碾轧过的土辙痕。古道东西方向延伸的这些痕迹，不仅证明了它们与现在露在外边的古道曾经是一条道路，而且也指明了古道在东西两个方向的走向。在古道最上边的坡顶上和坡下边，也发现了很多有价值的其他痕迹。一是发现蓄水池两个：一个在坡顶最高处，是利用自然石坑经人工开凿而成；一个在西北坡底，为土质开挖而成的"坡池"。经考证，这两个蓄水池都是用来收积雨水，以供来往过路的牲畜或行人饮用。二是出土了一些遗留在古道上的遗物：有大小马掌 11 只，车用圆帽铁栓 1 个，各种瓷器残片 16 块，残缺铜铃 1 个，清代石灰岩质龟形碑座 1 块，清光绪年间铜圆 1 枚。这些遗物，都是与古道直接关联的佐证。特别是这枚铜圆，至少可以佐证这条古道使用的下限时间。三是找到了很多与古道有关的历史文献资料。过去，在寻找与古道有关的历史文献资料时，除了唐代诗人杜甫在乾元二年（公元 759 年）在这里写下的《石壕吏》名篇外，其他几无所获。经过近几次文献调查，发现了元泰定三年（公元 1326 年）3 月 24 日的《创修古崤陵便民路碑记》，碑文在描述崤函古道之险之艰时写道："怪石横突，犹虎踞龙蹲之猛；细路萦纡，或蟠峻阪，或逗幽谷，若修虺长蛇之状。""车不并辕，马不并列。"并记载了当时的陕县主簿李与忠如何动员群众，开山运石，因形就势，疏修这段古道，使得"商旅喜得平坦之途，奚翅行人往还之便"等事实。此外，还有清代陕州知州张天翼所撰写的《硖石山修路记》碑文，所记内容也涉及此段古道如何艰难险阻，修筑这段路如何困难重重，修通这段路如何造福人民等等，"伐山取薪灼之，后继以椎以凿、自硖石抵乾壕、计二十里，仅周岁而抵。平步者、骑者、舆者、负载者、推车挽者无复往日之苦矣。"此外，这段碑文还有在道路旁边"凿井烹茶，以饮道渴"等内容。这些记载，正好与古道上发现的人工开凿的蓄水池痕迹相印证。这两篇碑文之外，还找到很多与古道有关的历史文献记载和古代地图。

总之，通过现场考察、文物考古调查和历史文献记载印证，不仅证明了这条道路其势艰难险峻，历代多有整修，使用时间之久，其作用和价值不可多得，也大大加深了人们对这段道路文化遗产价值的认识。

石壕古道列入世界文化遗产名录，对三门峡来说，不仅填补了三门峡没有世界文化遗产的历史空白，提升了文化遗产保护的水平，也拉近了三门峡文化遗产保护与世界的距离，拿到了一张与世界对话的名片。这段用车轮碾轧在丝绸之路上的世界交通史，终于迎来了它名至实归的世界文化遗产身份！

丝路情深　一段车轮碾出来的世界交通史

——崤函古道申报世界文化遗产的那些事

石壕古道列入世界文化遗产名录，对三门峡来说：填补了我市没有世界文化遗产的历史空白，提升了我市文化遗产保护的水平，提高了我市文化遗产保护成果的品位，拉近了我市文化遗产保护与世界的距离，拿到了一张我市与世界对话的名片。换言之：这个成果，对三门峡来说，来势逢时如春雨，影响重大似炸响，意义广深像催阵。

回顾三门峡石壕古道申遗的经历，这一段曲折而不平凡的路至今仍记忆犹新。

一段名不见经传的路

在三门峡从今陕州故城向东到洛阳之间，在古代有两条崤道：一条是从今三门峡东经交口向南，过雁翎关，沿洛河向东，到洛阳，历史上称为南崤道。一条经交口一直向东，经张茅、硖石、观音堂、渑池向东，到洛阳，历史上称为北崤道。石壕古道就在北崤道今硖石乡北面的一个山坡上。这里，南依重峦叠嶂的崤山，北有深沟通向黄河。其间，沟壑纵横，坡陡沟深。这段古道所在的山坡，地势较平缓，属于石灰岩地质。从古道东西地形来看，也只有这里，才是道路要经过的理想选址。经人工开凿成道路以后，经过历代车碾畜踏，人开人凿，在路面上形成了两条深深的辙痕。因为古道距东面的石壕村不远，人们习惯上称它"石壕古道"，学术上称为"崤函古道"，西边的村子也得名"车壕村"。

据历史记载，这条古道，从夏商周一直到明清，都是我国古代中原地区东西方交流的一条交通要道。特别是在两汉、隋唐我国古代实行的两京制时期，它一直就是从长安到洛阳的交通要道。至清代末年，古道废弃不用往前，它的使用时间至少2000多年了。

由于自然和人工的原因，石壕古道至今保留下来比较完整的路面不多。这次被推荐列入世界遗产名录的一段古道，位于车壕村东约800米处的山梁和西北方向的山坡上，呈东南西北走向，长约230米，宽窄不等。宽处约8.8米，窄处约5.2米。辙痕也深浅不一，最深处可达0.41米。车道分三种类型：坡底平缓处为两条辙痕的一车道，为行车道；上坡处有四条辙痕的二车道，一条是行车道，一条是会车道；坡顶处有六条辙痕的三车道，一条是行车道，另外两条是会车道和休息车道。在中间的行车道上，被车辙碾轧的辙痕两侧有明显的人工用钢钎凿过的痕迹。两轮辙痕中间的石板上，有似牲畜铁掌踩踏的蹄形石窝。

经过文物工作者多年的考古调查和发掘，在这条古道东边的下坡处也发现有几段断断续续的古道，被埋压在现在的农民使用的通往田间的道路下边。在古道西边的一块农田里，经开挖到地下三米至四米处，也发现了原来道路经过的土层上车轮碾轧过的土辙痕。古道东西方向延伸的这些痕迹，不仅证明了它们与现在露在外边的古道曾经是一条道路，而且也指明了古道在东西两个方向的走向。在古道最上边的坡顶上和坡下边，也发现了很多有价值的其他痕迹。一是发现蓄水池两个：一个在坡顶最高处，是利用自然石坑经人工开凿而成；一个在西北坡底，为土质开挖而成的"坡池"。经考证，这两个蓄水池都是用来收积雨水，以供来往过路的牲畜或行人饮用。二是出土了一些遗留在古道上的遗物：有大小马掌 11 只，车用圆帽铁栓 1 个，各种瓷器残片 16 块，残缺铜铃 1 个，清代石灰岩质龟形碑座 1 块，清光绪年间铜圆 1 枚。这些遗物，都是与古道直接关联的佐证。特别是这枚铜圆，至少可以佐证这条古道使用的下限时间。三是找到了很多与古道有关的历史文献资料。过去，在寻找与古道有关的历史文献资料时，除了唐代诗人杜甫在乾元二年（公元 759 年）在这里写下的《石壕吏》名篇外，其他几无所获。经过近几次文献调查，发现了元泰定三年（公元 1326 年）3 月 24 日的《创修古崤陵便民路碑记》，碑文在描述崤函古道之险之艰时写道："怪石横突，犹虎踞龙蹲之猛；细路萦纡，或蟠峻阪，或逗幽谷，若修虺长蛇之状。""车不并辕，马不并列。"并记载了当时的陕县主簿李与忠如何动员群众，开山运石，因形就势，疏修这段古道，使得"商旅喜得平坦之途，奚翅行人往还之便"等事实。此外，还有清代陕州知州张天翼所撰写的《硖石山修路记》碑文，所记内容也涉及此段古道如何艰难险阻，修筑这段路如何困难重重，修通这段路如何造福人民等等："伐山取薪灼之，后继以椎以凿、自硖石抵乾壕、计二十里，仅周岁而抵。平步者、骑者、舆者、负载者、推车挽者无复往日之苦矣。"此外，这段碑文还有在道路旁边"凿井烹茶，以饮道渴"等内容。这些记载，正好与古道上发现的人工开凿的蓄水池痕迹相印证。这两篇碑文之外，还找到很多与古道有关的历史文献记载和古代地图。

总之，通过现场考察、文物考古调查和历史文献记载印证，不仅证明了这条道路其势艰难险峻，历代多有整修，使用时间之久，其作用和价值不可多得，为以后的申遗工作提供了很多的佐证，也大大加深了人们对这段道路文化遗产价值的认识。

然而，就是这条承载着厚重历史和人文价值的古道，在 1998 年以前，还是一个原陕县政府公布的一个县级文物保护单位。

丝绸之路跨国联合申遗

2006 年 8 月 2—7 日，由联合国教科文组织（UNESCO）世界遗产中心和中国国家文物局主办，新疆维吾尔自治区文物局、吐鲁番地区行政公署承办的丝绸之路申报世界遗产国际协商会议，在中国吐鲁番召开。来自联合国教科文组织世界遗产中心、联合国教科文组织北京办事处及中国、哈萨克斯坦、吉尔吉斯斯坦、塔吉克斯坦和乌兹别克斯坦的相关专家与管理者共 50 余人出席会议。

通过分享参会各国代表在会上所做的内容丰富的遗产介绍及各国为申报世界遗产所做的准备，与会者注意到各国表现出的申遗热情和为之付出的努力，深受鼓舞并充满信心。

世界遗产中心多年来一直致力于同中国和中亚国家的合作，寻求丝绸之路跨国申报世界遗产的系统做法，与会者对此表示赞赏和感谢。就未来开展丝绸之路跨国申报世界遗产，与会者就有关问题达成了共识：

一是确定了丝绸之路申报世界遗产的意义与性质。认为丝绸之路作为横跨欧亚大陆的商旅之路与文化交流之路，具有悠久的历史，丰富的文化内涵，拥有显著的全球突出普遍价值。在目前阶段的认证和推荐申报世界遗产的过程中，中国同行提出了丝绸之路中国段的起讫年代与主要路线：始于中国汉代的张骞出使西域（公元前 2 世纪），止于清朝中期（18 世纪）。主要路线分作 3 条，从长安（今西安）或洛阳出发，向西经河西走廊、敦煌，在新疆界内分为北、中、南路，最终分别从新疆的阿力麻里（今伊犁）和喀什嘎尔（今喀什）通向中亚。中亚国家代表也根据各自境内丝绸之路的历史遗存与研究成果，做出符合历史实际的科学界定，以确定丝绸之路跨国申报的遗产名单。

二是确定了丝绸之路联合申报世界遗产的标准。根据上述意义与性质，按照《保护世界文化与自然遗产公约》及其《实施指南》中关于世界文化遗产的 6 条标准，选取和确定各国申报的初步名单。各国应根据同样文件的规定，准备申报世界遗产。应就申报名单的真实性和完整性提出准确的名单，以及延续相关真实性和完整性的保障措施、保护与管理的法律保障、保护机构的建立、保护范围与缓冲区的划定、保护规划的完善、记录档案的建立、资金筹措、防灾措施制定等等。

三是构建有效的国际合作组织。与会者认为，要利用本次会议的成果，推动各国政府强化申报与保护的意愿，在国内建立协调一致的工作机制，并做出切实有效的部署，进而在世界遗产中心的协调下开展各国的合作行动。搭建一个信息共享平台，使丝绸之路相关资料能够以中、英、俄文字共享，并尽可能在丝绸之路沿线相关国家的专家与管理者之间传播。

四是建立专业咨询机制。鉴于丝绸之路丰富多样的历史、文化、传统内涵与自然、地理状况，为保障丝绸之路跨国申报世界遗产的科学性和可信性，由各国协商、推荐组成一个具有权威性的科学委员会，如有必要，还可邀请相关国际组织如国际古迹遗址理事会共同参与，形成一种国际合作专业咨询机制。

五是决定申报计划分阶段实施。各国根据会议达成的意见，尽快开展丝绸之路沿线有关文化遗产的价值认定，提出各自相关的遗产申报名单。中国代表建议，积极创造条件，争取在3—4年内，提交首批丝绸之路跨国申报世界遗产的正式文本。同时，向联合国教科文组织说明进一步进行跨国申遗的计划。各国根据本国情况制定可行的工作计划和时间表。

吐鲁番会议的最终成果是通过了《丝绸之路跨国申遗吐鲁番初步行动计划》。

这次会议还就下一次会议的议题以及向世界遗产委员会的报告内容达成了共识。

三门峡开始行动

按照国际、国内达成的关于丝绸之路行程路线的共识，认为丝绸之路起于西汉时期的长安（今西安），但到东汉时期延伸到洛阳。根据吐鲁番会议通过的《丝绸之路跨国申遗吐鲁番初步行动计划》文件对丝绸之路确定的定义、性质、年代和起讫两端，至少从东汉开始，三门峡的义马、渑池、陕州、灵宝一线，已经成为洛阳通往中亚地区的古丝绸之路的重要一段。按照商旅之路和文化交流线路文化遗产的概念，在这条线上留下的古关、古道、古城址、古寺院以及与之相关的文物等，都应属于这次申报的范围之列。

根据吐鲁番会议达成的关于丝绸之路跨国申遗的共识及其部署，国家文物局要求我国相关省、自治区要在 2006 年 10 月份之前确定各自申报的初步名单和行动计划。为此，河南省文物局于 2006 年 8 月 8 日在郑州长城宾馆召开了河南省申报丝绸之路世界遗产座谈会。参加会议的人员，有河南省文物局局长陈爱兰、副局长孙英民、河南省考古学会会长杨焕成、河南大学历史学教授朱绍侯、中国社会科学院考古所洛阳隋唐考古队领队陈良伟和汉魏古城考古队领队钱国祥、河南省考古所所长孙新民，以及三门峡、洛阳市文物局的局长及工作人员。我和我市的文物专家许永生先生参加了会议。

郑州会议结束的第二天，即 8 月 9 日，我向文化局长郭炎堂汇报后，即到市政府向主管副市长郭绍伟做了汇报，并随即一同向市长李文慧做了汇报。李文慧市长要求，申报世界文化遗产对三门峡来说是件大好事，也是个难得的机会，要求文物局要按照上级有关部门的要求尽快开展工作。

8 月 15 日上午，我邀请了三门峡文物界的几位老专家和局机关有关科室负责人召开了座谈会，传达了省文物局郑州会议精神和市政府领导的有关要求，学习了丝绸之路申报世界文化遗产的入选标准。经过讨论，就三门峡申报丝绸之路世界文化遗产拟定了初步的 8 个名单：义马的鸿庆寺，灵宝的秦函谷关，陕县的空相寺、安国寺、石壕古道，市区的陕州故城、宝轮寺和黄河古栈道。

8 月 16 日，我们就组织有关人员对初步申报世界文化遗产的 8 处文物保护单位开始了详细的调查。同一天，国家文物局召开会议，要求河南省文物局必须于 9 月 20 日前申报申遗文本。为此，河南省文物局在 8 月 18 日又召开紧急会议。省文物局局长陈爱兰、副局长孙英民、有关处室负责人和郑州、洛阳、三门峡三个城市的文物局长参加了会议，我代表三门峡参加了会议。会上，省文物局成立了河南省申报世界文化遗产领导小组，陈爱兰局长亲自担任组长，要求郑、洛、三三市 8 月底完成申报文本及相关工作。从郑州回来的第二天（8 月 19 日），我就召开有义马市、渑池县、陕县、灵宝市文物部门负责人和市里几位文物老专家及机关有关科室负责人参加的会议，要求大家：时间紧（只有 10 天），任务重，要一边调查，一边起草相关文本，务必按时完成任务。

到 8 月 30 日，我们完成了《丝绸之路跨国联合申遗河南省三门峡段申报遗址材料》，并当天派文物局副局长张怀银带领文物科的两位正副科长去郑州报送给省文物局。

从此，三门峡丝绸之路申报世界文化遗产的工作就紧张有序地拉开了序幕。

函谷关入选

2007 年 1 月 16 日，国家文物局印发了文物保发〔2007〕2 号《关于印发〈中国世界文化遗产预备名单〉的通知》，这个文件是面向全国各有关省、自治区和直辖市的，文件向全国已经列入申报世界文化遗产预选名单的有关地区提出了"加强保护和管理、划定保护范围和建设控制地带、编制保护规划、制定专门法规以及景观控制"等要求。其中，河南省列入的名单有郑州、洛阳、三门峡的丝绸之路河南段，洛阳、郑州、开封、商丘、新乡、安阳的大运河河南段，登封的嵩山古建筑群和新乡的明清皇家陵寝潞简王墓。

2007年7月6日，河南省文物局又召开了"关于丝绸之路申报世界遗产河南申报情况的紧急通报会"。我与三门峡灵宝市的主管副市长冯俊珍、文化局长杨连珍、函谷关管理处主任杭建民以及局里有关科负责人到郑州参加了会议。

会上，省文物局主管副局长孙英民介绍了国家文物局关于丝绸之路申遗的进展情况，以及河南省近几年所做的工作，并就过去学术界关于丝绸之路起点问题的争论做了说明：河南段自西汉张骞出使西域，到东汉时班超受当时的中央政府委托，重开西域，使东汉与西域之间的经济文化交流得以继续发展，形成了中国中原丝绸之路河南段。在认识时间上，西安是起点；在空间上，河南古洛阳也包括其中。

孙英民介绍，国家文物局高度重视丝绸之路申遗工作，上个月（6月）在乌鲁木齐召开专题会议，对这项工作进行了专题部署。根据国际古迹遗址理事会副主席、国家文物局申遗专家郭旃先生提议，按照古洛阳的地域概念，河南列入正式申遗名单有5处：郑州的巩义石窟、洛阳的汉魏故城、隋唐洛阳城、白马寺、三门峡灵宝的秦函谷关。

省文物局局长陈爱兰强调：做好丝绸之路申遗工作是河南省千载难逢的机遇和盛德之举，我们要用改革的胸怀、开拓的意识、务实的精神，抓紧抓好申遗工作，省政府将成立以省长为组长的申遗领导小组，有关市也要建立相应机制，全力抓好审议工作。

8月2日，接到国家文物局通知，关于丝绸之路跨国申遗工作国家文物局组建了四个专家组要到有关的6个省、自治区进行考察。河南、陕西为一组，本月就到。而此时，灵宝函谷关的旅游开发工程正在热火朝天地进行，函谷关几处重要的文化遗迹会不会遭到破坏？令人担心。为确保申遗考察专家组的考察能顺利进行，我专程到灵宝市约见了时任市委书记吕均平、宣传部长吕根友、主管市长冯俊珍等同志，将旅游开发建设与文物保护，特别是要确保申遗工作成功等问题讲明了利害关系，请他们要顾全大局，分清轻重，处理好旅游开发与文物保护的关系，并预告了国家文物局专家组考察的有关安排。灵宝市的各位领导都做了很好的表态。

转折

为了迎接国家文物局专家组对函谷关的考察，2007 年 8 月 13 日，我带着文物局的几位科长到函谷关去踩踏考察线路。对函谷关来说，过去来过多次，自己认为一点也不陌生。但是，这次带着任务来，又走了一趟，却有了新的认识。过去，只是听说函谷关古道全长近十华里。但是，我从来没有走到头。这次，我们沿着古道的沟底走，走了大约三分之二路程时，却没有路了。只好沿着陡坡走上去，来到古道西边坡顶的西寨村。再向西走一段平路，古道又进入了沟里。原来，所谓的十华里，其实中间有一段是在沟上边。也就是说，函谷关古道是一个马鞍形，从西寨村往东，进入沟底，通向关楼；从西寨村向西，走一段平路，在西边的烽火台处，古道又向下进入沟底，直通到西边的黄河岸边。这一次，我们基本确定了专家组来考察时的线路。

确定了专家组的考察线路以后，还要准备他们来了如何汇报，特别是要准备回答他们可能会提出一些我们准备知识资料之外的问题。为此，8 月 15 日，我又邀请了河南省古建筑研究所原所长、我省著名古建筑专家杜启明先生来函谷关考察。杜先生是我的老朋友，过去也来过函谷关。但是，这次是因函谷关申报世界文化遗产而来。他不但很高兴，而且高度重视。来到以后，我和时任函谷关管理处主任的杭建民同志一起，又沿着 8 月 13 日走过的线路又走了一趟，回到办公室，又进行了商量，就汇报材料、现场准备、资料准备等等事宜，都做了详细的安排。

8 月 19 日，我又带着局里的有关同志到函谷关就前两次商定的有关事宜检查了灵宝和函谷关有关工作的落实情况。

根据国家文物局 8 月 16 日的通知《丝绸之路申遗专家考察接待工作安排》，专家组是 8 月 20 日从陕西西安出发来河南的。要求河南省文物局、三门峡市、灵宝市的有关领导到连霍高速的潼关省界接专家。20 日上午快到 12 点时，三门峡市政府主管副市长赵艳带领文化局局长郭炎堂和我在高速公路三门峡东出口接住了专程来陪同考察的河南省文物局局长陈爱兰、副局长孙英民和几位主管处长，乘灵宝市政府派来的中巴车赶到灵宝紫金宫酒店。中午，三门峡市委常委、宣传部长李立江，赵艳副市长，市政府副秘书长孙天成等陪同省局领导简单吃了午饭后，就往高速公路潼关省界处接住了专家组二人。他们是全国政协委员、国家社会科学院考古所研究员安家瑶，北京市文物研究所副所长、研究员赵福生。

安家瑶研究员是我国著名新石器时期考古学家安志敏先生之女。之前我只听说过她的名字，但未能见面。安志敏先生曾经在 1951 年与著名考古学家夏鼐先生一起在仰韶村遗址进行过第二次考古发掘，又是我市著名的庙底沟文化发现和发掘主持者。前几年他曾来过三门峡，我曾经邀请他给我们的文物干部讲课。去世以后，我与虢国博物馆的副馆长刘社刚联名写了一篇《安志敏先生与三门峡二三事》的文章，在《中国文物报》发表。安家瑶看到以后将文章收藏下来，并记住了作者的名字。这次来到三门峡，一见面，我就做了自我介绍，她非常高兴，有一见如故的感觉。一路上我们开始聊了很多她父亲在三门峡的事，这些看起来像是闲聊的交流，为我们这次接受考察埋下了伏笔。

接住专家后，一行人就直接来到函谷关开始考察。我们按照事先确定的路线从函谷关城门楼下进入古道，沿着黄土古道往里走。那一天是阴天，没有太阳，也没有一丝风，天气闷热、湿热，在沟底走着，就像在蒸笼里一样。走了一段，所有人都大汗淋淋。加上人多踩踏扬起的黄土，每个人脸上都灰突突的。但是，由于特殊的任务，没有一个人有怨言。走了一段沟底的土路，又沿着几乎没有路的陡坡爬上坡顶，坐车经过西寨村来到古道西段的烽火台前，俯瞰通往黄河的一段古道。两位专家一边看，一边提问；我们一边回答，一边察言观色，总想从她们嘴里探出点什么。

晚饭后，在灵宝紫金宫酒店的会议室里召开了简短的会议。会议由孙英民副局长主持，冯俊珍副市长代表灵宝市政府汇报了灵宝市关于函谷关申遗所做的工作。两位专家现场提问了一些问题，并作了简短的表态。灵宝市政府市长乔长青作了表态性发言，表示只要函谷关能够列入丝绸之路申报世界文化遗产推荐名单，灵宝将会尽一切努力，做好自己的工作，并希望函谷关申遗能够成功。陈爱兰局长最后也代表省文物局表了态，并对三门峡和灵宝文物部门提出了工作要求。

说实话，这个会议，开得没有结果，不咸不淡。一边是急急切切，想让专家们有个说法；一边是口风严谨，三缄其口。我在下边坐着，干着急，没有办法。心里说不出什么滋味，预感到效果不会理想。愧疚自己作为业务主管部门的领导，由于工作没有做好，让各位领导和专家都在作难。重要的是，如果函谷关这次考察后不被列为下一步备选名单，三门峡的这次丝绸之路申报世界文化遗产就要空白了，后果不堪设想。

在安排第二天的日程时，专家们提出要么回程看看虢国博物馆，要么看看仰韶村遗址。这时，凭着我与安家瑶女士的私下交流，就提出到陕县看看石壕古道。并向她介绍了古道的有关情况。我认为，按照我掌握的世界遗产申报的相关条件，石壕古道的原真性、完整性以及保护情况符合申遗标准。安家瑶女士与赵福生研究员商量了一下说：这个点，不在国家文物局文件安排的名单之内，但听你们这样介绍后，可以看看。听到这样表态，我感到十分高兴，就和郭炎堂局长连忙分头通知陕县的主管县长张儒雷等有关领导做好准备，安排好第二天的考察。

第二天，也就是 8 月 21 日，一行人如期到石壕古道考察。到石壕古道，裸露在荒山野岭上的这段道路，古朴纯真地展现在大家面前。真实的车辆碾压痕迹、原始的环境、原真的文物、没有任何破坏、没有任何现代人干预的痕迹。让两位专家越看越高兴，安家瑶女士情不自禁地说："这才是真正的丝绸之路上的路！"二位专家商量以后表示，回去以后，要向国家文物局领导汇报，争取这一处列入备选名单。这时，省文物局、三门峡市以及陕县陪同考察的几位领导悬着的心才落了地。我也暗自高兴，幸亏调整了今天的考察线路，要不，真的就完蛋了！

2007 年 10 月 11 日，国家文物局下发了《关于抓紧做好丝绸之路申报世界遗产工作的函》（文物保函〔2007〕1267 号）。该函根据前期各组专家考察的意见，并委托中国世界文化遗产专家委员会对丝绸之路沿线相关遗产的现场评估和推荐意见，提出了《丝绸之路申报世界遗产国内遗产选点推荐名单及其评议意见》，并对河南省推荐的 5 处名单进行了调整，除郑州、洛阳的原定 4 处不变外，洛阳增加了汉函谷关，三门峡的秦函谷关换成了崤函古道，并讲明了理由，提出了要求："先不推荐秦函谷关，只推荐汉函谷关及崤函古道。该古道为丝绸之路必经之路。需做好规划编制、环境整治、考古调查等工作。"

为了做好崤函古道的申遗工作，赵艳副市长于 2007 年 10 月 24 日签发了向河南省文物局报送的《三门峡市政府关于积极争取丝绸之路（三门峡段）申报世界文化遗产的函》，该函表明三门峡市委、市政府高度重视丝绸之路申报世界文化遗产工作，决定专门成立领导小组，将"动员全市各级各部门和社会各界积极参与并大力支持。""下一步，我市将按照国家文物局《关于抓紧做好丝绸之路申报世界遗产工作的函》精神，为申报工作提供强有力的人力、物力、财力支持。"

2007 年 11 月 13 日，三门峡市政府下发了《关于成立丝绸之路（三门峡段）申报世界文化遗产工作领导小组的通知》（三政文〔2007〕125 号），李文慧市长亲自担任组长，李立江部长、赵艳副市长、公安局长兼市长助理崔保连担任副组长，文化、文物、发展改革、财政、建委、国土资源、环保、农业、林业等部门主要领导为成员，领导小组下设办公室，我兼任办公室主任。接着，陕县县委县政府也成立了以县委书记高战荣为组长的领导小组，并带领有关部门领导到现场考察办公，开始了紧张有序的崤函古道申遗工作。

市政府常务会议

2007 年 12 月 27 日至 28 日，为加强对丝绸之路申报世界文化遗产工作的协调，由国家文物局主办、甘肃省文物局承办的"丝绸之路申报世界文化遗产工作协调会"在甘肃省兰州市召开。国家文物局局长单霁翔、副局长顾玉才等有关领导，河南、陕西、甘肃、新疆、宁夏、青海等 6 个已经确定有丝绸之路申遗推荐项目的省（自治区）文物局领导，申报项目所在地的 22 个市（州）政府主管领导以及文物部门负责人共 99 人参加了会议。河南省文物局局长陈爱兰、资源处处长秦文生以及三门峡、洛阳、郑州三个市的主管市长和文物部门负责人参加了会议。我和陕县文化局局长张绪涛陪同市政府赵艳副市长与会。

兰州会议的主要任务是：通报丝绸之路申遗工作进展情况，找出当前工作中存在的问题，确定下一阶段的工作任务，制定丝绸之路申遗时间表，统一思想，明确责任，理清思路，达成共识，积极行动，确保我国已列为丝绸之路申遗名单的 48 处遗产申报成功。会上，顾玉才副局长通报了丝绸之路申遗工作情况，单霁翔局长作了主旨讲话，国际古迹遗址理事会副主席、国家文物局巡视员、申遗专家郭旃介绍了丝绸之路申遗的国际要求。

会上，就丝绸之路申遗工作制定了时间表：2008 年 4 月前，以省为单位完成申报文本；5 月至 8 月，国家文物局汇总、编制、翻译文本；9 月，完成文本修改；10 月，提交文本；2009 年 1 月，向世界遗产委员会提交讨论文本，征询意见；8 至 9 月，迎接世界文化遗产委员会专家考察。

单霁翔局长在主旨讲话中要求：一是要充分认识丝绸之路申遗工作的重要意义。二是要充分认识丝绸之路申遗工作的艰巨性。三是安排了下一步的 8 项任务：1. 提高认识，加强协调，加强领导和指导。2. 抓紧出台相应的法律法规。3. 加强学习，借鉴经验，尽快完成文本编制工作。4. 坚持科学、平稳、有序、不改变文物本体原则，做好文物本体的保护工作。5. 强力推进环境整治工作。审议过程也是彻底扭转文物本土环境、管理体制等多方面存在问题的过程，要强调申遗工作的社会综合效益，号召多部门参与，让申遗成果惠及社会，惠及群众。6. 加强宣传，吸引更多的社会支持和参与。7. 加大经费投入。8. 制定倒计时申遗时间表。

兰州会议结束后，赵艳副市长就要求我们尽快拿出贯彻落实的意见，开始行动。2008 年元月 14 日，市政府李文慧市长在市政府主持召开了市政府第六次常务会议，我在会上汇报了兰州会议的有关精神，赵艳副市长对崤函古道的申遗工作结合兰州会议精神提出了具体要求。最后，李文慧市长作了总结讲话，他指出："三门峡崤函古道申报世界文化遗产，给我们三门峡提供了提升城市文化品位、打造文化强市的一个重要机遇和平台，同时也是我市开发文化资源、增加文化旅游景点的重要项目。我们一定要把这项工作抓紧抓好。市政府和申遗领导小组要加强领导，特别是文化、文物部门一定要积极做好各项协调工作，指导陕县抓好落实工作。在工作进程如有重大问题，需要市政府申遗领导小组进行研究解决的，赵艳副市长可根据情况提出，市政府再另行解决。总之，要切实抓好申遗工作，确保申遗工作的成功。"

由于时间紧，任务繁重，市政府常务会议后，我们就按照兰州会议和市政府会议精神协助陕县政府开始了紧张有序的工作。

2008 年 3 月 23 日，我们邀请中国建筑研究院历史研究所来现场考察后，委托他们给崤函古道作申遗规划；邀请河南省考古研究所的陈彦堂帮助我们做申遗文本。与此同时，我们组织市直和陕县文物部门的同志开始对崤函古道进行考古调查，并在硖石乡政府的支持下，在硖石乡政府召开了崤函古道周边群众参加的动员会，发动群众，开始进行相关资料的征集、整理工作。

割舍不下的函谷关

2008 年 5 月 8 日，接到国家文物局通知，说是 5 月 12 日至 14 日，国家文物局申遗专家组要来考察河南省申遗工作。专家组由三位专家组成：郭旃，国际古迹遗址理事会副主席、国家文物局巡视员；傅晶，中国建筑设计研究院建筑历史研究所所长助理；钟彦华，中国建筑设计研究院建筑历史研究所工程师。这三位专家中的郭旃，是我国申报世界遗产方面的专家，在国家文物局一直负责申遗工作，同时，他还是国际古迹遗址理事会副主席，他的身份既代表中国，也代表世界遗产委员会。后两位，是受国家文物局委托，负责做丝绸之路申遗推荐名单的规划工作。所以，他们的到来，省文物局领导非常重视。省文物局局长陈爱兰与资源处处长秦文生亲自到三门峡陪同。

5 月 13 日中午，我们同先期到达的陈爱兰局长等到高速公路出口接住郭旃一行后，在大鹏酒店进行了午餐。市委书记李文慧、宣传部长李立江、副市长赵艳、陕县县委书记高战荣、县长牛兰英等陪同。午饭后，就到崤函古道考察。郭旃副主席是个高个子，又是个急性子，他走路特别快，大步流星，快步如风。在山坡上，他在前边走，我在后边跑步跟着，一边走，一边向他介绍。但他话却不多，只是向我提出一些问题，但表态性的话一句也不说。不过，从表情看，他对这一段路还是感到很惊讶的。

13 日下午和 14 日上午，专家组在洛阳考察了新安县的汉函谷关、汉魏洛阳城、隋唐洛阳城、白马寺以后，于 14 日下午在洛阳市文物局一楼会议室对考察结果举行了点评会。郭旃副主席对这次考察情况进行了点评，他首先肯定了崤函古道文化遗产价值的真实性和生态环境的原真性、被列入丝绸之路申遗推荐名单的不可争议性。接着，他又根据他对灵宝秦函谷关的了解，并结合国际上申遗成功的经验，正式提出建议，将灵宝的秦函谷关列入丝绸之路申遗推荐名单。在会上，他从秦函谷关在历史上对东西方文化经贸交流所起的作用，以及名人（老子）、名关、名著（《道德经》）在历史上产生的影响等方面进行了分析，认为这个点的文化遗产在形式、价值、功能、影响等方面，都具备了申报世界文化遗产的条件。但是，重要的是要做好文物保护和文物价值的挖掘，并表示他回去以后要亲自向国家文物局领导汇报，争取以国家文物局名义通知河南省文物局。

洛阳会议结束后，我回来就向市政府主管的赵艳副市长做了汇报。第二天，也就是 5 月 15 日，河南省文化厅杨丽萍厅长来三门峡调研，市委常委、宣传部长李立江和赵艳副市长在汇报工作时向杨厅长提出，请她对灵宝秦函谷关的申遗工作给予关照。

为了尽快落实洛阳会议精神，特别是灵宝秦函谷关的申遗问题，由于之前，国家文物局已经明文通知将秦函谷关"先不推荐"。这次，郭旃副主席又建议列入。所以，一切工作都有点措手不及，时间又这么紧,任务相当艰巨。5月16日上午,赵艳副市长在市政府二楼就召开紧急会议,向灵宝有关人员传达了洛阳会议精神,要求灵宝市委、市政府尽快拿出表态性意见,逐级向国家文物局汇报。散会后,灵宝市的副市长冯俊珍回去立刻向灵宝有关领导做了汇报,到中午近12点左右,冯副市长打电话给我,并让我向赵艳副市长转报:灵宝市委市政府决定,将全力以赴开始秦函谷关的申遗工作。

5月16日,灵宝市政府就以灵政文〔2008〕10号正式文件向三门峡市政府上报了《关于将秦函谷关及函关古道纳入丝绸之路申报世界文化遗产选点推荐名单的报告》,申请"将秦函谷关纳入丝绸之路申报世界文化遗产选点推荐名单",并表明了灵宝市"将全力以赴,为申报工作提供有力的人力、物力、财力支持"的态度。

5月16日下午,我带领市文物局的有关同志到陕县,向陕县有关领导传达了洛阳会议精神,要求他们按照洛阳会议要求尽快开展工作,主要是考古调查、文本编写和规划编制问题,请他们务必抓紧落实。

5月17日下午,我又和局里的有关同志到函谷关,向灵宝市文化局和函谷关管理处的有关负责同志,传达了郭旃副主席、河南省文物局领导、三门峡市政府领导以及灵宝市委市政府领导的意见,并向他们讲了一些有关丝绸之路申报世界遗产的知识和程序等业务问题,主要是尽快请专家进行考古调查、发掘,找到申遗需要的遗迹遗物佐证,要求他们尽快开展工作。

5月22日,河南省文物局转来国家文物局的传真通知,已经将灵宝秦函谷关列入了丝绸之路(河南段)申遗的推荐名单。

5月27日,我陪同灵宝市委常委、宣传部长吕根友、副市长冯俊珍、市文化局长张建华、函谷关管理处主任杭建民等又专程到省文物局向省文物局陈爱兰局长、孙英民副局长等做了汇报。

为了推进丝绸之路（河南段）的申遗工作，6月18日，河南省政府又在郑州专门召开了会议。省委常委、宣传部长、副省长、河南省丝绸之路申报世界文化遗产工作领导小组组长孔玉芳主持会议，会上陈爱兰局长汇报了全省工作的进展情况，赵艳副市长和郑州、洛阳的主管市长汇报了各自的工作，孔副省长对三个城市前段的工作给予了肯定，并鼓励三个城市要勇于创新，克服一切困难，创造性地完成历史赋予我们的光荣职责。她最后强调：丝绸之路跨国联合申报世界文化遗产，涉及的线路长、国家和民族多、情况复杂、任务繁重、影响广泛，是前所未有的。对于我省是难得的机遇，各遗产点所在地的政府、民众也都对申遗工作表示了极高的热情，我们要抓住机遇，齐心协力，将这项工作作为一项重要任务来落实。省发改委、省财政厅、省国土资源厅、省林业厅、省文化厅等部门领导也都在会上作了表态发言，一致认为丝绸之路联合申遗工作意义重大，表示要全力支持。

省政府会议结束以后，6月24日，三门峡市政府就在市政府二楼会议室召开了又一次动员会。我汇报了全市申遗工作的进展情况和存在问题，灵宝市、陕县的主要领导也汇报了各自的情况。最后，市政府主要领导作了讲话。他要求市文物局、灵宝市、陕县的有关领导要站得高，看得远，要有战略眼光，要看到申遗工作对三门峡的文物保护、文化旅游事业发展以及全面社会建设带来的好处和机遇。要不惜一切努力，采取一切措施，确保这两处申遗成功。这次会议上还根据三门峡领导人员的变动情况，调整了丝绸之路（三门峡段）申报世界遗产领导小组。

为了贯彻落实省政府申遗工作会议精神，也为了推进三门峡两处申遗推荐名单的申遗工作，这次会议以后，三门峡市申遗领导小组下发了《关于建立丝绸之路（三门峡段）申报世界文化遗产领导小组联席办公会议制度的通知》，要求：一、建立申遗工作定期汇报制度。陕县和灵宝市申遗机构自 2008 年 7 月开始，每半月要以书面形式向市申遗领导小组办公室汇报一次工作进展情况。二、建立申遗领导小组联席办公会议制度。自 7 月份开始，原则上每月召开一次会议，解决申遗工作中出现的有关问题，安排相关工作。三、建立申遗工作协调制度，各有关单位要按照自己的职责做好工作，市申遗领导小组办公室还要将各单位配合情况进行通报。

同一天，市申遗领导小组还向陕县、灵宝市政府下发了《关于抓紧做好丝绸之路（三门峡段）申报世界文化遗产有关工作的通知》，要求两地政府和有关部门要加强组织领导，成立专门申遗机构，做好考古调查发掘和立法工作，加强与编制申遗规划、遗产保护规划、文物本体修复等单位的沟通联系，大力宣传，营造我市申遗工作的舆论氛围。

痛失机遇

通过采取以上一系列的措施，三门峡的丝绸之路申遗工作紧锣密鼓地开始了。陕县、灵宝市都建立了专门的工作班子，选拔了各自的精兵强将，一面进行文物考古调查，一面邀请河南省文物考古研究所的陈彦堂老师来考察并帮助编制申遗文本，一面到洛阳龙门、安阳殷墟等一些申遗成功的单位学习，一面赴郑州、北京进行汇报。

这期间，为了加强对我市申遗工作的宣传，我与三门峡日报社的上官西才联合撰写了关于丝绸之路申遗的 6 篇文章，就申遗的意义、价值、国际背景、工作程序等等进行了比较详细的阐释，在《三门峡日报·西部晨风》连载发表，收到了很好的宣传效果。

2008 年 7 月 9 日，我陪同灵宝市长乔长青、文化局长张建华、函谷关管理处主任杭建民等去北京，向中国建筑设计研究院历史研究所汇报关于秦函谷关的申遗规划编制工作。该所是与国家文物局长期合作的单位，承接过全国很多申遗项目的申遗规划，经验很丰富，人才也比较多。这次的丝绸之路申遗的全部推荐名单的规划，国家文物局又委托他们单位编制。但是由于时间紧、人手少、任务重，他们承接了规划编制任务后，好多项目都迟迟没能完工。灵宝的秦函谷规划项目更是存在这种情况。我们去他们单位，名义上是汇报，实际是催他们尽快把秦函谷关的申遗规划完成。该所的陈同滨所长是国家文物局特约申遗专家，她亲自接待了我们一行。当我们说明了来意后，陈所长一面答应尽快安排，一面又给秦函谷关提出了不少很中肯的意见：一是申报世界文化遗产的首要条件是该遗产具备多少物证能够证明其具有突出普遍世界价值，从灵宝秦函谷关的现状看，能够证明其历史文化价值的遗存物证缺失较为明显，与申报条件存在一定距离。二是鉴于函谷关现在遗存保留的残缺程度，无论函谷关申报世界遗产与否，都应该从现在起加大遗址的保护力度，否则，千年古迹将毁于当代，这是不可承受的历史罪责。三是现在的旅游风景区建设应尽量位于函谷关保护区之外。她建议，应尽快深化函谷关的考古工作，对关楼遗址和关城内的遗迹与格局开展考古勘探和发掘，寻找、补充遗产价值物证；进而，根据考古物证的补充情况，论证遗产的普世价值；

根据价值论证确定申报与否，安排相关工作。陈所长最后以国家文物局特邀申遗专家的身份指出：丝绸之路申遗中国段前期确定的 48 个点最近可能要重新确定，对一些规模小、内涵不丰富的选点要予以取消申遗资格。灵宝的秦函谷关存在此类问题。

陈所长这一席话，使我们几位心情都感到很沉重，也感到责任重大，困难更大。

8 月 28 日，中国建筑研究院历史研究所的陈同滨所长又派他们所的工程师钟彦华等二人来函谷关考察，主要是为做申遗规划作准备。她们二人考察后，也提出了与陈所长上次在北京提出的相同建议。

9 月 9 日，市申遗领导小组召开第三次联席会议，根据陈同滨所长和他们所两位专家考察提出的建议，大家都认为灵宝秦函谷关的考古调查和发掘迫在眉睫，要尽快安排。特别是要重点找到函谷关关楼的遗迹，因为函谷关申遗的文物价值重点是"关"。

9 月 11 日，我又陪同灵宝和陕县申遗领导小组的有关同志去郑州向省文物局陈局长、孙副局长汇报了上述情况，他们也同意对函谷关进行考古调查和发掘是当前的紧迫任务。同时，陈局长建议，去北京邀请郭旃副主席来函谷关湿地再考察一次。

回来后，灵宝文化局就邀请三门峡市原文物考古队的老队长宁景通先生担任领队，在函谷关的关楼、古道中间、关城等处开始了详细的考古调查和发掘。对关楼遗址的调查结果是：1991 年至 1992 年，在开发建设函谷关关楼时，文物部门已经找到了原关楼的遗址，就在现在的老子骑青牛雕塑像的位置，并建议将关楼后移 37 米，以保护关楼基础遗址。但是，这一建议没有被采纳。建设单位避开原关楼遗址建设现在我们看到的关楼，而把原来关楼遗址所在的位置建成了关前广场。在大规模的起土平整施工中，毁坏了极为重要的关楼基础遗址和古代的铸钱遗址，致使关楼前广场低于原地面4.8米。这次调查，虽然对已经硬化的广场没有进行考古钻探，但关楼基础遗址存在的可能性已经很小了。可喜的是，这次对古道的发掘，在现在的函谷关西寨村东边的下坡处开挖了一条横向探沟，在探沟里从下至上，发现了自汉代到明清时期的道路车辙遗迹，层层相叠，辙痕明显；在函谷关关城北端的西城墙也开挖了一条探沟，发现了东汉时期的城墙基础建筑夯土和可能是用来奠基使用的几件陶器。

这期间的8月18日，国家文物局下发了《关于做好丝绸之路申报世界文化遗产准备工作的函》（文物保函〔2008〕849号）。国家文物局指出：考虑到丝绸之路跨国联合申报世界遗产工作的实际情况，今年6月在西安市召开了第四轮丝绸之路申遗国际协商会议，形成了新的申遗工作时间表，将申遗最后时间由原定的2010年推迟到2011年。国家文物局对丝绸之路申遗工作计划进行了调整：2008年8月底前提交文本；12月底前完成编制专项规划工作；2009年3月底前各省文物局要配合总申报文本编制单位，确保中文总申报文本编制完成；2009年12月底前，按程序将申报点文物保护规划报国家文物局审批；2010年5月底前，完成环境整治工作及完善文物陈展和旅游设施；2010年8月底前，各申报点要按照"四有"工作要求，建立健全和完善档案资料、监测机制，同时，不断加强申遗宣传力度，营造氛围，推进申遗工作顺利进行。

9月24日，为了贯彻国家文物局的文件精神，河南省文物局又在洛阳文博大厦召开丝绸之路（河南段）申遗工作会。会议由洛阳市文物局承办，省文物局主管申遗的副局长孙英民和有关处室负责人到会，三门峡、郑州、洛阳三个城市的文物局长及有申遗任务的市县文化局长参加了会议。会上，首先传达了国家文物局《关于做好丝绸之路申报世界文化遗产准备工作的函》。三门峡、郑州、洛阳三个城市的文物局长先后汇报了各自工作的进展情况以及存在的困难和问题。在这次会议上，为了保证河南省三个申遗城市工作的协调和一致，确定了洛阳市为三个城市申遗工作的牵头城市，要求申遗工作要全省一盘棋，三门峡、郑州要加强与洛阳的沟通与协作。会议最后形成决议：一是要认真贯彻国家文物局《关于做好丝绸之路申报世界文化遗产准备工作的函》精神，以及丝绸之路（河南段）申遗工作洛阳工作会议精神，加强领导，加强与国家、省文物部门、申遗机构和申遗单位牵头城市的沟通联系，按照申遗工作要求，依照时间排序，精心策划，精心组织，为申遗工作打下扎实基础。二是要求三门峡要做好申遗景点的考古调查和发掘工作，发现更多的遗迹遗物佐证，充实文化内涵和申遗文本。三是灵宝的秦函谷关，作为丝绸之路（河南段）两关一路（灵宝的秦函谷关、新安县的汉函谷关、陕县的崤函古道）的整体申遗部分，要抓住机遇，坚定信心，强力推进。

根据洛阳会议精神，由于时间向后推迟了一年，给三门峡特别是灵宝秦函谷关的申遗工作赢得了时间。灵宝市文物部门就把以上发掘结果整理成考古报告（含照片），分别上报给省市文物部门、撰写文本的陈彦堂老师、编制申遗规划的中国建筑研究院历史研究所等有关部门。

由于国家文物局的郭旃副主席负责全国的世界遗产申报工作，全国各地申报世界文化和自然遗产的热情那几年都非常踊跃，我和灵宝的同志、甚至请省局的同志邀请他来灵宝考察函谷关，一直没有成行。

直到 2009 年 3 月 29 日，郭旃副主席才答应抽身到灵宝看看。这天上午，省文物局陈爱兰局长等已提前来到三门峡。下午近 5 点，我们和灵宝市的市长乔长青一起到运城机场接住了他。到灵宝天已经黑了，只好安排第二天考察函谷关了。

3 月 30 日上午，我们一行陪着郭旃副主席到函谷关考察。他看得非常认真，把所有文物遗址点都看了，并提出了很多问题，我们都一一做了回答。中午吃饭时，他说出了自己的看法，仍然是坚持将函谷关列入丝绸之路申遗推荐名单，因为这种遗产形式在全国、甚至在国际上已列为历史文化遗产名录的项目中也不多见。但是，他也毫不客气地指出函谷关在过去的文物保护、旅游开发中确实做了很多令人痛惜的事，并要求文物部门要抓紧进行文物调查和考古发掘，尽快提供给规划编制单位，也为将来的世界文化遗产专家考察论证时提供证据。

在丝绸之路申报世界文化遗产过程中，尽管灵宝的秦函谷关一波三折，时断时续，国家、河南省文物部门以及我市市县各级政府和文物部门做了大量的工作，也取得了过去不曾有过的成绩。但是，客观上由于我国原来推荐的 48 处遗产点最后在联合国教科文组织平衡各申报国的关系时，我国只有 22 处入选，数量减少了一半还多。主观上说，因为函谷关是以古关的名义申遗的，但古关楼及其基础却荡然无存。其他的遗迹，如：太初宫遗址、箭库遗址、函谷关夹辅、关城遗址、古道遗址等只能作为旁证，而不是直接佐证，失去了其中最有价值的文物遗迹，最终使函谷关丧失了一次难得的机遇。今天看来，这既是一种遗憾，更是一种教训。

崤函古道申遗成功

为了及时加强对崤函古道申遗的学术指导，2008 年 9 月 26 日，陕县以县政府名义聘请了北京大学考古与文博学院的党委书记赵朝洪教授担任崤函古道申遗工作顾问。我陪同县长牛兰英、副县长潘新乐去北京大学，给赵朝洪教授送去了聘书。赵教授不仅是考古学家、北京大学著名教授，还有多年担任老师和学科领导的经验，在国家文物局和全国文博界有很多学生。

同年的 10 月 26—29 日，赵朝洪教授应邀来到陕县考察，他此行的目的，一是考察崤函古道的申遗情况，二是为陕县正在申报的第七批国保单位安国寺、庙上村地坑院进行考察，以便回到北京帮助陕县做一些工作。在考察中，我与高战荣书记、牛兰英县长、崔飞飞部长、潘新乐副县长等始终陪同。10 月 28 日那天，考察崤函古道时，天下着大雨，道路泥泞难走，乡里的尤栓帮书记为我们准备了雨伞和胶鞋。赵教授冒着大雨，踏着泥泞的山路，从崤函古道到观音堂，从观音堂到大延洼，从大延洼到宫前，又从宫前到雁翎关，一路走，一路看，一路问。他看得认真，问得仔细。其精神令人肃然起敬，其语言也发人深思。比如，他在看了崤函古道后，说了三个字："难得呀！"联系到他后来看了灵宝秦函谷关说的三个字："可惜呀！"可以看出他看问题的深刻和表达思想的发人深思。

这次考察崤函古道后，陕县政府在县政府三楼举行了座谈会，实际上也是一次培训会，县里有关部门的领导和专业人员到会都听取了赵教授的发言。他指出：崤函古道是一处非常珍贵罕见的古代遗迹，列入丝绸之路申报世界文化遗产推荐名单，是意料之中的事，很了不起，是没有问题的。但是，要申报世界文化遗产，要注意六个问题：一是要重视业务人员的培训，通过三年的申遗工作，要培养一批年轻的业务干部，带出一批专业人才，要把队伍建设当成一项长期工作来考虑。二是要加强保护，现场暴露出来的200多米古道遗迹，在做完考古调查以后，入冬以前，要用细土掩埋起来，防止冻酥。回去以后，就与我们学校做石质保护的专家商量，让他们拿出一个加固和长期保护的有效方案来。三是申遗文本已经做了大量的工作，但是要把工作做得更细一些，为申遗成功以后的旅游开发做好准备。四是要注意发动民间群众捐献与古道有关的文献、文物，群众的力量不可小看。五是申报地点的各个名称要注意与文本相一致，一定不能出现问题，到底用那个名称更可靠，要好好考察论证一下。六是要邀请一些有影响的专家、学者实地考察，实地感受，进行论证，这个事情要抓紧，我们不能为申遗而申遗，要有长远眼光，要为以后最大限度的开发利用打下基础，创造条件。赵教授的这次讲话，不仅与之前的专家领导考察崤函古道后提出的意见不谋而合，而且对崤函古道申遗后的开发利用具有深刻的现实指导意义和长远的开创性意义。

应该说，自2007年10月11日，国家文物局下发了《关于抓紧做好丝绸之路申报世界遗产工作的函》，正式将崤函古道列为丝绸之路申遗推荐名单以后，陕县的申遗工作应该说进展得比较顺利。首先，是建立了强有力的申遗领导机构，当时的县委书记高战荣、县长牛兰英、宣传部长崔飞飞、副县长潘新乐等领导，不仅亲自担任申遗组长、副组长，多次去郑州、赴北京，搞好协调和汇报工作，听取领导和专家的意见建议，争取资金支持；而且要求县文化局、文物局等职能部门积极配合做好申遗所需要的规划、文本编制、考古调查、资料征集等基础工作。第二，顾全大局，善于抓住机会。崤函古道作为一条名不见经传的普通山路，尽管当时的身份还只是一处河南省省级文物保护单位，但是，借着丝绸之路申报世界文化遗产这个机会，它的文物价值得到了重新认识和大大提升。陕县县委、县政府抓住了这个千载难逢的机会，迎难而上，紧密配合丝绸之路跨国联合申遗的工作进程，精心部署，科学安排，克服了种种困难，确保申遗工作能够顺利进行。第三，他们深刻理解了崤函古道申遗的最终意义，就是让古老的文化遗产激发活力，造福当代广大群众。在申遗整个过程中，他们始终把发动群众、宣传群众工作贯穿到整个过程。2008 年 2 月 16 日，陕县在硖石乡举行了"讲故事、吟古诗、爱古道、申遗产"活动。2 月 20 日，硖石乡党委政府举行了"申报世界文化遗产（崤函古道）万人签名"活动，有 5000 多名当地群众在"古道在心、崤函作证、共盼崤函古道申报世界文化遗产圆满成功"的寓意着 2010 年之意的 20.10 米的长卷上签名。这些活动，不仅加强了对当地群众的宣传，使当地群众参与到申遗的活动中，而且让群众了解崤函古道申报世界文化遗产的意义，有不少群众还自觉地捐献出了一批与崤函古道有关的文物和资料。第四，能够积极配合申遗的有关工作程序要求，开创性地展开自己的工作。为了学习丝绸之路申报世界文化遗产的有关知识，县文化局、文物局派人多次到有经验的世界遗产单位参观学习，参加国家文物局举办的申遗培训班。为了加强对申遗单位的领导和管理，落实申遗工作的加强机构建设问题，陕县将原来的文物管理委员会办公室（股级）升格为副科级的"陕县文物管理局"，明确了职责，并解决了9 名事业单位的编制问题。第五，重视学术性思想和知识的专业指导。

丝绸之路申报世界文化遗产是联合国教科文组织首次在国际上开创的线性文化遗产跨国联合申遗项目。无论对中国，还是对世界来说，都是首次，所有参加者都没有现成的经验可循。对于我们市级和县级文物部门来说，首先要做的就是学习、学习、再学习、快学习。陕县不仅重视对自己有关人员的培训和学习，还注意请专家来陕县现场培训、指导。聘请赵朝洪教授作为他们的申遗顾问，就是一个高招。

就崤函古道的文物遗产价值来说，它是几千年来古代中国中原地区东西方文化经贸交流的一条必经之路，特别是在我国历史上的两周、两汉和隋唐两京制时期，这条通道起到了交通枢纽的重要作用。但是，由于后来交通条件的改变，这条古道几经改线，它一度被遗忘在深山峡谷中，无人问津。就在丝绸之路跨国联合申报世界文化遗产之前的几年前，它还是一处陕县政府公布的县级文物保护单位。1998年以后，在申报我市河南省级文物保护单位时，才升格为省级保护单位。在这次推荐的 48 处丝绸之路申遗名单中，它是唯一一处身份最低的省保单位。正是这次丝绸之路跨国联合申报世界文化遗产，给这条被遗忘的千年古道带来新的生命，让世界重新认识到它的价值和存在的意义。也正是由于以上原因，崤函古道的文物本体遗存一直保存得比较完整，它的生存环境不仅没有遭到破坏，而且其原生态的、真实的环境符合了世界遗产所必备的生态条件。由此看来，崤函古道的申遗成功，与秦函谷关的落选都不是偶然的。事实说明，对文化遗产类的历史文物，它的价值是随着社会的发展而不断赋予新的含义和价值定位。无论什么时候，都首先要把保护放在第一位。我国政府颁布和实施的《文物保护法》中确定的"保护为主"原则，在这次申遗实践中得到了最好的印证。

2014 年 6 月 22 日，在卡塔尔多哈召开的联合国教科文组织第 8 届世界遗产委员会会议上，丝绸之路跨国联合申报世界文化遗产项目以"丝绸之路：长安—天山廊道的路网"名义成为世界文化遗产。中国、哈萨克斯坦和吉尔吉斯斯坦三国联合申遗的"丝绸之路：长安—天山廊道的路网"，共有 33 个遗产点，其中中国有 22 处，河南有 4 处（陕西 7 个，甘肃 5 个，新疆 6 个）。崤函古道是全部命名项目中唯一的一条道路遗址。

崤函古道，这段用车轮碾轧在丝绸之路上的世界交通史，终于迎来了它名至实归的世界文化遗产身份！

原刊《三门峡文史资料》2018 年 11 月版

光影墨香赋重阳

——观"老年节"书画摄影展

金秋十月，正丹桂飘香之时；重阳佳节，是敬老孝老之日。体坛夕阳无限好，银发飘逸争朝晖。良辰美景之际，我市一个个老年书画摄影名家联袂而来，齐聚一堂。一时间，黄河岸边精英荟萃，老体馆里方家云集，法帖盈目、翰墨飞香，光影灵动，诚快事哉！

书画摄影，视觉审美之艺术，中国传统文化之精粹。凡我中华聪明之士，才学之人，无不徜徉其间，摘其英华，佩其香萝。故其翰墨光影之妙，深不可测；能人辈出，指不胜屈；流派纷呈，美不胜收。一描轻软之笔，一抠快门之妙，奇怪迭生，可演乾坤之大，可绎人心之微，包罗万象，博大精深，遂成"玄之又玄，众妙之门"。

参展的这些作者，或知天命耳顺之年，或从心所欲耄耋老人，都老当益壮，英气不减当年。他们用一颗童心去感知世界，怀满腔热情在享受生活，寻求老健美，感受康乐寿。这里展出的一篇篇作品，既是他们精湛技艺的生发，也是他们心绪灵动的杰作。徜徉在这光影变幻、色彩斑斓的世界里，你会为他们的辛劳而赞叹，也会被他们深入生活的敬业精神所感动，会跟着他们的观察与思考而开启大脑，也会随着他们的喜悦快乐而燃烧激情。

一番聚散弹指去，山水争传雅士名。光影墨香赋重阳，峡市风骚赛秋景。

人龙纹玉璋

　　20世纪90年代，在三门峡虢国墓地出土了一件西周时期的精美玉器——人龙纹玉璋。这件穿越了千年时空的绝世珍宝，向我们讲述了西周时期礼乐文明的璀璨历史。

　　这件玉璋，出土时置于内棺盖板上，器身有四道裂纹线，背部有朱砂和丝织物的痕迹，因受沁呈黄褐色。整体通高33.3厘米，最宽处14.9厘米，厚0.7厘米，上端为弧形双面刃，两侧较薄且有刃部，下端柄部有一圆孔，短柄的一角被削成斜边。正反两面纹饰相同，上部饰人面纹，长发飘逸，发丝细密，横臣字目，眼角带勾，高鼻，云纹大耳；下部饰双龙纹，臣字眼，眼角带勾，刃部四周饰简易c形窃曲纹。整体来看，这件玉璋，器形硕大，造型独特，人物形象鲜明，玉质细腻透明，上（天）圆下（地）方，弧角清晰，线条流畅，浑然一体。

　　璋，最早见于新石器时代晚期，属于礼玉六器之一。由于其形状和圭相似，所以文献中常常将圭、璋并称。东汉时期的许慎曾在《说文解字》中提到"半圭为璋"。所以，关于璋的形制颇多争议，故考古上一般把上端为一道斜边的长条形玉器称作"璋"，这也符合半圭为璋的释义。

关于璋的种类，可分为赤璋、大璋、中璋、边璋和牙璋五种。"赤璋"是礼南方之神的；"中璋、牙璋"是作符节器用的。"大璋、中璋、边璋"是天子巡守用的。《周礼·考工记》中就有记载："大璋，中璋九寸，边璋七寸，射四寸，天子以巡守，"说明玉璋是天子巡守的时候祭祀山川的器物。大山川用大璋，中山川用中璋，小山川用边璋。所祭祀的如果是山，礼毕后就将玉璋埋在地下；如果是川，礼毕后就将璋投到河里。由此可见，虢国墓地9号墓出土的这件玉璋很可能就是天子巡守时祭祀山川的器物。

璋除用作礼器中的六器之一外，从两千多年前的周代开始，"璋"和"瓦"，还作为生男生女的代称。"璋"是指好的玉石；瓦是纺车上的零件。两者质地截然不同，一件为礼器，一件为工具，这也凸显了古代社会的男尊女卑。从前，生男孩子叫"弄璋之喜"，生女孩子叫"弄瓦之喜"，古人把璋拿给男孩玩弄，希望他将来有玉一样的品德。《诗经》中提到"乃生男子，载寝之床，载衣之赏，载弄之璋……"意思是说生下男孩子，要让他睡在床上，穿着衣裳，给他玉璋玩弄。后世惯以"弄璋之喜"，庆祝亲友家中喜得龙子，也成为旧时广为流传的一种祝词，至今还偶见沿用。

千年时光，转瞬即逝。

多少帝王将相长眠大地，多少封建朝代烟消云散。

但，唯有以玉器传承的古代文明，生生不息，世代相传，成为5000年中华文明绵延不断的象征，也成为中华民族精神永不熄灭的圣火。

仰韶文化博物馆抒怀

1921 年 10 月 27 日，在渑池县北部的一个小山村，瑞典地质学家安特生等中外考古专家，在这里发现并发掘了我国第一个新石器时期的古文化遗址。从此，这个叫"仰韶"的小山村，一步步走向了世界；这种被命名为"仰韶文化"的新石器文化，一天天走进了人们的视野。当中华民族这个古老而年轻的民族，经历了 5000 年的漫长历程，依然巍然屹立于世界东方的时候，一种与生俱来的血脉情缘，与仰韶文化建立了一种难以释怀的寻根之情。仰韶文化，不仅成为中华民族史前文明的代表之一，也成了中华民族一段割舍不断的情怀。

于是，人们都在盼望着、期待着，仰韶村应该有一个满足人们怀念和"朝圣"的博物馆，仰韶文化家族应该有一个自己的"娘家"。

岁月，整整走过了 90 个春秋。

2011 年 11 月 6 日，在纪念仰韶文化发现 90 周年之际，仰韶文化博物馆正式开馆了。

仰韶文化博物馆坐落在韶山脚下的一块三角形台地上，站在这里，抬头向北可望见巍巍韶山，向南可俯瞰渑池大地。放眼望去，半岛台地式的遗址被三面绿水环绕，郁郁葱葱，翠绿一片。博物馆突兀在青山绿野之间，巍然屹立，庄重大方。这种建筑与田野、与高山和村庄之间的相生相衬关系，处理得自然天成，层次分明。博物馆就像从地下的黄土里长出来一样，我们仿佛又回归到了大自然的怀抱，体验到山水相依、物我相融、天人合一的亲切感受。

走进博物馆，进入陈展大厅的前厅，映入观众眼帘的是一幅大型浮雕——《文化圣地》。这幅雕塑长16.4米，高4.5米，以浅黄色砂岩为材料，用深浮雕的方法，以典型的人物活动场景和出土器物为素材，运用写实和形象的手法，再现了当年安特生等中外学者在仰韶村遗址第一次发掘时的场景，表现了仰韶先民们制陶、纺织、打猎、捕鱼、祭祀等生产、生活和礼仪的各种场面。这幅雕塑创意新颖，设计巧妙，主题鲜明，虚实相间，匠心独到，不仅是对博物馆陈展内容进行了形象化的高度概括，又是对博物馆入门大厅的环境装饰，被观众誉为"一篇没有文字的《前言》"。

仰韶文化博物馆的陈展内容共分四个部分：第一部分，讲述安特生的故事。从安特生应中国农商部邀请担任顾问开始，他在中国与中国学者们一起，在完成地质调查和找矿之余，还在中国的河南、甘肃等地进行考古调查。从仰韶村遗址的正式调查、发掘，到仰韶文化的正式命名，时间从1918年到1926年，安特生的脚步一路走来，充满了传奇色彩。从第二部分到第四部分，讲述仰韶人的故事。从1921年到2011年，在这整整90年的历程里，我国几代考古人，为探索中华文明的起源，为寻找中华民族之根，在黄河流域9个省区的大半个中国。高举"仰韶文化"这面响亮的旗帜，先后发现了5000多处仰韶文化遗址，并对其中的200多处进行了发掘，取得了丰硕的考古成果。这些成果，用大量的遗迹和出土文物证明，仰韶文化时间跨度长，空间跨度广，前有渊源，后有传承，不仅是我国一支承前启后、继往开来、势头强劲的史前文明，而且在世界文明发展史和文化进化史上都是独一无二的。这部分展览，以出土文物为主，运用图版、数表和模拟场景等手段，向观众展示了仰韶文化时期我国各种文明元素孕育、成长和发展的过程，勾勒出了当时的社会全貌。

仰韶文化博物馆，一馆看完2000年、一步跨过5000岁。走出展厅，向南一望，遗址就在眼前，一片绿野，尽收眼底，禁不住释然一叹：仰韶，不愧是中华文明起源的圣地！仰韶，必将在中华大地上永放光芒！

一幅雕塑与一座博物馆

在新开放的仰韶文化博物馆的入门序厅的迎面墙壁上，镶嵌着一幅大型石刻雕塑——《文化圣地》。这幅雕塑采用深浮雕的手法，横幅式构图，用浅黄色的砂岩雕刻而成。它长16.4米，高4.5米，以典型的人物活动场景和出土文物为素材，以形象和写实主义的创作手法，再现了当年仰韶村第一次发掘和仰韶文化时期先民们生产、生活的场景。人物突出，构图饱满，线、面结合，造型生动精致。黄砂岩石材的暖色调和饱满无华的粗疏质地与序厅的环境搭置恰当，浑然一体，形成了很强的空间感和抢目力。看后，给观众留下了很深的印象。

整幅雕刻作品围绕人物的活动展开。人物共有15个，分三组。第一组，是发掘场景：当年的发掘主持者——瑞典地质学家安特生，身穿西服，双肩交叉挎着背包和相机，手拿铅笔和文件夹，正在凝目深思。这个形象选用当年安特生在仰韶村发掘时的一张实景照片，小稿放大后按1∶1的比例，深雕而成。他魁梧伟岸，风度翩翩，极具洋学者的风采。在他左右，是几位中外考古学者正在工作：有的在清理现场，有的在整理器物。这个场景，不仅再现了仰韶村遗址第一次发掘时的真实场面，也告诉观众，中国的田野考古是中外学者合作从仰韶村开始，已经走过了90多个春秋。也昭示着以这次发掘命名的"仰韶文化"，是我国第一个考古学文化名词，在中华民族文化的发展史上，具有划时代意义。

第二组，是一个家庭的生产和生活场景：男人们在拉坯制陶，女人在陶坯上彩绘，有小儿趴在母亲的背上，一边嬉戏，一边看大人劳作，小儿憨态可掬，母亲朴实亲切，一家人其乐融融，生活气息很浓。这个家庭人物活动的场地，是一座木骨草屋式的半地穴房子。它告诉人们，在仰韶文化时期，制陶业已很发达，"彩陶"是仰韶文化的典型器物。同时，以家庭为单位的私有制社会已经诞生，社会的生产、生活是以家庭为主。

第三组，是一组社会生产和生活场景：有人在捕鱼，有人打猎归来，有人在拉弓射猎，有人在采摘野果，有人在向天祈祷，周围是圈里的猪羊和沉甸甸的谷（粟）穗。这个场景，以田野、河流为背景，通过各种人物的活动，告诉观众，仰韶文化时期是一个渔猎经济和以种植、饲养为主的农业经济并存的时期。

三组人物，占据了这幅雕塑的主要场面。人物之间，创作者选取了仰韶文化繁荣发达时期的一些遗址出土的典型器物：小口尖底瓶、花瓣纹彩陶罐、有刻符文字的器盖、石碾盘、石斧、石镰、石（玉）钺等。整个画面，背景是远处的大山，近景是一脉横贯的河流在翻卷着浪花，中景是仰韶遗址所在的黄土地。这些，既寓意着这个时期的狩猎业、农业、养殖业、手工业、渔业、文字、王权、礼制等文明元素发源于高山、大河和黄土，也反映出仰韶文化时期先民们生产和生活的环境背景，标志着中华文明的曙光已经出现在中华大地上。

这幅雕塑，主题突出，选题得当，创意新颖，设计巧妙，有人有物，主次分明，虚实相间，疏密有致，浑然天成。镶嵌在仰韶文化博物馆的入门序厅，既是序厅的主景装饰，也是对仰韶文化博物馆陈列内容的高度概括；既起到了对博物馆进行导引和点题作用，又形象地告诉观众中华文明起源时期的一些主要文明元素。特别是占据雕塑画面主场景的人物活动，既强化了雕塑语言的写实和具象，给画面增添了动感和灵气，更使这幅雕塑画面显得可解、可读、可感、可动。毫无疑问，它已成了仰韶文化博物馆的"眉眼"，是一篇无声无字的前言。难怪观众看了以后，有如此深刻的印象！

由此，想到了雕塑与博物馆的关系问题。近几年来，随着博物馆陈展手段的不断丰富和技术性、艺术性的不断提高，雕塑题材的使用，已经成了博物馆陈列和环境营造的一种必备手段。可以说，几乎没有一座博物馆没有雕塑。无论是作为环境空间的"外围环境"和"核心环境"，还是作为陈列空间的"外部陈列"和"展示陈列"，无论是使用石材、青铜、泥土等天然材料，还是玻璃钢、硅胶等化工材料，用雕塑题材代博物馆"说话"，以起到丰富内容、营造环境、吸引观众等目的，都是无可厚非的。问题是，这些雕塑，从策划到设计，从选题到选材，从创意到制作，从制作到安装，从博物馆人的讲解说明到观众的识读和感受，如何让一幅雕塑恰如其分、入表入里、真实生动地代表一座博物馆去与观众生动形象地"说话"和"交流"，仰韶文化博物馆的这幅《文化圣地》雕塑，应该对我们是一种启示。

原刊《中国文物报》2012 年 8 月 8 日 8 版

虢国史话

之一　周初受封

公元前 1046 年，周武王灭掉商王朝以后，为了巩固西周王朝的政治统治，实行了与夏、商王朝不同的统治方式，即"分封建国"。就是建立以宗法制度和血缘关系为国家治理的政治基础，以姬姓为主分封天下，前后共封了七十一个诸侯国，其中姬姓诸侯国就占了五十三个。虢仲、虢叔是西周王朝立国克商时期的宗亲重臣，备受文王姬昌、武王姬发父子器重，分别被封到东虢（今郑州荥阳一带）和西虢（今陕西宝鸡一带），成为护卫周王室，助天子统辖全国的重要邦国。

之二　假虞灭虢

公元前 658 年，晋献公要讨伐虢国，晋国和虢国之间还隔着虞国。怎么向虞国借路？晋大臣荀息让晋献公用宝马和玉璧送给爱占小便宜的虞国国君，昏庸贪财的虞国国君一见到这两件宝贝，哪能听进去虞国大臣宫之奇的进谏？竟然要与晋国联手作战，并且率先讨伐虢国，最后晋、虞两国一举攻下了虢国在今平陆县南边的下阳城。

公元前 655 年，晋国再次向虞国借路用来攻打虞国南面的虢国。虞国大夫宫之奇进谏说："虢国，是虞国的屏障。虢国要是灭亡的话，虞国必定跟着它一起灭亡。人们常说的'辅车相依，唇亡齿寒'这句话，用来描述虞国和虢国之间关系是再合适不过了。"虞国国君不听，答应了晋国借路的请求。结果晋国灭掉了虢国后，返回的路上顺便把虞国也灭了。

之三　南征淮夷

西周王朝自武王伐纣，继位大统，为天下共主，受诸侯拥戴朝觐，显天子威仪。至成、康二王，还算是太平之世。但是，到第四世周昭王时，已现衰败迹象。那周昭王荒淫享乐之余，还要南巡，以宣德威。周昭王行至汉水，当地百姓痛恨他的腐败，给他乘坐用胶粘的船，胶遇水而化，结果周昭王因船沉而死。西周中期，首都镐京一带经常遇到来自西北方向来的戎、狄等部族的一再侵扰，国力日渐衰弱。到周夷王时，诸侯坐大，或不朝觐，或互相讨伐。及到夷王死，儿子周厉王即位。此时南方的淮夷又屡次侵犯周境，猖獗时竟直入西周腹地，临近镐京，危及周王朝的统治，成为厉王的心腹之患。周厉王乃性情暴戾之君，闻得淮夷兵犯周境，心中甚怒，急欲兴兵讨伐，乃召群臣议退敌之策。其时虢公长父和荣夷公同在周朝任王卿士（相当于宰相）。虢公长父乃当初文王所封母弟虢仲之后，此时承袭先祖爵位，继任西虢国君，厉王早朝提及淮夷犯境之事，言语间露出讨伐之意。众卿僚皆因国库亏空，面面相觑，唯有虢公长父和荣夷公两位卿士都投合厉王主张，力主兴兵讨伐。虢公长父又想借周天子之尊，扬虢国威名，极力怂恿周厉王御驾亲征。厉王依虢公长父之策行事，坐镇成周洛阳，督师虢公长父率军讨伐淮夷。虢公长父本是孔勇尚武之人，又建功心切，虽知征战讨伐要涉历诸多险恶，仍然穷兵黩武，率周王师同淮夷展开殊死之战。历时十年，终于取得讨淮夷的胜利，使淮河两岸富庶之地的东夷、南夷二十四邦俯首称臣，朝觐纳贡。

之四　文公阻谏

周厉王时期的"国人暴动"时，周宣王姬静尚且年幼，国人痛恨厉王，亦迁怒他的儿子姬静。幸亏召公把姬静藏匿在自己家中，并以自己的儿子代姬静死，姬静才得以保全性命。姬静后来登王位，以奉周祀，又得召公、周公尽心竭力辅助，周朝元气得以恢复。宣王成年后，周、召二公还政，宣王开始亲政。宣王幼年即经历"国人暴动"之大劫，深知治国之不易。况且周王朝经历"国人暴动"大变，国势残败，周围的戎、狄等部族乘机一再侵扰，社会动荡不安。宣王决心励精图治，立志中兴。他在周公、召公的辅助下，积极整顿内政，安定社会秩序，继而对周围部族频频用兵，清除外患。宣王在位四十六年，先后对严允、西戎、徐戎、荆楚等进行了一系列的战争，在政治和军事上取得不少胜利。但是也有失败，例如宣王三十九年，在伐姜氏之戎时，"千亩"一战，王师大败，"亡南国之师"。为了补充军队，宣王"乃料民于太原（今山西省南部）"，"料民"就是清查民数，以便于征兵。宣王的·些改革措施，遭到一些人臣的反对，代表人物就是虢文公。虢文公是文王母弟虢仲之后，虢国国君，周宣王时的执政大臣，为宣王卿士。对于宣王"不籍千亩"的革新措施，虢文公认为是违背周朝祖制，竭力阻碍，他喋喋不休地劝谏宣王说："不可。夫民之大事在农，上帝之粢盛于是乎出，民之蕃庶于是乎生，事之供给于是乎在，和协辑睦于是乎兴，财用蕃殖于是乎始，敦庞绩国于是乎成，是故稷为大官……"对于虢文公洋洋洒洒的长篇谏词，宣王不予采纳，依然坚决推行革新措施，在一定程度上推动了社会经济的发展，史称"宣王中兴"。

之五　西周灭亡

公元前 728 年宣王去世，儿子宫涅继位，是为幽王。幽王为人暴戾寡恩，动静无常，耽于声色，懒理朝政。泾、河、洛三川同日遭遇地震灾害，大臣向幽王报告，他却斥责说："山崩地震，此乃常事，何必告朕。"又过了几天，大臣又向幽王报告："三川俱竭，岐山复崩，压坏居民无数。"虢石父在一旁却说："周朝定都丰镐，千秋万岁，那岐山如己弃之屣，有何关系。"岐山乃周族兴旺发达之基地，幽王却听信虢石父之言，一点也不担心，仍命左右寻求美女，充斥后宫，供己淫乐。虢石父又称虢公鼓，西虢国国君，在朝为王卿士，只顾贪图高官厚禄，一味逢迎幽王，才出此语。只因幽王贪恋美色，才引出一连迭大变故，导致西周灭亡。

褒地有一个美女叫褒姒，长到十四岁，已发育得像十六七岁模样，天生丽质，美貌绝伦。当时有一个褒珦的人，因罪被关在狱中三年，未得释放。褒珦的儿子洪德偶因收敛（即收购破旧物品），来到褒姒住的地方，见到褒姒美貌，心中暗想：如得褒姒献给幽王，可以替父赎罪。洪德遂以重金买得褒姒回家，穿以文绣之衣，又教习礼数，送到镐京。他用金银打通虢石父关节，求虢石父转奏幽王，愿献美女为父赎罪。虢石父正欲讨好幽王，以巩固自己的权势地位，又得洪德重贿，当即将褒姒转献幽王。幽王见到褒姒美貌，龙颜大喜，亦不通报皇后申后得知，便留褒姒于别宫，降旨赦褒珦，复其官爵。褒姒貌美，又善妖冶，使出浑身解数承欢幽王，直弄得幽王神魂颠倒。幽王自得褒姒，迷恋其色，与之住于琼台，日日欢娱，两三月余，不往申后之宫。

褒姒自入宫以后，虽得幽王专宠，又篡位正宫，被立为王后，却从未开颜一笑。幽王下令"有能致褒姒一笑，赏赐千金。"虢石父向幽王献计说："昔年先王为防犬戎入寇，于骊山下置烽火台二十余所，但有贼寇，放起狼烟；附近诸侯皆发兵相救。今天下太平，烽火不燃，大王若同王后同游骊山，夜举烽火，诸侯援兵必到，诸侯皆来而无贼寇，王后必笑。"为博得褒姒一笑，幽王竟又听信虢石父佞计，与褒姒一同游玩骊山，点燃报警应变的烽火台，顷刻火光冲天，烽烟迭起。镐京附近各路诸侯，望见火光烽烟，皆以为京师有变，不敢怠慢，个个点起兵马，连夜赶至骊山勤王。及至骊山，但闻管箫笙歌，不见寇敌。幽王正与褒姒饮酒作乐，见众诸侯急急而来，勉强抚慰说："幸无外寇，不劳跋涉，众卿请回。"众诸侯见状，面面相觑，各自引兵退回。褒姒凭栏而望，但见众诸侯忙去忙回，并无一事，不禁抚掌大笑。

申国国君申侯，本申后之兄，得知幽王废申后立褒姒，乃上疏劝谏。幽王阅览申侯奏折，怒骂说："此贼何敢乱言。"虢石父乘机又进谗言，劝幽王削去申侯爵位，兴兵问罪。幽王当即下令削申侯之爵，命虢石父为将，整点兵马，准备讨伐申国。

申侯闻听探子报告，幽王以虢石父为将，兴兵伐申，大惊失色。

申侯自感国小兵微，难敌王师，就派人向犬戎借兵，发难周王朝。许诺攻破镐京之日，周朝府库金银财宝，任凭犬戎搬取。犬戎主早藏虎狼之心，窥视周朝已久，恰逢申侯事急借兵，正中下怀。犬戎主当即发兵一万五千，与申侯相约，一齐杀奔镐京，团团围城，日夜攻打。幽王闻听申侯连结犬戎共同叛周，火急派人往骊山点燃烽火台。谁知那众诸侯因被前幽王、褒姒烽火所戏，这次仍以为有诈，皆不起兵来救。

救兵不至，犬戎攻城甚急，幽王无奈，只得派虢石父出城退兵。虢石父本不是征战之辈，幽王所命，不得不从，只好率领二百战车应敌。那虢石父开门出城，勉强出战，早被申侯看见。申侯在阵上大叫："此欺君误国之贼，不可走了。"犬戎兵知是虢石父，个个争功，人人当先，向虢石父簇拥围来，斩了虢石父。虢石父一死，周兵无了主帅，四散逃命，犬戎兵乘机一齐杀进镐京城，逢屋放火，逢人便杀，不可约束。幽王知虢石父兵败被杀，见情势危急，只好用车载了褒姒、伯服开后宰门出奔，往骊山行宫逃命。约行半里，背后杀声又起，犬戎兵势如潮涌，急急追来，混战之中，虢石父被斩首，幽王也被乱军杀死。

自武王伐纣建立西周王朝，历十三代传至幽王。幽王在位十一年，只因听从虢石父假计，迷恋宠信褒姒，直弄得身亡国破，江山丢弃。

之六　东周一统

虢石父死后，其子虢翰立承袭父爵，嗣位为虢国国君。其时虢国鼎势，多精兵强将，虢翰立勇武好强，性情耿烈，又加上自幼受父教诲，对幽王忠心不二，既对申侯结犬戎弑幽王恼恨，又和申侯、犬戎有杀父之仇。闻知申侯等挟废太子宜臼登王位，心中不服，不肯与之合流，便寻得幽王之子余臣，拥戴登位，是为携王，一周二王，分庭抗礼。那平王虽得众诸侯拥立，东迁洛邑，怎奈国库亏空，宫中所用之物，尚要依仗众诸侯供给，天下共主亦是徒有虚名。对虢翰立拥戴携王之举，平王虽心中忿恼，如鲠在喉，亦慑于虢国威势，听任他人榻边打鼾，一国二主，凡此十多年。幸赖晋国与秦国合兵，互相牵制虢国，得其空隙，剿杀携王，才为平王除以心腹之患，自此东周王室才得一统天下。

之七　虢焦之战

焦国，也是西周初期的姬姓封国。虽然该国始封者因文献记载缺乏难以考察，但其封地当在河南陕县，即今三门峡市。《左传·襄公二十九年》载："虞、虢、焦、滑、霍、杨、韩、魏，皆姬姓也。"杜预注曰："焦在陕县。"《汉书·地理志》弘农郡条下云："陕，故虢国，有焦城，故焦国。"

自20世纪90年代以来，为配合三门峡市城市基本建设，考古工作者在李家窑虢都上阳城内发现了一批数量可观的西周时期的中小型墓葬和数座车马坑及马坑。这批墓葬和车马坑开口层位均在虢国文化层之下，皆为口小底大的长方形竖穴土坑墓，随葬器物大部分为陶器，以鬲、豆、盂、罐为基本组合形式，只有个别墓葬中出有青铜器。这批墓葬除几座出土青铜器为低级贵族墓外，大部分为贫民墓，且有些墓葬就在上阳城宫殿区内或在宫殿区附近，这表明与虢国墓地年代相同的上阳城建在一处早期的墓地上。从地层的叠压关系上看，这批墓葬明显要早于虢国文化层。再根据古人尊崇宗庙和祖坟习俗及观念，推断这批墓葬不是虢国人自己的祖坟，而应是被虢国人毁坏了宗庙社稷的焦国人的墓葬。这批墓葬年代的下限当在公元前 775 年，即虢国人灭焦之年。

之八　拥戴惠王

郑国自周桓王时被罢卿士之位，失宠于周王室，诸侯列国也逐渐轻郑。到后来，齐楚争霸，郑国位于两个大国夹缝之中，多受其掣肘。郑厉公嗣位后，周庄王之子颓凭借庄王宠爱，骄横无度，恣意妄为，与大夫荐国、边伯、子禽、祝跪、詹父等五人往来甚密，结为朋党。到周庄王去世，嫡子胡齐即位，是为周僖王。周僖在位仅一年，来不及抑制子颓势力，便辞世而去。僖王儿子姬阆即位，为惠王。子颓及五大夫叛惠王作乱之时，郑厉公欲得宠周王室，企图再入朝执政，复显威于诸侯列国，当不失天赐良机，即派使臣到鄢奉迎惠王至郑国栎邑（今河南禹州市）暂住。周惠王此时为失国天子，得郑国拥戴，移居栎邑宫室，自然十分宠信郑厉公。郑厉公供奉惠王于栎，每日朝觐，与惠王计议复国之策。郑国派人潜入成周王城，偷得传国宝器，奉还惠王。郑厉公知虢公乃忠烈之臣，遂遣人约会西虢公，同起义兵勤王。虢公见郑使，知是相约合兵勤王平叛，欣然应允。惠王四年春，郑厉公、虢公二君，会兵于弥。夏四月，虢、郑联军一同攻打王城，讨伐子颓叛逆，郑厉公率军攻打南门，虢公率兵攻打北门。子颓及五大夫皆一般庸臣，当日篡位之时，乃借卫国、南燕之兵。今卫国、南燕之兵早已归国而去，子颓及五大夫一干党羽怎敌虢、郑虎狼之师。王城中之周人，早已怨恨子颓及一帮党羽肆虐蹂躏，闻听惠王复至，欢声如雷，亦争开城门迎接。虢公自北门入王城，郑厉公自南门入王城，两下分头追杀子颓及五大夫党羽。子颓即除，惠王复位，赏虎牢以东之地及王后的腰带、镜子予郑厉公。又赏醴泉之邑（今河南省渑池县境）及酒爵数件予虢公。封建社会，极轻视女子，王后的腰带和镜子是妇人之物，人之所轻；酒爵乃庆功之物，人之所重。郑厉公和西虢公受赏物器价值虽无大差别，意义却大相径庭，惠王厚此薄彼，已见于赏赐之器物。郑厉公因得惠王赏赐不如虢公，心中已对惠王生怨。不久，周惠王出巡虢国，虢公在泮（虢地，今河南省三门峡市渑池县境内）为惠王筑行官。周惠王在虢国停留达半年有余，足见对虢国的信任与器重。

之九　尊王剪强

晋国，也是姬姓封国，封地在山西南部。晋文侯去世后，公元前745年昭侯即位的头一年，封58岁的叔父成师于曲沃，成师颇有威望，晋国人都愿意追随他。不久成师派人杀掉昭侯，立孝侯。成师死后曲沃庄伯立，他又杀掉孝侯，并把孝侯的儿子鄂侯郤赶跑了，晋人再立哀侯光。曲沃庄伯死后曲沃武公立，杀掉哀侯俘虏晋人立小子侯。经桓叔、庄伯父子经营有年，曲沃日益强盛，以至于曲沃之邑大于晋都翼城，遂成以强枝欺弱干之势。末大于本，枝强于干，庄伯不臣之心日切。晋孝侯十五年，曲沃庄伯兴兵伐翼城，杀孝侯。翼城晋人拥立孝侯弟郤为鄂侯。鄂侯为除曲沃之患，兴兵伐曲沃，结果反被曲沃庄伯所败，即逃往随圄（今山西省介休县东）。周桓土念及晋文侯当年拥立平王、奠定东周国基之功，怜惜翼城晋圄之弱，委派虢公林父率军入晋讨伐曲沃庄伯，挟持弱主。虢国尚武，军队训练有素，将士能征善战。虢公林父时为周朝卿士，奉天子命入晋讨代曲沃庄伯，其势锐不可当。庄伯不能与之相敌，退保曲沃，虢公林父与晋人共立鄂侯儿子光为晋主，是为哀侯。哀侯二年，曲沃庄伯死，其儿子称代嗣位，是为曲沃武公，武公篡逆代晋之心甚于庄伯。哀侯十五年，曲沃武公率兵伐翼城，杀死哀侯。周王闻知晋哀侯被杀，再使虢公林父率兵入晋讨伐曲沃武公。曲沃武公知虢公林父之勇，不敢与之对阵，退回曲沃。虢公林父奉周王之命，立晋哀侯之弟缗为晋主，是为小子侯。曲沃武公畏惧虢国，即避锋芒，等待时机，卷土重来。周僖王三年冬，曲沃武公再次兴兵伐晋，攻陷翼城、诛杀晋侯，掠晋宫中宝器，赂于周僖王。周僖王得曲沃武公之贿，亦不顾周朝宗法礼制，承认曲沃武公谋权篡位之大逆，下诏命曲沃武公为晋国之君，列为诸侯，曲沃武公遂尽并晋疆地。然而，最具有讽刺意味的是周僖王的诏命，又派屡次率军讨伐曲沃庄伯、武公两代父子的虢公林父前往晋国宣布。为剪除强枝，匡挟弱主，虢公林父两次奉桓王之命，率军入晋讨伐曲沃。及到曲沃篡位得逞，成为晋主，便于虢国结下宿仇。待到晋国强大，欲称霸诸侯之时，自然要把虢国当作首要障碍而以扫除。这也成为后来晋献公假途灭虢的主要原因。

第四编　人物篇

我的老师上官鍼

1980 年冬天，我大学毕业（恢复高考以后的大学实行的是冬季毕业）。第二年春天，被分配到渑池师范当教师。这个学校是当时的洛阳地区教育局设在渑池县的一所中等师范学校，招收的学生主要有来自渑池县、新安县、洛宁县，嵩县、三门峡市（当时是县级市）等县市的初（高）中毕业生。后来又招收在岗的民办教师，经过两年培训后转为公办老师。我到学校以后，第一届学生将要面临毕业。按照当时的有关规定，师范学生必须要学教育学和教育心理学这两门课才能毕业。因为我到学校时，学生们的其他应该开设的课程已经基本学完，只有这两门课因为没有老师，所以一直没有开课。学校领导就给我谈话，让我来给学生补讲这两门课。我理解当时学校的难处，就接受了任务。因为上大学时，学校也开设了教育学和心理学这两门课，只是自己一直没有把它们当成主课好好学习，现在要我来教这两门课，确实有点勉为其难。我只好一边学习，一边教课。到学生毕业时，总算把这两门课赶着补了下来，总算没有耽误了学生们按时毕业。也是在这时候，我认识了上官鍼老师。

当时学校老师们住的都是寝办合一的平房，我的住室与上官鍼老师的住室隔壁。他开始教古典文学，后来教历史课。因为我们两个的老家都在农村，我当时还没有结婚，两个人都是单身住校。又因为我在学校学的是中文专业，有共同语言。所以，放学或晚饭以后，我们两个要么一起散步，要么搬个椅子坐在门口闲聊。慢慢地就有了更多的了解。我那年28岁，他56岁。按年龄他是我的长辈，按学识，他是我的老师。早就听说上官老师博闻强识，学识渊博，上课从来不看教案，也几乎不看教科书，全凭他的记忆和认真备课。对于中国历史上发生的历史事件、人物、时间、事因等内容都烂熟于心，倒背如流，更增添了我对他的敬仰与崇拜，始终把他看作我的老师。而他，却把我看作他的同事，从来没有长辈和老师的架子，交流起来，平等自由，和谐融洽。说到兴致时，他总喜欢哈哈大笑；说到一些记不清楚的事，他先是若有所思地给我讲，然后自谦地说："老了，老了，记不住了！"对于他的身世，我只是从学校领导和别的老师那里道听途说一点：上官鍼老师早在20世纪50年代就在渑池中学教历史，后来被打成右派和历史反革命分子，判了无期徒刑，到青海劳改。去年刚刚改判宣告无罪后，今年才被分配到师范学校当老师，比我早来几天。

渐渐地，我和上官鍼老师成了忘年交的同事。但我从来不问他的身世和经历。我们一起教书，一起过着单身老师的生活。渑池师范的前身是渑池县五七中专，是响应毛泽东主席提出的"五七指示"而开办的一所让学生除了学文化课，也兼学工、学农的学校。学校的占地面积很大，当时还有校办工厂，有很多农田。改成师范学校后，学校就把留下来的一些农田分给老师们，让老师们种菜自己食用。我和上官鍼老师住室挨着，门前分的地自然也挨着，约有2分左右。我俩在闲暇时间，就一块在地里劳作。我们种各种蔬菜，也种粮食。蔬菜收获以后我们吃不了，要么让他带回老家，要么送给有家属在学校自己做饭的老师们。粮食收获以后，我们就一起把它脱粒晒干，然后拿到街上的磨坊加工成面粉。有时间了，我们两个要么是他做，要么是我做。其实也不是真正意义上的做饭，经常是蒸白面馒头或玉米面发糕。自己种的粮食，自己再做成熟食吃，吃不完就送给别的老师或来我们宿舍办事的学生们尝尝。这些劳作过程，让我们又回到了农民时代的生活，其乐陶陶，图个开心、快乐。那种生活，今天回想起来还十分怀念。

我们就在这种无拘无束的交流中建立了信任和感情。他除了教书，也经常写一些诗、词甚至戏剧等文学作品。每当有大作完稿，他总是让我先睹为快。记得在本书中收录的戏剧剧本《玉骨冰心》，他写好后很认真地抄写在方格稿纸上让我看。我因为自己才疏学浅，什么也不懂，只是看看故事而已。现在想起来，真是辜负了他的一片诚信！

1984 年 8 月以后，我因为工作变动，离开了师范学校，先在县里工作，后来又调到三门峡工作。每次回到县里，凡到学校去，总要到上官鍼老师的宿舍里去看看他，聊一会，然后依依不舍地离开。后来，知道他被县里提拔兼任了渑池县政协副主席。心里想：组织上总算给了上官老师一个比较满意的归宿。

上官鍼老师的儿子上官松筠，1945 年生，比我年长。那时他经常来学校看望他父亲，我们也都互相认识了，但是没有很多交谈。知道他自幼为人忠厚，天资聪明，勤奋好学。小学毕业回乡务农十四年，后来当了民办教师。后参加转正考试被录取，上了两年师专，1992 通过自学考试获得本科学历。上官鍼老师在 2014 年（享年 89 岁）去世以后，松筠就把父亲留下的文稿进行整理编排成书稿，并做了简要注释，拿来让我看，谦虚地让我提点意见，并请我作序。我感到这既是对我的信任，也给了我一个怀念、纪念上官鍼老师的绝好机会。就帮助他把书稿进行了几次修改校对，又一起商量怎么出版。这，就是现在各位朋友看到的这本集子。

《吾庐诗稿》收集了上官鍼老师从1958年到1997年间所写的诗、词、散文、小说、剧本、日记、碑文、谱牒，近300篇（首）。其中大部分是他在青海劳改时在监狱里写成的。读着这些诗文，让人不由地感慨万千。一个知识分子，本来怀着满腹经纶，满腔热情，踌躇满腹地要当好一名教师，报效国家，报效学子，施展自己的才华。但是，因为众所周知的原因，在那个特殊的年代里，一句话，一篇文章，或者一封不知所据的揭发信件，就会改变一个人一生的命运。上官鍼老师一生两次被捕、六次被判决、坐监二十三年（一个人的一生有几个23年？）。在劳改期间，他认真地反思自己，认为自己也有一定的错误，二十三年如一日，一直老实守法，坚持改造。他坚信共产党和人民政府是英明正确的，他的冤情一定会得到平反昭雪。更难能可贵的是，他在劳改期间坚持自己一生嗜书如命的爱好，想尽一切办法读书写诗，写文章。正像他开篇第二首《去湟池》中所写："不忮不求不矫情，无尤无悔无怨声。读书每恨千遍少，还把读书了此生。"他在由洛阳劳改砖场押赴青海的途中，在封闭的囚车里，他的思绪和诗意依然展开，"囚车酷似铁棺材，方尺铁窗只半开"（见书稿《囚车过岐山有感》）。走一路，思一路，留下一路诗。从河南洛阳一直到青海日月山，几乎沿途每经过一个地方，都能勾起他的诗意。他把地名和历史典故结合起来，仿佛一个旅行者那样，用诗记下了这一段不平常的"旅行"。囚车走过了30多个地方，他写了30多首诗。到了青海劳改队，周围环境虽然完全改变，他仍然利用可利用的时间和条件，读书不断，写诗不辍，每天除了被强制劳动改造外，读书写诗成了他主要的营生。他读书写诗一是为排解心情的空虚和苦闷，一是为躲避劳改队的政治思想高压。没有书读，他或写家信让给他寄，或把一个月仅有的三元钱津贴也都买成了书（他在青海狱中与商务印书馆等出版单位建立了邮购联系，只要出了新书，他就会按照邮寄的目录购买）。在青海劳改期间，他读了很多书，写了很多诗，他没有伏在书桌上读过一本书，也没有伏在书桌上写过一首诗。平时衣兜里总是装着书，闲了读，烦了读，饿了读，饱了读，高兴了读，挨批了读，思亲了读，想家了读……因为书太少，大部分书都看过多遍，也有看十遍八遍的，有好些书都能整段整段地背下来了。平时想到什么看到什么，勾出了诗情，触动了灵感，就在脑子里进行构思，上工干活也成了他写诗的好时候，晚上躺下难以成眠时，就闭着眼睛将白天想出的诗句反复酝酿琢磨，结构成篇后，就爬起来就着牢房中昏暗的灯光记到本子上。可惜，由于当时监狱生活的限制和各种检查的严厉，他的很多书和200多首诗稿被毁。这不能不说是一种遗憾！

上官鍼老师一生聪颖敏慧，勤奋好学，博学多才，厚积广发。他不但写诗词，也写小说、散文，甚至剧本。这种才华，令我辈自愧不如，敬佩之至。每一作品，他都能把自己所学知识和思考有机结合，运用得得心应手，活灵活现，有情有义。平反以后，他好像忘却了过去的不幸和牢狱之痛，作品充满了希望和阳光，歌颂我们这个充满希望和光明前途的社会，歌颂党的英明，讴歌人民的幸福生活。哪里建成了新学校，哪里修通了新公路，他都应邀热心地为其撰写碑文，以志纪念，歌颂改革开放时代的新成果。他终生热心于教育工作，珍爱自己的工作岗位，兢兢业业，恪尽职守地走完了他不平凡又充满传奇色彩的一生。

上官鍼老师的一生经历，是那个时代知识分子命运的一个缩影，是一个时代曲折历史的真实写照。读了这本集子，相信每一个读者朋友从中获得的绝不仅仅是怨恨和惆怅，而更多的是思考和联想，是如何应该更加珍惜我们所处的这个和谐、民主、法制、创新、发展的时代，如何在这个新时代里发挥自己的聪明才智，为社会、为国家、为人民做出更多更大的贡献。这些，也正是松筠兄结集这本书的初衷。

斯人已去，音容犹在。缅思长长，情意绵绵。上官鍼老师，如今不管您在哪里，您的学识，您的为人，您的笑声永远环绕在我的耳旁，您的音容笑貌永远活现在亲人们的身边。谨以此文纪念您，奉献给所有关心您、敬爱您的朋友！

您，是我永远的老师！

本文是为上官鍼著《吾庐诗文》所写的序言

周昆叔先生与三门峡文物的那些事

　　获悉周昆叔先生去世的消息，我怎么也不敢相信。先生一向身体那么好，怎么就突然走了呢？惊愕之余，我陷入了沉沉的思念之中。我在手机里找出近几年来我两个互通短信的记录，看着周先生发给我的一条条短信，怎么也不相信这个消息是真的！仿佛周先生还健在，甚至禁不住再给他发一条短信问候一下。冷静下来，才知道斯人已去，给我们留下的唯有痛悼和哀思。想起周先生与三门峡文物工作的那些往事，还是禁不住想说点什么。

　　我认识周先生，最早是在 1992 年。那一年，由俞伟超先生主持在黄河小浪底水库淹没区的三门峡渑池县班村遗址进行考古发掘。这是一次由多学科、多个国家联合进行的抢救性发掘。俞伟超先生邀请了周先生担任这次发掘有关环境考古方面的顾问。由于工作关系，我随同三门峡市里和文化局的领导多次去发掘现场看望参加发掘的专家们。在那里，见到他与俞伟超先生和考古人员交谈，与前去看他的市领导拉家常。因为这个遗址是在黄河岸边的二级台地上，距黄河只有十多米的距离，遗址背后就是高高的周桓王山。在遗址上就可以听到黄河翻滚的浪涛声。也正是由于这种地缘关系，周先生对遗址的自然环境特别关注。除了在工地上查看发掘情况，他还经常到周边的山上和黄河滩地进行考察。忙忙碌碌，从不停步。向大家打听，才知道他就是大名鼎鼎的环境考古专家周昆叔先生。他给我的感觉是，看起来和蔼可亲，平易近人，似乎跟什么人都有说不完的话，什么时候都有自己忙不完的事。遗憾的是第一次见到他，却没有直接和他说过话。

直到 1998 年，我担任了三门峡市文物局局长，才有了更多机会接触周先生。也是从这一年开始，由中国社会科学院考古所和河南省考古所联合进行的灵宝铸鼎塬考古调查正式开始。灵宝市荆山黄帝陵铸鼎塬管理处也邀请周昆叔先生到这里考察。周先生自 1998 年 4 月 9 日第一次接触铸鼎塬后，就对这里丰富的新石器文化遗址、众多关于黄帝的传说故事、独特的环境地貌特征产生了浓厚的兴趣，并一发不可收拾。这一年里，他分别在 4 月 9 至 16 日、9 月 12 至 14 日、10 月 4 至 11 日三次来灵宝考察铸鼎塬，前后停留近 20 天。他每来一次，总是马不停蹄地到处考察，走村串乡，走访知情人。白天在野外跑，晚上就和有关人交流，谈他考察的感想和体会。六七十岁的人了，仿佛浑身有用不完的劲，心里有说不完的话。周先生从黄河说到荆山，从遗址内涵说到黄帝，从仰韶文化庙底沟类型说到中华文明起源。每听到他侃侃而谈，大家都感到受益匪浅。我几乎每一次都陪同先生考察，都聆听他的谈话，不仅为他的学识而敬佩，也为他的忘我工作精神而感动。也就在这一年的三次考察以后，周先生回到北京写出了他关于铸鼎塬考察的专著《铸鼎原觅古——中原要冲荆山黄帝铸鼎原考察纪要》。据他自己后来说，这本书是他一气呵成的。第二年，也就是 1999 年 3 月，他又亲自带着书稿来到灵宝，向有关人士征求意见，用他自己的话是请大家"审阅"，请时任三门峡市委宣传部部长的宋育文先生为他的书作序言。这本小书内容丰富、语言精练、文字优美，感情充沛，还不时把历代名诗绝句和自己的即兴诗作融入，期间充满了诗情画意，充满了他对铸鼎塬这块神秘宝地的满腔热情。他在书的结尾处用诗《寄盼灵宝》寄托了他对这里的希望"昔日文化播南北，今朝策马赛友邻。崎岖路上通幽境，美景风情尽眼收。"勉励灵宝"让我们踊跃从这里踏上溯源华夏文明之旅！灵宝铸鼎塬在向我们招手，我们都来为弘扬中华民族文化的明珠——铸鼎塬黄帝文化而努力！"

　　2004 年 6 月 21 日，周昆叔先生带着他的三个学生来三门峡考察，我为先生一行安排了食、宿、行的有关琐事，并一路陪着他。在考察仰韶村文化遗址时，当时的仰韶文化博物馆还没有建成，当他听到我介绍当地政府和文化部门正在做工作时，就嘱咐我在这里建一个展示仰韶文化的博物馆，"很有意义，太有必要了，是一件好事，一定要想办法促成"。我陪着先生一行在遗址上走着看着，他不时给我讲解关于遗址形成的有关知识。后来，他又提出要到遗址两条冲沟的外边看看。那一天天气很热，我在日记上记的最高气温是摄氏 38.3 度，我们都走得汗流浃背。那一年，周先生已是整整 70 岁的老人了。他走得很快，连几个年轻人也跟不上他的脚步。我担心先生身体受不了，就不想让他爬高上低地奔跑。后来看他坚持要去，只好陪他到遗址东南和西南边上的沟边台地看看。也就是在这里，他给我介绍了仰韶村文化遗址文化层与第三季黄土层的关系。当他看到冲沟的断崖上也遗留有文化层痕迹时，就给我讲，当时的仰韶村先民生活的范围比现在的遗址还要大，这两条冲沟要比遗址形成得晚，冲沟是后来才形成的。并嘱咐我，对这两条冲上的文化层遗迹也要好好保护。这一次，我又向先生学到了很多过去不知道的知识。从仰韶村遗址回来，先生要去看位于渑池县池底村的湖沼现象遗存。我因为不懂他说的是什么，过去也没去看过，结果就没有把先生带到地方。他看到我遗憾的样子，一边安慰我，一边感慨地想起了渑池的一位老文物工作者曹静波先生。说如果曹先生带他来，一定能找到地方，因为过去曹先生曾带他来看过。由曹静波先生，周先生又想到了灵宝的另一位老文物工作者郭敬书先生。他告诉我，他过去到灵宝考察都是郭敬书先生陪同的。这两位先生对当地的文物情况都了如指掌，是当地文物工作的活字典，对当地的文物工作都具有开创之功，一定要记住他们。当我告诉他，这两位老先生都已经过世时，周先生陷入了沉思之中。他当即给我说，回到北京后，一定要写一篇文章纪念他们。果然，当我在2004年8月13日的《中国文物报》上，看到周先生写的《怀念仰韶故地的两位基层文博老人——灵宝的郭敬书与渑池的曹静波》的文章时，不仅使我又想起了这两位可敬可亲的文博老人为三门峡的文物事业筚路蓝缕，兢兢业业奋斗一生，更让我感受到周先生不忘故交，知情图报的一片深情。

多年来，由于周昆叔先生对三门峡的文物工作格外关心、关注，所以，他到底来过几次三门峡，我也说不清楚。只记得由于多次接触他，陪他考察，我对他的了解也越来越多，对他的学识和为人也越来越敬佩，感情也越来越深。我们成了忘年交的朋友。我们互相留了电话号码，并商定有事没事一定要经常联系，互通问候。我把他当作难得的一位老师，每当遇到与他的专业有关的问题就打电话向他请教。他把我当作一位小朋友，有什么与地方有关的问题，就打电话向我求证。每逢节日，我们互相发短信问候。就是在去年，他还给我打电话说，知道我已经退休，不再担任三门峡市的文物局长了。但他有几个学生要去灵宝考察，问我可不可以给灵宝打个招呼，给安排一下，派人给当个向导。我欣然答应，并给灵宝市文物管理所的胡晓萍所长交代，一定要把周先生的客人安排好。每当看到先生有大作出版，我就斗胆向他索书，他也一定第一时间把他的新书给我寄来。至今，周先生送我的几本书我都放在书柜显眼的地方，遇到问题，就从他的书里去找答案，仿佛周昆叔老师就站在我面前，像一位慈祥的师长，给我讲不完他那渊博的知识。

原刊《中国文物报》2016 年 8 月 12 日 3 版

姚崇，毛泽东称赞他是一位大政治家

　　大唐先天二年（公元713年）七月，唐玄宗李隆基完成了他对太平公主集团的清除，正式登上了皇位。这位有着远大抱负的年轻皇帝，初登皇位，雄心勃勃，求治心切。在拨乱反正，国家新定之时，面对中宗以来遗留的一大堆问题，深知国家积重难返，百废待兴。但观察了两个月以后，对现任宰相张说、刘幽求等人，虽在他清除太平集团的动荡之时，助他夺取皇权有功，但做了宰相以后，居功自傲，主政不力，甚至结为朋党，把持朝政，无所作为，朝政起色不大。这位28岁的皇帝，求贤若渴，昼思夜想，夜不能寐，想起了另一位先朝两任宰相——姚崇。

　　姚崇何人？他是唐朝陕州（今河南三门峡）硖石县人，将门之后（其父姚懿，曾任唐高宗朝峡州刺史、嶲州持节都督），自幼习武，长乃好学，以制举入仕。之前，曾任武则天朝、睿宗朝两任宰相兼兵部尚书。而此时，正因太平公主案被贬任同州（今陕西大荔）刺史。

　　唐玄宗思贤若渴，如醒如梦。也是这一年的一天，他端坐龙椅，批阅奏章，恍恍惚惚进入梦中：在御花园里，只见天空漫天彩霞，万道霞光，正东方一朵红云忽然间化作一团红雾，红雾中突然出现了两条金龙，口衔神符，上面隶书大字四个"姚崇、宋璟"。惊奇间，二龙将神符挂在两颗大松树上，蜿蜒而去，瞬间不见踪影。玄宗惊奇中大喊："神奇！神奇！"忽然醒来，方觉是南柯一梦。心中纳闷，急忙叫来人给他解梦。解梦人告诉他："陛下！二木者，相也！姚崇、宋璟的名字被挂在大树上，预示着上天要派这二人来帮助您这棵大树成就大业。此乃我大唐中兴之吉兆！可喜可贺！"

一

本来，因为太平公主一案，姚崇被贬在远离长安的申州（今河南信阳），还是李隆基即位后思念姚崇因帮助他为巩固自己的储君地位而遭此祸，就把姚崇调到距京城较近的同州。这一调，姚崇似乎也感觉到皇帝的良苦用心，也预感到自己人生可能会再次出现命运的转机。但是他却不知道这时的李隆基正在为再次启用他为宰相而寝食难安，寻找机会。

十月十四日，关中大地，一片秋色，气爽秋高，朗天丽日。骊山脚下，旌旗猎猎，刀枪剑戟，耀眼明亮。唐玄宗率领二十万军士来到渭水之滨围猎。按照唐朝制度，皇帝车驾行幸，方圆三百里之内的内州刺史必须觐见。李隆基事先派人通知姚崇来狩猎的地方见面。其目的，一是向姚崇表示自己的意愿，看看姚崇的态度。二是要借狩猎现场测试一下这位六十二岁老人的身体如何。

聪明睿智的姚崇当然知道皇帝召见他的意图，心领神会，但他不露声色，视若惯例。当皇帝问他"你会打猎吗?"姚崇平静地回答："我少年时就干这行当。年二十居在广成泽，常以呼鹰逐兽为乐。友人张憬藏说我将会当帝王的辅臣，不要习猎自弃，所以才改变初衷专心勤读，于是如今能待罪于将相。但年青为打猎能手，老了仍然出色。"唐玄宗听了大喜。于是君臣二人呼鹰放犬，走马射箭。姚崇不但身手矫健，而且与皇帝配合默契，急缓得当。玄宗感到姚崇不但才智过人，而且老当益壮，精力不减当年，感到十分满意，当即就向姚崇表明要他回朝再任宰相。姚崇见时机已到，并没有急于谢恩，而是不动声色地一一说出了他针对中宗朝以来朝廷内部存在问题的十项改革措施：一是废除酷刑，实行仁政。二是不求边功，休战养民。三是废除宦官专权，不干预朝政。四是停罢滥官，皇亲国戚离政。五是王子犯法，与民同罪。六是杜绝贿赂，实行廉政。七是停建寺庙，减少财政开支。八是君臣互相尊重，以礼相待。九是鼓励谏臣，广开言路。十是以史为鉴，不许外戚干政。这就是唐代历史上著名的"十事要说"。这是姚崇通过长期的观察和思考，总结了唐王朝多年来出现和发生的执政弊端，经过深思熟虑总结出来改革主张，事事属实，条条在理，切中时弊，适时中肯。唐玄宗听了禁不住流下眼泪，称赞这十个问题正是他刻骨铭肌之痛，深恶痛绝之恨。如今姚崇提出了如此完整的改革方案，怎能不叫皇帝感动？又怎能不一一接受？

第二天，李隆基回朝，亲自拟诏，称赞姚崇："宏略冠时，伟才生代。识精鉴远，正词强学。有忠臣之操，得贤相之风。"正式任命姚崇为首相担任紫薇令（中书令）。姚崇，终于又一次实现了自己的政治抱负，欣然接受了皇命。这一次，已经是姚崇在唐代第三次入朝为相了。

由此向前推到唐武周久视二年（公元701年），武则天当朝，姚崇第一次为宰相时，长安城内发生盐荒，军民无盐供给，人心惶惶，谣言四起，传为"女皇当政，过蒲州盐池败。"紧急之下，武则天皇帝想到了办事经验丰富、精明果断、又不信邪的姚崇，就派他到蒲州（今山西永济县西）盐池去处理这个棘手的问题。姚崇带领随员，奉旨来到当时京城食盐的主要供给地蒲州。姚崇先是进行了深入的调研，弄清了造成食盐产量下降的主要原因是由于往年洪水冲毁了盐池和盐畦堤坝造成的。于是，姚崇召集有关官吏，一面驳斥谣言，一面筹集修复费用，一面现场组织监督施工，三管齐下，很快就大功告成，回京城向女皇复命。武则天龙颜大悦，提笔赋诗《赠姚崇》："依依柳色变，处处春风起。借问向盐池，何如沪水游？"此诗朴素平和，如老友久别重逢的问候，表达了女皇对姚崇的信任和赞赏。

唐代在中宗李显时期，韦皇后和安乐公主把持朝政，他们收受贿赂，卖官鬻爵，导致了严重的吏治腐败。他们不按正常程序任命官员，凡是他们要任命的官员，任命状是斜封的，要从侧门交付中书省办理，而且它上面所书"敕"字是用墨笔，这种官被称为"墨敕斜封官"，与中书省黄纸朱笔正封的敕命是不一样的，又叫"斜封官"。到了睿宗李旦，他深知姚崇的政治才干和道德操守，即位第五天，就任命姚崇为宰相。二十天后，又任命姚崇为中书令，作了首席宰相。姚崇一上任，就拿"斜封官"开刀。他联合宋璟等人，请求睿宗罢免了几千名"斜封官"。这还不算，为了巩固皇太子李隆基的储君地位，姚崇又和宋璟等联手，奏请睿宗，采取了唐代历史上著名的"安储三策"，对干预朝政、威胁李隆基储君地位的皇室成员实行"清侧"，将宋王李成器、豳王李守礼外放为地方官；将担任皇帝禁军的岐王李隆范、薛王李隆业由左、右羽林大将改任为侍奉太子的左、右卫率；将太平公主夫妇安置到远离朝廷的蒲州。这三策，对于皇室成员来说，可谓伤筋动骨之伤，对于巩固李隆基的储君地位可谓釜底抽薪之策。

二

据《新唐书》记载："开元四年，山东大蝗，民祭且拜，坐视食苗不敢捕"。这是一次特大蝗灾，波及山东、河南、河北等地。蝗虫飞过，黑压压一片，遮天蔽日，落到那里，庄稼啃噬精光，几乎绝收。灾区百姓叫苦连天，州、县官员纷纷向皇帝告急。更为严重的是，面对灾情，人"不敢捕"。由于当时的人们缺乏科学思想，愚昧的人认为这是一场天灾，把蝗虫看成"神虫"；信佛的人认为"一切有情（动物）都有佛性"；加之自汉代以来，董仲舒所谓儒学"天命论"和"天人感应论"思想的影响，认为发生了蝗灾是由于朝廷失德，上天震怒。于是，敬畏者有之，祭拜者有之，束手无策、任其泛滥者有之。把救灾寄希望于敬天祭神，寄希望于皇帝大赦、减膳食、理冤狱、开仓赈粮等无济于事或治标不治本的无用之举。面对国家的灾难和人民的痛苦，姚崇一是上书唐玄宗，"蝗可驱，若纵之，谷且尽，如百姓何？"他从《诗经》中的"秉彼蟊贼，以付炎火。"到汉武帝的"勉顺时政，劝督农桑，去彼蝗蜮，以及蟊贼。"为灭蝗寻找历史证据，使得皇帝颁发诏书，取得了高层支持。二是力排众议，消除阻力，说服和动员包括宰相卢怀慎在内的一批官员和民众支持他。三是利用皇帝赋予他的权力，采取组织措施，对灭蝗有抵触思想和行为的官员进行劝说、惩罚。四是从蝗虫怕人、趋光、怕火的天性出发，采取了堆火诱虫，边烧边埋的方式灭蝗。五是采取了大胆的改革措施，"采得一石者，与一石粟；一斗，粟亦如此，掘坑埋却"。以捕代赈，奖励灭蝗有功人员。终于取得了灭蝗的全面成功。

唐中宗时，佛教、道教泛滥，豪门大户，耗费巨资，建造佛寺、道观，侵占土地，耗费大量财力、人力。甚至，有的出家人出入朝廷，干扰朝政。宗教迷信给国家财政带来困难，给人民带来灾难。此风到了唐玄宗时期，愈演愈烈。不少人因为滥建寺庙或倾家荡产，或家破人亡。强壮人丁跟风剃度，出家为僧、为尼，大小寺庙人满为患；而农田里人迹稀寥，土地荒芜。姚崇向唐玄宗上表建言："佛不在外，悟之于心。行事利益，使苍生安稳，是谓佛理"。唐玄宗采纳了姚崇的意见，下令在全国沙汰僧尼，结果这一次共查处了滥假僧尼三万多人，并勒令他们还俗从事生产劳动，解放了大批生产力，挽救了千千万万个家庭。

姚崇无论是在朝为官，还是遭贬任地方官，他都把百姓疾苦挂在心上。睿宗时，他因向皇帝提出的安储三策得罪了太平公主，被贬任扬州太史时，姚崇除暴安良，廉洁奉公，政简条肃，轻徭薄赋。把荆州治理得夜不闭户，道不拾遗，市场繁荣，安居乐业。当他离任时，全城的官吏和百姓为他送行，道路上挤满了送行的官员和百姓。姚崇用过的马镫马鞭都被百姓截留下来，留作纪念。好一幅"乐民之乐者，民亦乐其乐；忧民之忧者，民亦忧其忧"恋恋不舍的动人场景！在扬州，姚崇留下的"截镫留鞭"这一成语，至今已经成为老百姓对离职官员惜别挽留的美谈。

三

姚崇对国家、对百姓如此。对自己又如何？

在《新唐书·列传四十九》开头，有一段武则天和姚崇的精彩对话。唐垂拱年间（685—688 年），武则天在走向皇位的过程中，为了镇压反对派，采取了残酷的酷吏政治，任用酷吏周兴、来俊臣等，滥用重刑，残杀了几百家李唐宗室贵亲和朝廷官员，朝廷上下，人人自危，战战兢兢。当这些酷吏后来把矛头对准武氏集团时，武则天为稳定局势，先后诛杀和流放了一大批酷吏。同时，也想采取缓和政策，企图安抚人心。这一天，女皇召见群臣，对左右言道："往周兴、来俊臣等数治诏狱，朝臣相逮引，一切承反。朕意其枉，更畏近臣临问，皆得其手牒不冤，朕无所疑，即可其奏。自俊臣等诛，遂无反者，然则向论死得无冤耶？"这一问，满朝皆哑。酷吏阴云刚散，女皇天意难测，稍有不慎，不是家破人亡，就是九族诛灭。而此时，只有夏官侍郎姚崇走出班列，义正词严，正言明色，开始进谏："自垂拱后，被告者类自诬。当是时，以告言为功，故天下号曰'罗织'，甚于汉之钩党。虽陛下使近臣覆讯，彼尚不自保，敢一摇手以忤酷吏意哉！且被问不承，则重罹其惨，如张虔勖、李安静等皆是也。今赖天之灵，发寤陛下，凶竖歼夷，朝廷又安，臣以一门百口保内外官无复反者。陛下以告牒置弗推，后若反有端，臣请坐知而不告。"这一番话，直言不讳，尖锐中肯。好一个姚崇，压上了自家百口性命，为群臣担保，请皇帝纠错。群臣面面相觑，又喜又惊又忧。喜的是姚崇挺身为百官担保，惊的是不知女皇什么态度？忧的是难料姚崇身家性命如何下场。看着女皇，无言以对。谁知，女皇听了，沉思片刻，而后大悦道："前宰相务顺可，陷我为淫刑主，闻公之言，乃得朕心。"于是，龙颜大悦，赏赐姚崇千两白银。姚崇也因此保住了一批忠良将相，自己不仅赢得了女皇的信任，也在百官中更加树立了自己的威信。

　　唐开元二年（714年），唐玄宗李隆基要在长安、洛阳东西两京开考选拔官员。时任黄门监的魏知古，原来只是个小吏，早年因姚崇引荐，做到了宰相位置。他本该在长安门下省主持选官工作。但姚崇认为他水平有限，就建议皇帝把他派往洛阳主持选官。对此，魏知古心存不满。巧的是，这时候姚崇的两个二儿子姚彝、姚异，都在东都洛阳做官。因为他们是现任宰相的儿子，不少人都找他们托关系。这两个儿子也依仗自己父亲早年有恩于魏知古，就把自己的亲朋好友介绍给魏知古。魏知古不但不理会他们的请托，回到长安后，还向李隆基告发了姚崇这两个儿子。玄宗皇帝听了当然很生气，就想找个机会问问姚崇。谁知。当一日散朝后，李隆基旁敲侧击地提出此事时，姚崇竟直言不讳地回答说："这两个儿子都在东都任职，他们为人多欲望而少谨慎，这次朝廷在东都选官，估计他们一定会找魏知古走后门。"唐玄宗没想到姚崇会如此坦白，为姚崇的无私而感动，反而觉得这个魏知古是个忘恩负义之小人，就要罢免魏知古现任官职。姚崇坚决不同意，说道："臣子无状，桡陛下法，而逐知古，外必谓陛下私臣。"这一案，姚崇既不包庇儿子，又没怨恨魏知古，反而保护了他。

　　姚崇在任玄宗朝宰相时的六十六岁那年，遭遇了四十四岁的儿子姚彝不幸夭折的噩运，白发人送黑发人，切肤之痛，锥心之伤，加之劳累过度，终于大病卧床。而此时，在朝廷处理日常事务的源乾曜每遇难事，就要到距朝廷很远的姚崇寄居地——长安城大宁坊的罔极寺去向姚崇请教。源乾曜就向皇帝建议，让姚崇搬到朝中中书省里的四方馆居住养病，有事可以就近商量。这个四方馆，就像今天的国宾馆，是唐王朝用来接待四方民族使臣和外国使官的地方。姚崇听了，坚决不同意入住四方馆，认为这是乱了朝廷规矩。唐玄宗也尊重了姚崇的选择，没让他搬到四方馆居住。一个堂堂首辅大臣，在京城居然买不起房产府邸，没有自己的私人居所。还带病卧床理政，放着豪华的国宾馆也不去居住。

为了勉戒自己清清白白做官，姚崇在《冰壶诫并序》中告诫自己要"内怀冰清，外涵玉润"；"耸廉勤之节，塞贪竞之门。"在（《执镜诫并序》）中以镜子为鉴："当须如镜之明，断可以平；如镜之洁，断可以决。"在《辞金诫并序》中，他以修身养性为本，提醒自己"欲人不知，莫若无为；欲无悔吝，不若守慎。""苟自谨身，必无谤耻。"直到临终，他还给子孙留下《遗令诫子孙文》遗嘱："若随斋须布施，宜以吾缘身衣物充，不得辄用余财，为无益之枉事；亦不得妄出私物，徇追福之虚谈。"嘱咐自己死后要实行薄葬，不要厚葬。

四

在中国几千年的封建社会里，明君思良相，贤相盼明君。唯有明君与良相的默契配合，才能使国泰民安，国富民强。《唐六典》以"四善二十七最"考核评价官员，其中"四善"即是指官员的德行操守，包括"德义有闻，清慎明著，公平可称，恪勤匪懈。"明代薛瑄《从政录》提出"居官七要"："正以处心，廉以律己，忠以事君，恭以事长，信以接物，宽以待下，敬以处事。"古来所谓官之大德，即为官者内化于心的以实现国家职能为价值取向的职业使命和价值追求。中国古代官之大德集中体现为："道高于君"，且"以道事君"，"君有道"，则"臣事君以忠"。这是中国古代所谓贤臣良相的为官之道。纵观姚崇一生的为官之路，无不体现了他的这种追求。他历经唐高宗、武周、中宗、睿宗、玄宗五朝。早在武则天时代入朝出任夏官侍郎，其才能和人品就得到了武则天的赏识和重用，直到当了宰相。此后他多次遭贬，出任地方官；又三次重新入朝担任宰相。在职期间，君有道，他言听计从，奉命行事；君无道，他直言敢谏，为皇帝纠错；国有难，他不计前嫌，受命于危难之际，为国尽责；民遭灾，他挺身而出，为民除害。而这些，他选择的标准是为道不为人，出发点，对上是皇帝和皇帝所代表的国家，对下是万万民众。

这就是姚崇，为忠臣，他谋国而不谋身；为君子，他谋人而不谋己；为廉人，他谋事而不谋利。

孔子说过："德不孤，必有邻。"为国，为民，为己，姚崇身上表现出了中国古代所谓忠臣良将的各种美德，操守、人品、才能等各种素养都表现得淋漓尽致。在当朝，因他的"明于吏道，断割不滞"，被他的下属中书舍人齐浣赞扬为"救时之相"；《新唐书》评价他："善应变以成天下之务。唐三百年，辅弼者不为少，独前称房、杜，后称姚、宋。"他和宋璟等人辅佐唐玄宗开创的开元盛世，被杜甫在《忆昔》一诗中歌颂道："忆昔开元全盛日，小邑犹藏百家室，稻米流脂粟米白，公私仓廪皆丰实。九州道路无豺狼，远行不劳吉日出，齐纨鲁缟车班班，男耕女桑不相失。"宋人司马光在《资治通鉴》中评价唐代宰相时也说道："唐世贤相，前有房杜，后有姚宋，他人莫得比焉。"当代伟人毛泽东在阅读到《新唐书·姚崇传》时，批注赞扬他为"大政治家、唯物论者"。

斯人如此，如此姚崇！

主要参考书目：

（1）《新唐书第一百二十一卷·列传四十九·姚宋》。

（2）中州古籍出版社《姚崇研究文集》，2012 年 12 月第一版。

（3）长江文艺出版社《姚崇的故事》，2011 年 3 月第一版。

参考文献

苏秉琦：《中国文明起源新探》，辽宁人民出版社、人民出版社，2013 年第一版。

苏秉琦主编，张忠培、严文明撰《中国远古时代》，上海人民出版社，2010 年 7 月第一版。

苏秉琦：《苏秉琦文集（二)》，文物出版社，2009 年 9 月第一版。

严文明：《中国新石器时代》，文物出版社，2017 年 9 月第一版。

陈星灿：《中国史前考古学史研究》，社会科学文献出版社，2007 年第一版。

刘莉、陈星灿：《中国考古学——旧石器时代晚期到早期青铜器时代》，生活·读书·新知三联书店，2017 年 9 月第一版。

周昆叔：《自然与人文》，科学出版社，2012 年 8 月第一版。

周昆叔：《环境考古》，文物出版社，2007 年 3 月第一版。

中国社会科学院考古研究所、河南省文物考古研究所：《灵宝西坡墓地》，文物出版社，2010 年 7 月第一版。

河南省文物考古研究所：《三门峡南交口》，科学出版社，2009 年 6 月第一版。

李学勤主编、孟世凯副主编、张广志著《西周史与西周文明》，上海科学技术文献出版社，2007年4月第一版。

安特生著、袁复礼译《中华远古之文化》，地质汇报第五号，农商部地质调查所，1923年版。

中国社会科学院考古研究所：《庙底沟与三里桥（中英文双语版）》，文物出版社，2011年10月第一版。

史念海：《黄土高原历史地理研究》，黄河水利出版社，2001年8月第一版。

刘东生等著《中国的黄土堆积》，科学出版社，1965年9月第一版。

河南省文物考古研究所、三门峡市文物工作队：《三门峡虢国墓（上）》，文物出版社，1999年12月第一版。

山西省考古研究所：《翼城枣园》，科学技术文献出版社，2004年9月第一版。

许顺湛：《豫晋陕史前聚落研究》，中州古籍出版社，2012年12月第一版。

河南省考古学会、渑池县文物保护委员会：《论仰韶文化》，中原文物编辑部编辑出版，1986年12月版。

后　记

　　这本集子，是我对三门峡文化有关问题思考的第二本文集。

　　第一本《根在黄土》也是关于三门峡文化的论文集，写在我退休以前。那时候，一边工作，一边思考一些问题，有空了就写下来，其实就是一些学习心得和工作体会而已。2013 年我退休，有了时间，也比较自由了，曾先后到山西曲沃晋国博物馆、临汾市博物馆、渑池仰韶文化博物馆等地方帮助朋友们做一些自己能干了的事。空闲下来，看点书，思考一些问题，成熟了就写出来。这里的多数文章都先后在《光明日报》《中国文物报》《三门峡日报》等报刊上发表过，少量没有发表的，可能是写得不合时宜吧？但都是有感而发。于是，就有了这第二本关于三门峡文化的闲言俗语。

　　实话实说，从三门峡的历史文化资源来看，正如笔者在本书的《前言》中所说，确实是厚重博大，需要说的话很多，要做的工作也很多。特别是随着社会的发展，有很多资源急需深入研究、有效保护、赋予它们新的时代价值，使它们能够很好地发挥作用，为我们这个新时代服务。但是，由于各种原因，这些工作我们做得还很不够。有的是由于缺乏认真科学的论证和开发思路，就匆匆而作，结果做得事与愿违，甚或走入了误区，既糟蹋了资源，又浪费了人力财力，真的是得不偿失。有的也许是现在还认识不到它的价值，需要在保护好的前提下研究、挖掘、开发、利用。比如，关于三门峡城市的形象名片，我在多篇文章中提出过自己的看法，就是要打出"中流砥柱"这块牌子。因为无论从历史文化价值还是时代精神，还是它形象的唯一性，在国内外都是独一无二的。再比如，湖滨区的"崖底街道办事处"（原来叫"崖底乡"）为什么叫这个名字？就是因为三门峡原来的地貌特征是分为上下两级台地，台上一块，台下一块。中间坡陡如崖，从东到西是一排排靠崖建的窑洞院落，台下就叫"崖底""崖下"。在三门峡的城中村改造时我曾经向有关方面和领导多次建议，一定要留一处窑洞院落，让后人记住三门峡城市的过去。最好是结合魏野草堂那一块，把旧址修复一下，再建一个魏野纪念馆，连同原址的窑洞，搞一个窑洞式的城市小公园，应该是有点特色吧？这样，既保护和宣传了三门峡的历史名人，又留下了窑洞的建筑。何乐而不为呢？

　　有关文化的一些事情，说是说，做是做。能把说和做结合起来，才是成绩。所以，这本集子里，就说而言，我的很多说法，不一定完全正确，也不一定都具有可操作性。就是说得有道理的，也还需要有识之士来论证、补充、完善。我只是说说而已。错误或失误的地方，真诚希望大家提出意见或建议。

　　这本集子结成以后，书名也斟酌了多次。因为集子里的文章体裁不一，很难定名。征求了不少朋友的意见，最后就叫了现在的名字，但还是觉得不太恰当，权当如此吧！

　　这个书稿我传给了山西晋国博物馆的陈晶敏、刘晶晶、樊玲三位女士，让她们抽时间帮我校对一下。我在晋国博物馆工作的 5 年间，对她们比较了解。她们三个：刘晶晶是博士、陈晶敏是学文秘的研究生，樊玲是学文献学的研究生，都有很好的文字修养，工作也认真细心。十分感谢她们在工作之余，帮我校对文稿！

感谢文物出版社的编辑李睿老师，以及帮我校对书稿的陈晶敏、刘晶晶、樊玲等同志付出的辛勤劳动！

借此，谨向为该书出版做出辛勤劳动的同志们表示诚挚的谢意！

侯俊杰

2020 年 5 月 10 日